科学教育译丛

主编　王恩科　主审　钟南山

国际视角下的天赋科学教育：关键问题和挑战

International Perspectives on Science Education for the Gifted：Key Issues and Challenges

〔英〕基思·S.泰伯（Keith S. Taber）
〔日〕隅田学（Manabu Sumida）　主编

廖成东　黄子瑶　胡小勇　译

科学出版社

北京

图字：01-2023-5534 号

内 容 简 介

如何理解、识别和培养科学天赋学习者，这是当代教育工作者、家庭和社会面临的共同课题。不同于传统观念对于天赋的本质主义理解，本书诸位作者主张以建构主义观点理解科学天赋，指出拥有科学天赋的学习者需要多方面的支持才能兑现其科学天赋，并详细介绍了满足这些教育需求的一系列策略。

本书适合关注天赋科学教育的教师、学生、家长以及相关领域的研究人员参阅。

图书在版编目（CIP）数据

国际视角下的天赋科学教育：关键问题和挑战 /（英）基思·S. 泰伯，（日）隅田学主编；廖成东，黄子瑶，胡小勇译. —北京：科学出版社，2024.3

（科学教育译丛 / 王恩科主编）

书名原文：International Perspectives on Science Education for the Gifted: Key Issues and Challenges

ISBN 978-7-03-077086-8

Ⅰ.①国… Ⅱ.①基… ②隅… ③廖… ④黄… ⑤胡… Ⅲ.①科学教育学—研究 Ⅳ.①G40-05

中国国家版本馆 CIP 数据核字（2023）第 218997 号

责任编辑：郭勇斌 彭婧煜 杨路诗 / 责任校对：张亚丹
责任印制：赵 博 / 封面设计：义和文创

科 学 出 版 社 出版
北京东黄城根北街 16 号
邮政编码：100717
http://www.sciencep.com

中煤（北京）印务有限公司印刷
科学出版社发行 各地新华书店经销
＊

2024 年 3 月第 一 版 开本：720×1000 1/16
2024 年 10 月第二次印刷 印张：15
字数：292 000
定价：128.00 元
（如有印装质量问题，我社负责调换）

"科学教育译丛"编委会

章节作者简介

阿齐兹·阿拉姆里（Aziz Alamri）是肯特州立大学（Kent State University）科学教育系的一名博士生。他于2001年获得小学教育专业学士学位，2008年获得科学教育专业硕士学位。他拥有九年的小学科学教学经历。他的研究兴趣领域包括科学的本质以及文化对学生理解科学的影响。

纳马·本尼（Naama Benny）是以色列魏茨曼科学研究所（Weizmann Institute of Science）科学教学系的博士生。她在希伯来大学（Hebrew University of Jerusalem）获得理学学士和化学硕士学位。十多年来，她一直是一名教师，也是一所天赋学生特殊学校的校长。在此期间，她得以熟悉天赋学生教育领域的研究和实践。她的研究重点是科学教师与天赋学生在普通课堂上的互动。

罗恩·布隆德尔（Ron Blonder）是以色列魏茨曼科学研究所科学教学系的高级研究员。她在希伯来大学获得理学学士学位（学业成绩最优，1993）和化学专业博士学位。她的研究领域是化学教师的专业发展和科学教育，重点是化学和纳米技术教育。她的目标是通过促进化学教师社区内的专业发展和互动，从而促进化学学科内容和化学学科教学法的现代化。她的研究重点是化学教师的知识和态度。

塞曾·卡姆西-埃尔多安（Sezen Camci-Erdogan）拥有科学教育专业学士学位、哈西德佩大学（Hacettepe University）小学教育专业硕士学位，以及伊斯坦布尔大学（Istanbul University）天赋教育专业的博士学位。她目前是伊斯坦布尔大学 Hasan Ali Yucel 教育学院天赋-特殊教育系的研究助理。她的主要研究兴趣是天赋学生的课程开发和差异化、天赋学生的科学教育和教师培训。她还对创造力、科学创造力、天赋学生对科学和科学家的兴趣以及天赋学生的性别问题感兴趣。

南希·N. 海尔布龙纳（Nancy N. Heilbronner）是纽约梅西学院（Mercy College）的科研副院长，她也在教育领导系教授研究生课程。海尔布龙纳博士是许多关于天赋和科学教育出版物的作者或共同作者，包括以下三本书籍：《思考数据与思考工具》（*Think Data，Think Instruments*）、《让我们成为科学家》（*Let's Be Scientists*），以及《不要对天赋孩子说的十件事：一个家庭的视角》（*Ten Things Not to Say to Your Gifted Child，One Family's Perspective*），最后这本书曾获得家长选择奖（Parent's Choice）和德克萨斯遗产奖（Texas Legacy Awards）。她的研究重点是了解在科学方面有天赋和才能的学生的学术和职业选择。

珍妮·霍斯利（Jenny Horsley）是惠灵顿维多利亚大学（Victoria University of Wellington）教育学院的高级讲师和课程主任。在加入大学担任教师教育者之前，珍妮曾在小学和中学任教。她的研究兴趣包括调查那些促进小学和中学课堂学业成功的因素。珍妮是首届认知科学领域的富布赖特学者（Fulbright Cognition Scholar），她曾前往约翰斯·霍普金斯大学天才少年中心，调查该中心对高能力少数族群学生的学术支持。

桑德拉·N. 卡普兰（Sandra N. Kaplan）是南加利福尼亚大学（University of Southern California）临床教育领域的教授。卡普兰曾是由美国教育部和 Jacob K. Javitis 天赋学生教育法案共同资助的 4 个项目的项目负责人。卡普兰一直是地区、州政府部门和其他教育机构的国际和国家顾问，为他们提供差异化课程和教学领域的专业发展建议。她撰写了 40 多篇文章和 10 本与识别天赋学生和为他们提供适当教育服务有关的书籍。卡普兰的工作得到广泛认可，获得了特殊儿童委员会、国家天赋儿童协会的服务和成就奖，以及加利福尼亚天赋儿童协会的研究奖。她在 2013 年获得了 NAGC 遗产奖。

吉莉恩·基德曼（Gillian Kidman）是澳大利亚莫纳什大学（Monash University）科学教育领域的副教授。吉莉恩的工作经历包括 3 年的实地科学家，10 年的中学科学和数学教师，5 年的小学科学和数学教师，以及最近 15 年的科学和数学教师教育者。她热衷于探究式教学和学习，是澳大利亚科学课程标准的主要撰写人。吉莉恩目前正在对科学和人文学科的探究式教学进行大规模的课堂观察，以确定教师采用的教学框架的异同。

露西·库尔巴戈（Lucy Kulbago）是肯特州立大学课程和教学专业的博士生，研究重点是科学教育。她拥有约翰卡罗尔大学（John Carroll University）的物理学学士学位和宾夕法尼亚州立大学（Pennsylvania State University）的声学专业硕士学位。她曾执教中学科学奥林匹克队 9 年，执教小学队 5 年，发起和共同指导了 5 年的小学科学奥林匹克竞赛。她的兴趣领域包括科学奥林匹克竞赛和物理教育研究。

郭静姿（Ching-Chih Kuo）是台湾师范大学特殊教育系教授。她从事天赋教育研究超过 35 年。她的研究和出版领域包括课堂教学、有特殊需要儿童的认知发展、天赋学生的评估和鉴定、天赋女性的辅导、学前天赋教育以及大脑与学习。最近，她的研究重点是天赋学生的神经心理学和影像学研究、天赋教育的政策发展以及 ASD 学生才能的培养。更多信息可在她的网页上找到：www.ntnu.edu.tw/ spc/kuo/index.htm。

埃隆·朗贝海姆（Elon Langbeheim）是亚利桑那州立大学（Arizona State University）Mary Lou Fulton 教师学院的博士后研究员。他研究计算机模拟的功能可供性问题，例如中学生在模拟中扮演液体中的粒子。他在魏茨曼科学研究所获得博士学位，在那里他进行了基于设计的研究，为有能力的高中生开发了一个关于软物质的新课程。

林庆波（Ching-Po Lin）是台湾阳明大学神经科学研究所的一名教授。长期以来，他的研究兴趣集中在关于人类大脑功能和偏差的大脑连接问题。他在开发、验证和优化扩散磁共振成像以绘制活体人脑的结构连接图方面投入了大量精力。他通过固体成像技术，研究了老年人、痴呆症、精神分裂症和脑卒中患者的认知功能和结构网络之间的联系。他最近的研究将基因多态性和功能连接联系起来，以说明健康和失调受试者的认知功能、基因和大脑网络之间的联系。

杰茜卡·A. 曼佐内（Jessica A. Manzone）是贾维茨教育部（Javits Department of Education）资助的 2 个研究项目的研究助理，协助收集和分析数据的工作。曼佐内目前在南加利福尼亚大学的教学艺术硕士项目中任教。她在为教育工作者开发关于差异化课程设计原则，以及为他们授课方面的能力得到广泛认可。在她的职业生涯中，她的主要专业职责是在符合美国法案救助规定的小学为多元化的学生工作。曼佐内与人合著了几篇与天赋学生差异化课程有关的文章。目前，她是一系列针对美国共同核心国家标准（CCSS）的数学教学实践出版物的共同作者。

威廉·F. 麦科马斯（William F. McComas）是阿肯色大学（University of Arkansas）科学教育领域的 Parks Family Endowed 教授，此前他曾担任过生物和物理科学教师。麦科马斯对探究教学的改进、科学哲学对科学教学的影响以及对天赋学生的科学教育感兴趣。他撰写了几十篇这些主题的文章，并主编了《科学教育中的科学本质：理论和策略》。他在十几个国家举办过 100 多次主题演讲和讲座。2012 年，麦科马斯在爱尔兰都柏林的科学和数学教学促进中心担任富布赖特研究员，他目前担任《美国生物教师》（*The American Biology Teacher*）期刊的编辑。

阿兹拉·莫伊德（Azra Moeed）是惠灵顿维多利亚大学教育学院的高级讲师和科学教育课程负责人。阿兹拉在来到大学担任教师教育者之前，曾在新西兰的幼儿园、小学和中学任教。她的研究领域包括小学和中学的科学教育，特别是科学探究的学习。她目前正与科学团队合作，领导一个由教育部资助的研究项目，名称为超越游戏：通过科学探究学习。阿兹拉还对研究科学教师的专业发展感兴趣。

布里奇特·K. 马尔维（Bridget K. Mulvey）是肯特州立大学科学教育的助理教授。她于纽约州立大学杰尼索欧分校（State University of New York at Geneseo）获得地质学学士学位。然后她在布鲁明顿的印第安纳大学（Indiana University）获得了地质科学的硕士学位。她教了 5 年多的本科科学课程，这使她在硕士课程结束后继续从事 K-12 教学 5 年。在去肯特州立大学之前，马尔维在弗吉尼亚大学（University of Virginia）攻读科学教育的博士学位。她的研究重点是科学探究、科学和技术的本质。

约瑟夫·S. 伦祖利（Joseph S. Renzulli）是康涅狄格大学（University of Connecticut）教育心理学的杰出教授，在那里他还担任国家天赋和才能者研究中心的主任。他的研究重点是基于优势的评估，通过个性化的学习策略识别和培养年轻人的创造力和天赋，以及差异化学习环境的课程和组织模式。美国心理学会将伦祖利博士列为世界上 25 位最有影响力的心理学家之一，并且他在 2009 年获得 Harold W. McGraw, Jr 教育创新奖，该奖项被许多人认为是教育家的"诺贝尔奖"。

弗兰·里加（Fran Riga）曾在南非、希腊和英国的中学里教授科学和数学。她拥有理学学士学位、PGCE、MEd 和博士学位，学习期间她研究了中学生在天文学主题中对于概念的发展。她曾在剑桥大学教育学院从事一些研究项目的工作，如天赋学生的科学教育、评估、基于探究的科学教育和中等教育中的对话方法，并参与这些项目有关的学术出版物。她特别感兴趣的领域是概念发展和相关的思维过程、科学方面的天赋教育、对话式教学方法、适应性学习以及研究方法和手段。

威廉·L. 罗明（William L. Romine）是莱特州立大学（Wright State University）的生物教育领域的助理教授，在生物科学和教师教育系联合任职。罗明的研究重点是在创新的教学背景下开发和利用概念变化等措施。他对测量基于改革的小规模策略的效果特别感兴趣，这些策略对教师来说在不同的时间、设备和课程限制下都具有很高的可行性。这包括使用触手可及的技术来帮助学生接触和参与科学共同体。

帕罗米塔·罗伊（Paromita Roy）是印度德里大学（Delhi University）的心理学博士，目前是印度第一个科学天赋机构贾加迪斯-博斯国家科学天才搜索（Jagadis Bose National Science Talent Search，JBNSTS）的副主任。她有 20 多年与科学天赋学生打交道的经验，负责为他们制定学习方案，并通过研讨会和培训方案培养教师。她的重点领域是教育、心理-社会发展和课程规划。她是在新德里和加尔各答举行的第一届国际天赋智力会议的联合召集人。她目前从事天赋教育的研究，撰写有关印度天赋人群和支持的文章，并力争为国内外的天赋组织之间建立联系。

特洛伊·D. 萨德勒（Troy D. Sadler）是密苏里大学（University of Missouri）的科学教育教授，在教育学院和生物科学部担任联合职务。他是一个针对 K-12 STEM 教育的研究和推广中心，即 ReSTEM （Reimagining & Researching STEM Education）研究所的主任。萨德勒的研究重点是学生如何探讨复杂的社会性科学议题，以及如何将这些议题作为科学学习的情境。他对基于问题的学习经验如何支持学生学习科学和培养他们充分参与现代民主社会相关的重要的实践感兴趣。

塞缪尔·A. 萨夫兰（Samuel. A. Safran）在麻省理工学院（MIT）获得物理学博士学位，随后在贝尔实验室做博士后。1980—1990 年，他在埃克森公司研究和工程部的复杂流体物理组工作，1990 年加入魏茨曼科学研究所的材料和界面系的教师队伍。他曾担任研究生院院长和魏茨曼科学研究所的副所长。他目前的研究是关于软物质和生物物质的理论。他是一本关于表面、界面和膜的物理学的研究生教科书的作者，这本教科书被翻译成日文和中文。

托马斯·安奈林·史密斯（Thomas Aneurin Smith）目前是卡迪夫大学（Cardiff University）规划和地理学院的地理学讲师。在此之前，他曾在谢菲尔德大学（Sheffield University）担任儿童和青年研究中心的研究助理，以及地理系的教学助理。他在格拉斯哥大学（University of Glasgow）获得他的博士学位。托马斯的研究兴趣包括人与环境之间的互动，包括环境知识是如何被再创造的；地方对环境管理的参与；南半球的教育和教学法；年轻人的地理学，特别是与环境有关的地理学；以及精神信仰和巫术对地方环境管理的交叉作用。

尼亚姆·斯塔克（Niamh Stack）在格拉斯哥大学心理学院讲授发展心理学，并担任苏格兰高能力学生网络（Scottish Network for Able Pupils，SNAP，www.gla.ac.uk/schools/education/ablepupils）的发展官员，该网络也位于格拉斯哥大学。作为 SNAP 工作的一部分，她参与支持与苏格兰教育当局的专业知识交流伙伴关系，为专注于天赋发展的教师提供持续的专业发展活动。她还积极从事与高能力儿童的发展和教育有关的国内和国际研究和出版活动。

隅田学（Manabu Sumida）是日本爱媛大学（Ehime University）的科学教育教授。他拥有九州大学的化学学士学位和广岛大学的科学教育博士学位。他曾于 1998 年在佐治亚大学担任访问研究员，并于 2012 年在剑桥大学担任访问学者。他担任 Kids Academy Science（为有天赋的儿童提供的特殊科学课程）的主任已有 6 年。他是日本科学锦标赛和日本学生科学奖的委员会成员。他是 2012 年日本科学教育协会杂志中第一本关于天才儿童科学教育的特刊的主编。他目前是国际科学教育协会理事会的亚洲地区代表、东亚科学教育学会执行委员会委员，以及世界天才儿童理事会亚太联合会的国家代表。

玛格丽特·萨瑟兰（Margaret Sutherland）是英国苏格兰格拉斯哥大学的高级讲师。她是苏格兰高能力学生网络的主任，以及成人及终身学习研究与发展中心（Centre for Research and Development in Adult and Lifelong Learning）的副主任。她在学校和高等教育领域有 34 年的教学经验，并在天赋教育领域有大量的著作。她的研究兴趣包括天赋教育、早期教育、全纳教育和发展中国家的教育。她曾在英国各地工作，并与坦桑尼亚、马拉维、韩国、美国、斯洛文尼亚、荷兰、波兰、丹麦和卢森堡的员工和学生合作。

基思·S. 泰伯（Keith S. Taber）是英国剑桥大学的科学教育教授，他领导科学、技术和数学教育小组。基思对公立学校系统中为高能力学生提供的科学教育特别感兴趣，这反映了他自己在初中时期参加当地师范学院的课程强化计划的经历。在获得化学和物理教师资格之前，基思读过化学，然后在中学和继续教育中教授科学。他于 1999 年加入剑桥大学教育学院，最初主要从事科学教师的准备工作，最近则是教授研究方法。他的研究主要涉及学生在科学方面的思考和学习。

弗丽达·D. 通加拉扎（Frida D. Tungaraza）拥有达累斯萨拉姆大学（University of Dar es Salaam）的学士和硕士（教育）学位，以及美国俄亥俄州立大学的硕士和博士（特殊教育）学位。她的兴趣领域包括特殊需求教育和全纳教育。她在特殊教育和全纳教育方面进行了研究，包括在 NUFU、SIDA、NORAD 和 PITRO 支持下的研究。她在本地和国际期刊上发表了多篇论文。她曾在坦桑尼亚教育学院担任课程开发员，并在美国鲍灵格林大学和坦桑尼亚达累斯萨拉姆大学任教。

王晓岚（Hsiao-Lan Sharon Wang）是台湾师范大学的助理教授。她在教育神经科学和读写能力发展领域进行研究。具体来说，她的研究重点是阅读困难以及将神经科学技术应用于学习障碍或精神障碍的研究。她也是一名临床认证的职业治疗师和台湾中学的特殊教育教师。她最近的工作主要是利用行为和实验工具来研究识别台湾有学习困难或精神障碍的儿童。

埃迪特·耶鲁沙尔米（Edit Yerushalmi）是魏茨曼科学研究所科学教学部的物理教育教授。她领导了针对优秀高中生的跨学科课程——计算建模：随机性和结构——的研究和开发，学生们通过计算和分析对生物和化学系统进行建模。此外，她对在物理学课堂上建立反思性实践感兴趣。为此，她研究教师的信念、设计专业发展框架以支持教师改变他们的做法。此外，她还开发了数字导师，以改善学生在物理学问题解决方面的概念学习。

科学教育：大学的使命与担当
（丛　书　序）

我少年时代就读于华南师范大学附中前身的岭南大学附属中学，也因此和华南师范大学结下深厚的渊源。2023 年 7 月，"全国科学教育暑期学校"中小学教师培训（广州会场）在华南师范大学开班，学校邀请我去作报告。我很认真地做了准备，去跟老师们讲我所理解的科学教育以及如何培养科学素质。在我看来，中小学老师会影响孩子一辈子，科学素质的培养必须从小抓起。

科学教育是提升国家科技竞争力、培养创新人才、提高全民科学素质的重要基础。2023 年 5 月，教育部等十八部门联合印发了《关于加强新时代中小学科学教育工作的意见》，对如何在推进教育"双减"的同时做好科学教育加法作出系统性的部署。这么多部门联合发布文件，一方面足见国家对科学教育的重视，要求集聚社会资源，加强部门联动；另一方面也是希望更多组织和相关人士能积极参与，担负起科学教育的使命。

作为广东教师教育的排头兵，华南师范大学一直很重视科学教育。除了这两年连续承办"全国科学教育暑期学校"，据了解，学校多年来还做了一系列示范性、前瞻性的工作。学校 2004 年开始招收科学教育专业本科生，2020 年开始招收科学与技术教育专业硕士，不仅招生规模居全国前列，而且形成了具有中国特色的"大科学教育"理念。2023 年我去作报告时，王恩科同志跟我介绍，学校又在全国率先成立科学教育工作委员会，组建了华南师范大学粤港澳大湾区科技创新与科学教育研究中心等平台，开展国内外小学科学课程标准的比较研究等。这些都说明，学校在科学教育上是有远见卓识的，也真正想为推动中国的科学教育发展做一些实事。

最近又很高兴地看到，华南师范大学集聚了一批专家学者完成了"科学教育译丛"的翻译工作。这套译丛以美国的科学教育研究与实践为主，内容包括社会性科学议题教学、天赋科学教育、科学教育的表征能力框架、STEM 教育、跨学科学习、批判性思维、科学教育理论与实践策略等。这些都是国外科学教育领域密切关注的重要主题和前沿性成果，对于国内科学教育的深入开展很有启发性和借鉴意义。从中可以看出，以美国为主的西方发达国家，对科学教育已经进行了长期的、广泛的、扎实而细致的专业研究与基础性工作。特别是，美国之所以在科技领域能够处于绝对领先地位，与它们在科学教育上的发展水平有着密不可分的关系。美国中学科学教育开始于 1821 年，是世界上最早在中学开设科学课程的国家之一。20 世纪 80 年代，美国启动"2061 计划"，开始实施课程改革，在数学、科学和技术教育方面提出了培养学生科学素养的新目标，要使科学素养成为公民的一种内在品质。随即，美国推出了一系列引领世界科学教育发展的标志性文件，包括《国家科学教育标准》《科学素养的基准》《面向全体美国人的科学》等。自 1993 年起，美国国家科学基金会每两年发布一次《科学与工程指标》，其中首当其冲关注的是美国的中小学科学教育。2013 年，美国国家科学技术委员会向国会提交了《联邦政府关于科学、技术、工程和数学（STEM）教育战略规划（2013—2018 年）》，这是时任美国总统奥巴马主导的一项 STEM 教育发展战略，意在加强 STEM 领域人才储备，保证美国在科技创新人才领域的优势地位。

近些年来，我国开始借鉴美国 STEM 教育的经验，开展了许多相关的实践和研究。但在学习这些具体经验的同时，我们更要认识到，正所谓"冰冻三尺，非一日之寒"，美国科学教育的发达有着多方面的深刻原因，我们要更多地学习它们的策略、理念与方法。科学教育在美国被置于国家战略的重要地位，并从教育目标、课程标准、战略部署、全民素养、监测评价等方面进行了系统性的谋划，基于国家科技发展形成了有特色的科学教育体系。从华南师范大学推出的这套"科学教育译丛"也可以看出，在美国有一批高等院校和科技工作者致力于科学教育的深入研究，形成了大量的面向基础教育的中小学科学教育应用性成果。

应该说，当前我国已经越来越意识到科学教育的重要性，从党的二十大报告中关于教育强国、科技强国、人才强国战略的提出，到教育部等十八部门加强新时代中小学科学教育的工作部署，都体现了党和国家对于科学教育空前的重视。对比世界先进国家，我们在科学教育的师资队伍、教育理念、课程标准、课程体系以及专业研究等方面都还存在着很多短板，因此也迫切需要更多的师范大学、科研院所、科学场馆、高科技企业以及相关的大学教授、科学家、工程师、科学教育研究者等关注、支持和参与到中小学科学教育中来，真正从源头入手做好拔尖创新人才的早期培养。除了虚心学习引进国外的既有教育研究成果，我们更需要一大批的大科学家、大学者、大专家能够不辞其小，躬下身去面向中小学老师和学生做一些科普性、基础性的教育工作，这项工作的价值丝毫不低于那些高精尖的科技研究。

同时更重要的是，正如我在"全国科学教育暑期学校"的报告中提出的，我们要加强中国科学教育的"顶层设计"，构建具有中国特色的科学教育体系。要认识到，无论是美国的 STEM 教育还是英国的 STS（科学、技术、社会）教育，都是基于各自的国家战略和科技发展需求而制定的，也都并非完美无缺，我们可以适当借鉴，但不能照搬照抄。从我们的国情、教情和文化基础来说，我个人认为，中国的科学教育应倡导的是 IMH 教育，即创新能力（Innovation）、使命感（sense of Mission）、人文精神（Humanity）。在科学教育中，我们要从这三方面做好中小学生的科学素质培养，三者缺一不可。

首先，科学素质的核心是创新能力的培养。具体来说，创新能力应包括开拓精神、尊重事实、执着追求、协作精神等内涵。同时，创新还意味着要学以致用，只有发明和发现还不够，要能够应用于实践，产生社会效益和经济效益。为此，老师要从小培养学生善于发现问题、善于设计解决方案的能力，引导他们利用学到的知识去解决实际问题，将书本所学和生活实践联系起来。

其次，科学教育必须注重使命感的培养。我们常说，科学没有国界，但科学家是有祖国的。在中国进行科学研究，开展科学教育，一定要有使命感。当前，部分西方国家在科学技术上到处卡我们的脖子，我们要进行科学创新，必须敢于担当，把国家和民族的发展放在心中。我们要注重培养学生对科学的好奇心和兴趣爱好，但更重要的是培养学生的使命感。

最后，科学素质的教育要倡导人文精神。这一点尤为重要。国家发展也好，大学教育也好，科技与人文一定是不可偏废的两翼。科技发展是为了让人的生活更美好，让人的发展更健全。没有人文精神做基础，只强调科技发展，不仅是片面的，也是危险的。我们既要注重科学教育，更要提倡德智体美劳全面发展；既要注重科学的发展，更要注重尊重人，学会宽容和公正，善于发现他人的优点和长处。

　　说到底，这些精神和素养也是青少年时代，母校教给我的令我受益一生的东西。2023 年是华南师范大学建校 90 周年，我也再次受邀回学校出席建校 90 周年发展大会。我在致词中讲到，华南师范大学附属中学培养了我，为我打下好的基础，给我提供的良好教育让我能够为国家作贡献，同时让我自豪的是，华南师范大学在科技强国、民族复兴的征程上也能够勇担使命，体现了大学应有的精神品格。

　　从这套"科学教育译丛"中，我再次看到一所高水平大学应有的使命担当与精神品格。我也很愿意和华南师范大学一起，为推动科学教育的发展，为培养更多具有创新能力、使命感和人文精神的高素养人才尽一份力。

　　是为序。

2024 年 2 月

译 者 序

　　天赋教育是国内外教育学、心理学等领域广泛关注的主题，其目的在于促进具有天赋的学生更好地学习，从而实现更高的成就。天赋在现实生活中的表现是多元化的，在这一点上，科学天赋与艺术等其他细分领域的天赋并无不同，具有科学天赋的儿童群体不完全等同于能够在数理化等科目取得高分的学生群体。正确理解和认识科学天赋的多元特性，将有助于父母提高家庭教育水平、教师提高课堂教学水平以及教育系统做出正确决策，让科学天赋学生获得更好的受教育体验。但到目前为止，科学天赋的多元特性尚未成为社会共识。

　　围绕科学天赋这一主题，这本书的两位主编提出，要对科学天赋采取建构主义的理解方式（第 1 章），强调我们应该着重关注科学天赋的后天培养，而非先天禀赋。在此共识基础上，多位作者从不同视角探讨了科学天赋的多样化表现，这些视角包括科学创造力（第 2 章）、学生对于科学建模的信念（第 4 章）、性别（第 9 章）、社会（第 10 章）、多元文化（第 11 章）、神经科学（第 15 章）及心理学（第 16 章）等。其余作者则利用教学案例详细介绍了天赋科学教育的教学法，包括如何在科学探究中增加深度、复杂性和真实性（第 3 章）、科学研究学徒制与在建模中应用脚手架（第 4 章）、科学课堂的教师互动（第 5 章）、充实课程和真实课程（第 6 章）、让学生参与科学文献分析（第 7 章）、科学本质教学（第 8 章）、基于问题的探究（第 12 章）以及让学生参与科学奥林匹克竞赛（第 13 章）和科学奖学金考试（第 14 章）等。以上内容将为教育工作者、家庭和社会理解儿童和学生的科学天赋提供更广泛的视角，一线科学教师和教育学研究人员也能从中获得启发。

　　这本书的翻译工作由本翻译团队历时一年完成。由于涉及的学科门类多，我们分别查询了相关学科的文献，以及咨询了相关学科的学者，对相应专业的内容和表达进行确认，力争准确把握细节内容。碍于能力有限，若有讹误还请读者不吝指正。我们要特别感谢华南师范大学范冬萍教授为本书翻译工作和出版等提供的支持。此外，我们还要感谢参与本书翻译工作的 8 位学生，他们是蔡敏君、张泽帆、魏晓彤、王佳琦、陈奕妍、裘中澳、蒲叶和黄帅。最后，我们要感谢科学出版社的几位编辑对于译稿的几轮细心阅读和提供的协助。

译　者

2023 年 12 月

前　言

科学教育不仅被认为是学校课程中一个非常重要的部分，而且也是一个广泛和高度活跃的研究领域焦点。尽管世界上许多地方对天赋教育和高能力的研究给予了相当多的关注，但是关于有科学天赋的学生的教育这一具体主题在学术文献中得到的关注则相对较少。特别是，教师和其他教育专业人员在为天赋学习者应对教育方面的挑战提供适当支持时需要充分参考相应的建议，因此他们需要获得关于这个主题的书籍，但现实中这些书籍非常稀少。作为为数不多的例外之一，《天赋学习者的科学教育》（*Science Education for Gifted Learners*）[也由劳特利奇（Routledge）出版社出版]从一系列的角度探讨了这个问题，书中的观点主要来自科学教育实践。该书是十年前写的，令人遗憾的是——或者说令人惊讶的是——此后几乎没有出现过将这个主题作为关注点的新书。

然而，如何满足科学课上最有能力的学习者的教育需求是一个不容忽视的问题——这不仅关系着那些与之直接相关的人群，如学生、教师和家长，而且也关系着许多科学和科学相关领域，这些领域依赖于有志于在这些领域工作的优秀年轻人的流动，也还关系到世界各地的经济和社会，这些经济和社会依靠科学和技术来维持和改善生活方式、提供有效的医疗保健，以及创造财富和保护环境。也就是说，有科学天赋的学习者的教育是一个广泛且意义非凡的议题。

《国际视角下的天赋科学教育：关键问题和挑战》作为"Routledge 成就和天赋教育研究系列丛书"的第一卷，旨在回应这一迫切的需求，提供一套不同的观点，说明如何思考和应对为那些我们认为具有天赋的学生提供合适的科学教育这一挑战。本书是一个国际合作项目，章节作者根据这个主题从不同的出发点提供想法和案例，并借此带来一系列不同教育背景下的经验。

在策划本书时，我们试图在学术性写作与直接和易读性之间取得平衡，前者将为那些寻求在这一领域进行研究的人和承担学术任务的学生提供支持，后者将吸引课程教师、课程开发人员、校外机构、教育管理人员和政策制定者等从业人员。本书每一章都有自己的特色，有些是以特定的项目和经验为基础的，有些则更有抱负地倡导该领域未来发展的潜在方向。我们对这本书的平衡性感到非常满意，希望它能对所有关注天赋科学教育的人作出真正有用的贡献。

本书的发展得益于隅田学在剑桥大学的科学、技术和数学教育学术小组内进行的学术访问。感谢爱媛大学为隅田教授的访问提供资金，感谢剑桥大学教育学院对隅田教授作为访问学者的邀请和接待。我们要感谢弗兰·里加（Fran Riga）博士的编辑协助。感谢 Routledge 出版社的组稿编辑克里斯蒂娜·洛（Christina Low）和她的同事们的鼓励，也要感谢本书世界各地的作者们，他们慷慨地与我们合作，将他们的工作以文字的形式展现，分享他们的想法，使这卷书成为可能。

基思·S. 泰伯（于英国剑桥）

隅田学（于日本松山市）

2015 年 6 月

目　录

第1章 天赋、智力、创造力和科学课程中的知识构建

基思·S. 泰伯（Keith S. Taber）

本书旨在向读者介绍关于面向天赋学生的科学教育的一系列观点。本章的开篇探讨了我们如何才能最好地理解与学校科学教育相关的天赋概念的议题。本章的重点在于阐述关于天赋的概念和术语的一些问题，试图将科学教育中的天赋这一子领域与科学教学和学习的其中一个主要视角（建构主义）联系起来，并为科学教育界提出一种实用主义的科学天赋概念。天赋教育议题是所有负责学校科学教育的人都应该关注的问题，无论是政策制定者、课程开发者还是任课教师。当我们从这些角度理解时，天赋教育则不再是一个精英主义问题，而是一个教育权利、包容和公平的问题。

1.1 术语的问题：谁是有天赋或才能的人？

在本书的书名中，我们使用了"天赋"（gifted）这个常见的概念。然而，我们对于该概念在不同的教育背景中的使用方式还没有达成普遍共识。一个人需要具备多高的天赋才会被认为"有天赋"是一个没有意义的问题。在一些国家和地区，"有天赋"和"有才能"这两个词或许被认为是同义词，而在另一些教育背景下，它们又被认为是指的不同的群体。有时学生被称为高天赋者，但在某些地方，"高能力的"和"高成就者"或"能力卓越的"等术语比"有天赋"更受欢迎。在本章中，我提出从实用主义的视角理解天赋概念，即只关注与学校科学课程最相关的那些方面。具体而言，科学天赋学生指的是"在适当的支持下能够在学校普通科学课程要求的全部或某些方面达到极高水平，或者在承担一些与科学相关的任务时体现出了远高于该课程阶段要求的水平的学生"（Taber，2007，p.7）。需要注意的是，这两个标准可能并不完全描述同一类型的学生，而且天赋学生只有在

受到了挑战，被要求承担远高于正常课程水平的任务时，第二个标准才变得相关，但情况并非总是如此。

人们会在人类活动的各种特定领域拥有特殊的禀赋。有些人在体育方面表现出色，例如，跑得特别快，或者投球特别精准。诸如"有天赋"和"有才能"等术语有时被用于这些领域，有时也被用于艺术领域。例如，一个人可能被认为是一个非常有天赋的歌手，或者在舞蹈编排方面有特殊天赋。在一些教育背景下，"天赋"（giftedness）更多用于形容与智力活动有关的领域，因此，"有天赋的人"（the gifted）是指那些在学术工作中表现出色的人，而另一个术语——例如"有才能"（talented）——则更多用于描述那些在某些体育或艺术领域表现出色的人。

需要注意的是，在一些论述中，"天赋"一词被用来指那些被认定为具有特定能力的人，只要他们具备了这些能力，他们就会被贴上"天赋"的标签；而在另一些人眼中，天赋的定义应与语境相关，他们认为天赋与特定领域或活动范围有关。本书虽然声称关注科学方面的天赋，但实际上，在许多教育背景中，普遍认为天赋与智力［通常还有智商（IQ）］或学术能力密切相关，因此一些学生会被贴上"天赋"的标签。此外，"天赋"这个标签经常意味着一种永久和普遍的特征。

有些人在广泛学科领域的学术研究中确实表现得特别出色（尽管这可能还需要进一步分析，如下所示）。然而，更多人仅仅在特定的领域内展现了出色的成绩：一些人也许物理和化学成绩突出，而在历史和文学等科目中仅仅表现良好（没有特别突出）。即使在科学领域，学生的成绩也可能参差不齐。一个学生的生物成绩可能非常好，但在物理上却不是特别强，甚至在有机和无机化学方面表现出色，而在物理化学上却不太好。每个人都有不同的长处，无论是跨学科的还是学科内部的。这里采取的观点是，仅仅给一个人贴上"天赋"的标签，而不提及与之相关的人类活动的领域，是含糊而无用的。这遵循了以 Sternberg（1993，2009）为代表的研究传统，他拓展了天赋的概念，强调情境以及社会对某些活动领域认可的重要性，在这些领域的高成就被广泛认为是值得注意的。本书关注那些被认为在科学方面有天赋的人的教育，需要注意的是，我们对于天赋的识别很大程度上仅仅出于科学的某些方面，因此不应拓展于广泛的科学活动。

1.2　天赋从何而来？

天赋术语的另一个问题是，它会带来不必要的联想。天赋和才能的概念可能与曾经很普遍但现在不太被接受的想法有关——至少在某些国家的背景下是这样——关于不同的人被赋予（例如，由上帝赋予）特定的与生俱来的能力的想法，也许普遍与他们应该使用这些天赋或才能造福社会的期望有关。这种想法有可能与人与人之间天生不同的观念相联系，就像无论人们工作多么努力或被提供什么样的教育机会，有些人的成就总是比别人低。而如今，这种思维方式可能被认为与遗传学有关，而不是与天意有关，即有些人只是幸运地拥有比其他人"更好"的基因。

如果走到极端，这种想法会导致一种无益的生物决定论（鼓励诸如"如果我们真的相信这一切都是由我们的基因决定的，那么我们寻求超越自己的阶层还有什么意义呢？"的论点）。绝对的遗传决定论对于鼓励自我提升的危害不亚于相信天授君权以及臣民之所以被统治是由他们的命运所决定的，后者也就是说，中世纪的观念认为，国王登上王位不仅是因为历史的偶然性，还因为他是被上帝所任命的。

这里面肯定有文化的因素，在一些社会中，人们更倾向于将成功或失败归因于人的内在素质，而这些社会以外的其他国家的人则更倾向于认为勤奋和努力工作是更重要的因素。实际上，这两组因素可能都很重要，但是，当然，我们只能改变后一个因素。我们在教育领域的工作经验清楚地表明，即使在某种意义上，我们最终都会受到遗传因素的限制（比如无论我们采用何种饮食计划和训练，我们都不能具备在没有借助设备的情况下在水下呼吸或以超声速奔跑的能力），但教育机会，以及参与这些机会，可以对人们在生活中实际取得的成就产生巨大的影响。当然，这并不仅限于我们的工作生活，还与我们能够获得的令人满意的人际关系、爱好、兴趣以及参与社区活动和公民活动息息相关。

任何关于基因与环境（"先天或后天"）的争论往往都是徒劳的。我们个人的基因构成当然是重要的，但任何对人的经历有重要意义的东西都不可避免地是基因与环境相互作用的结果。一个特定的遗传特征往往只在特定的情况下是有利的或不利的。那么，显而易见的是，无论一个人的基因如何，他所取得的成就将受到周围环境的强烈影响，例如他所拥有的学习机会。毫无疑问，许多有遗传潜能成为爱因斯坦或达尔文的人，都出生在没有机会成为高成就的科学家的时代和地方。如果达尔文在出生时就与当地某个农夫的后代交换，那么他的教育机会和社会地位（以及经济独立的缺乏）或许会使他远离科学工作，他的遗传资源很可能会为他作为农场工人的一生而贡献，而不是使一个主要的科学学科的思维产生巨大改变。这一论点可能会让许多熟悉建构主义学习思想的科学教育者产生共鸣（下文讨论）。

1.3　如何识别天赋？

识别学生是否有天赋通常有两种常用方法。一种方法是将天赋与智力挂钩。

智力本身是一个备受争议的概念（Gardner，1993；Sternberg et al.，2000），以至于学者们对如何定义或识别它并未达成共识。然而，那些已经被纳入智商测试的与智力有关的各方面已经形成了一个完整的机构（实际上，也许已经成为了产业）。智商可以被合理可靠地测量出来，而且随着时间的推移，人们的智商似乎相当稳定，这似乎为一般的学业成就提供了一些有效的预期值。然而，智商测试确实有一段相当丰富多彩的历史，早期测试者几乎没有意识到这些项目里的文化偏见带来的风险（Gould，1992）。智商确实不是一个完全客观的衡量标准。随着教育的发展和社会的进步人们普遍变得"更聪明"，因此 IQ 测试作为一种将"平均"智商设置为 100 的常模参考工具，人们需要持续对其进行修改以抵消 IQ 分数随时间增加的趋势。

智商当然可以是一个有用的衡量标准：例如，如果想在孩子们的学校生涯早期确定具有高学术潜力的儿童。解答 IQ 测试题的能力当然与学习科学所需的技能相关，但就学生在学校环境中高水平表现的不同方式而言，它是一个相当不灵敏的工具。考虑到关于智力的精确本质，以及最佳智力测试应该衡量什么的争论，不过分依赖标准化智力测试非常重要。

另一种识别天赋学生的常用方法是教师推荐，通常辅以记录学生表现的清单（例如见 Taber，2007）。例如哪些学生常常提出探究性问题，表现出充分的兴趣，并经常快速准确地完成作业？哪些学生自发地将当前教学内容与其他教学主题、学校科目，甚至是他们其他方面的经验联系起来？有时这类清单提及的天赋学生有特定形式的嗜好，例如涉及收集和分类某种物品的嗜好。这些类型的清单似乎被认为是广泛适用的，但我们很难找到一项研究表明，这些清单除了仅仅是一些常识之外，还有其他可靠的依据。

1.4　建构主义的天赋观

建构主义是科学教育领域的一个非常有影响力的理论。与"天赋"一样，"建构主义"是一个被不同人以不同方式理解的术语（Bickhard，1998；Bodner et al.，2001）。但一般来说，科学教育受"心理"或"教学法"建构主义的影响较多，因为它们都认为学习是高度依赖于情境的（Taber，2009）。人脑是一个能够建立自身认知优势的系统，这某种程度上决定于遗传因素，但大部分也来自其对特定经验的响应。父母的教养、与玩伴的社会互动、非正式的接触科学玩具和话题的机会，以及接受正式教育的经历，都有助于学生在课程中拓展对科学的兴趣和增进对科学的理解。这些不同的经验为学生发展中的心智提供了原材料，使其具有意义，从而影响到大脑发展用于构建解释的结构，以支持其对后续经验的理解（Taber，2013）。人类的学习是阐释性、渐进性和迭代性的（Taber，2014），任何特定学生的想法和能实现的做法，以及他们对特定的教学活动的理解，都是一系列高度复杂的偶然事件的结果，也是进一步学习和发展的持续基础。

1.5　建构主义观点的启示

建构主义的学习观念对理解天赋有许多启示。建构主义的观点认为，不能把高水平的科学成就视为是任何学生在出生就必然发生的事情。同样地，学生在任何时候取得的成就也不应该被视为某些预设路径中的某个节点。那些我们现在认为具有天赋的学生，如果他们之前经历了不同的学习过程，那么他们的天赋可能就会被忽视掉。同样地，一个人一旦被认定为具有天赋，也不意味着他们会无限期地保持天赋。那些我们现在不认为有天赋的人可能仍有潜力在未来表现出非凡的成就：尽管这可能取决于在此期间他们的具有适当挑战性的学习需求是否得到适当的支持（见下文）。

建构主义的观点为我们理解科学教育中的天赋提供了一种哲学立场。它表明我们不应该将天赋（或，同样地，非天赋）的识别绝对化。相反，天赋的依据只应与学生即时的教育需求和他们的过往经历有关。如果学生的教育需求发生变化，那么我们就会对天赋做出不同的判断。随着学生获得更进一步的教育经历，他们用于解读世界和应对未来挑战的资源将发生变化，在某些情况下，此前未被认为是具有天赋的学生将被认为是在科学上拥有天赋的。

而当我们对教学工作中的偶发事件没有充分的认识时，上述的变化对我们而言会很神秘。当然，这里面可能有与遗传相关的发展因素的影响，他们会影响正常大脑发育的精确模式从而产生个体差异。工作中通常还会有情感和激励因素，它们会导致学生突然对某个主题或更广泛的科学产生热情并投入其中，这会让人们广泛地参与学习、面对智力挑战时展现出异常高度的专注力和韧性，甚至感受到学习中的"心流体验"（flow）（Csikszentmihalyi，1988；　Taber，2015a）。有时我们的教学会对学生产生巨大的影响：脚手架式的教学尤其能加速学生的进步（Adey and Shayer，2002），同时，适当的结构化的教育经验可以让学生进行相应的改变以应对未来的问题。

如果天赋天生是与情境相关的，例如一个人只在某些特定任务要求方面表现出天赋，那么我们就没有理由期望在科学方面有天赋的学生在历史或现代外语方面也有天赋。这可能与皮亚杰的认知发展阶段理论（Bliss，1995）有关，或者与词汇量、阅读理解等的情况有关，毫无疑问，这与我们日常所说的有才智的儿童关系是非常密切的。

然而，我们也不能只从表面上看这种全局性的天赋判定。例如，加德纳（Gardner，1993）指出，学校学科科目所教授和考查的仅仅是人类所展示的各种各样智能中的一个范围非常有限的子集。因此，在学校科目的学习中，人们总会问及为学生设计的任务种类是否过于普通又笼统，即在整个课程中，学生参与的只是简单改变了主题但本质上相同的活动。这种解释表明，学校课程以及它在课堂中的不同形式（Chevallard，1989），通常不能充分反映它要向年轻人介绍的人类文化的不同方面。例如，物理学科并不同于历史或数学学科，但（如果我们忽略学科内容）从学生在课堂上的任务来看，它们并不能很清晰地向学生传达这个区别。

另一个复杂的问题是，人和教育系统本质上是相互影响的，它们会对它们被对待的方式做出相应的反馈。在科学工作中，我们不用担心把氩气称为"惰性"气体会影响其化学反应性，尽管不可否认的是，多年来"惰性"气体的标签确实打消了化学家测试这些元素是否真的能形成化合物的想法，或者我们为大白鲨贴上"大"的标签虽然会让人认为它处在一种优势地位，但这并不会使它更具攻击性。然而，一旦我们给学生贴上有天赋（或没天赋）的标签，我们就在他们、他们的父母、他们的老师和他们的同学中树立了期望值。简单地设定这样的期望是一个影响教育成果的有效方法（Rosenthal and Rubin，1978）。但与之而来的一个有趣问题是，在被观察到的广泛的天赋行为中，多大程度是因为他们被贴上天赋的标签所带来的。

给学生贴上"科学天赋"的标签，应被视为类似于给他们贴上"疲惫"或"兴奋"的标签，也可以说是，仅仅作为反映当前情况和当前状态的一种描述。特别是，在科学课上，天赋行为的判定在一定程度上应该属于科学课堂的事务。如果科学课是关于学习大量的科学事实和科学原理的算法应用，那么，那些记忆力好的学生，或习惯于循规蹈矩的学生，以及能在练习和实践取得较高荣誉的学生，将表现得非常强；甚至可能强到足以被认为"在学校普通科学课程要求的全部或某些方面达到极高的水平"。然而，在这样的课程制度下，可能有其他学生能够"在承担一些与科学相关的任务时体现出了远高于该课程阶段要求的水平"，但他们可能仅仅因为很少有机会展示自己的潜力而未被认可为是具有天赋的。

1.6　科学是一种创造性活动

将"天赋"学生从"才能"学生中区分开来时，区分的标准往往是基于"学术"意义上的卓越表现，而不是在舞蹈、美术或音乐等更具创造性的活动中的特殊能力。但是，任何学术领域的巨大成就都需要创造力。此外，科学本质上就是一种创造性活动。当然，逻辑思维在科学工作中是必不可少的，但它是对创造性思维的补充，而不是一种替代。所有重大的科学发现最初都是创造性的行为。科学家群体需要以一种新的方式看待事物，想象一种新的可能的模式：只有这样才有可能设计研究方案来测试新的想法，并应用逻辑思维来"创造"新发现（Taber，2011）。学校科学教育应该为学生提供培养创造力的机会（见本书第 2 章），这种机会可能会让有天赋的学生获得认可。如果没有这种机会，他们则可能不会被发现。

　　就学校科学普通课程而言，问题的提出可能是鼓励学生展示创造力的最佳情境之一（Watts and Pedrosa de Jesus，2007），因为在这里他们可以利用自身的想象力创造出各种可能性（实际上，是另一种可能的世界），在那里他们可以着手设置实验测试从而获得来自物理世界的证据。这样的测试当然需要学生有相关的知识基础，并且已经熟悉全部可用的实验室技能，但与之而来的是，这也为学生能够用创造性的方式验证他们的想法提供了进一步的机会。因此，探究式的科学教学（Minner et al.，2010）可能会发现一些有天赋的学生，因为普通课程的教学内容是学习和应用教科书上的经典科学描述，而他们在这方面的表现并不出众。

　　创造力可以通过不同的方式来表达。鼓励学生对科学概念提出他们自己的隐喻和类比，能为他们的理解提供有启发性的、创造性的甚至是趣味性的见解（Taber，2016）。鼓励学生以他们自己的方式构建模型或表征，能够让他们有机会参与需要深入了解所学资料的创造性活动（Tytler et al.，2013）。要求学生思考当前主题和以前主题之间的联系，甚至与课程的其他领域的联系，这能够为学生提供超越他们舒适区的创造性挑战。

　　当然，这些做法的结果可能仅仅是"小写的创造力"（creative），即学生不太可能有能力发现科学家尚未发现的任何重要的科学联系，但学校的重点在于鼓励个人学习，让学生为以后的学习生活做好准备。科学，甚至所有的活动领域，都取决于人们是否有创造力并是否能够自如地发挥创造力，而一些个人的创造力最终将被证明是"大写的创造力"（Creative），并做出真正的原创性贡献。毕竟，一个人在某些领域或主题内获得的每一个公众认可的创造性突破，都始于一个对他们自己而言是新颖的想法。

1.7　科学教育中的天赋教育观

　　在本章的开头，我提出了两个潜在的天赋学生的特质。那些"在学校普通科学课程要求的全部或某些方面达到极高的水平"的学生很容易被识别。他们在作业和测试中能获得接近完美的分数。然而，经常获得接近完美的分数并不一定是一件好事。学校的主要目的是促进学习，而学习本身又是一个将学习任务与学生现有能力相匹配的过程，所以我们希望学生的分数不要太高，以取得更好的学习效果。然而，如果设定的任务缺乏高水平的挑战性，那么这个群体中的一些人实际上可能只是因为有能力和认真所以能完成这些任务，而不是因为具有特殊的潜力。那些有可能符合第二个标准的学生，即那些"在承担一些与科学相关的任务时体现出了远高于该课程阶段要求的水平"的学生，只有当他们被安排远高于该课程阶段的正式要求的任务时，才会表现出这种潜力，这再次表明我们需要将任务要求调整到能促进学习的水平。

根据 Vygotsky（1934/1986）的观点，教育者不应该关注学生目前在最低限度的支持下可以做到的事情，而应该关注学生在没有帮助的情况下还不能做到的事情，以及哪些事情当我们为学生提供一些帮助后他们就能够做到。从这个角度来看，有效的教学包括在学生的"最近发展区"搭建脚手架，即为学生提供足够的支持，使学习活动既具有挑战性又可以被实现。如果学习活动不能让学生最终获得成功，那么这些活动就不具备教育性。同样，如果这些活动缺乏足够的挑战，不能为超越现有能力的极限提供基础，那么这些活动也不具备教育性（Taber，2015b）。这显然适用于所有学生（图 1.1）。对于有科学天赋的学生来说（能够"在学校普通科学课程要求的全部或某些方面达到极高的水平"或"在承担一些与科

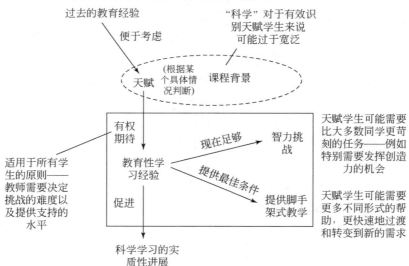

图 1.1　所有学生，包括天赋学生，都需要安排适当的有挑战性的学习活动

学相关的任务时体现出了远高于该课程阶段要求的水平"），问题在于他们经常被要求参与很容易实现且没有任何挑战感的任务。这样的任务是他们熟悉的、常规的、规则的，（用维果斯基的话说）它们是在学生的现实发展区的任务，而不是在未来发展区的任务。

1.8　满足天赋学生的需求是一个包容性的问题

因此，科学学习活动只有在为学生提供适当平衡的挑战和支持时才具备真正的教育性。在几乎任何学校的课堂上，对于多数普通学生具有挑战性的任务对一些学生来说却是平淡乏味的，就像对另一些学生来说，除非他们能得到额外的帮助，否则这些任务要求确实过高。很多时候学生能够快速准确地完成既定任务，但没有定期接受能让他们离开舒适区并具有真正挑战的任务。虽然学生也会完成任务的所有要求，但他们并没有得到真正的有教育意义的学习经验。从这个关于天赋的教育视角来看，满足天赋学生的需求不是一个精英主义的问题，而是一个公平的问题（Taber and Riga，2016）。所有学生都有接受真正有教育意义的科学教育的权利，这意味着他们能够在充分发挥自身聪明才智的前提下在科学教育方面有所成就。这就要求活动要引人入胜又具有挑战性。这些活动能带来真正的满足感，因为只有真正努力的人才能完成它们，这需要学生有超越以前的知识、理解和技能水平。可以说，我们都大致知道如何在科学课上为天赋学生提供具有挑战的任务（Taber and Corrie，2007），但如果我们能从更多的研究中准确找出针对不同天赋学生群体在各种科学学习环境中有效的学习方法，这将是受益匪浅的。

为有科学天赋的学生提供教育支持背后的动机还关系到学生获得名副其实的教育机会的权利（Taber and Riga，2016）。教育系统应该为所有学生提供机会，以发展他们的潜能。很多时候，在许多科学课程中，一些学生从未体验过这种真正的智力挑战。本书包含一系列关于天赋科学教育的观点。这一系列观点的下一卷（《天赋科学教育的政策与实践：来自不同国家背景的方法》）将报告一系列世界各地满足天赋学生需求的方法。其中有不少文献讨论在标准课程以外丰富学生课程经验的方法。当这些方法涉及与其他天赋学生在校外进行特别安排的活动时，这可以为学生提供一个截然不同的学习环境，能让学生体验到更成熟、更特别、更令人振奋的感觉（Taber and Riga，2006）。同样重要的问题是，这些文献是否能为任课教师所用，让他们在正常课程的教学内确保有天赋的学生在他们的核心科学课程中接受真正的挑战。无论我们向天赋学生提供怎样充实性的选修活动，同样重要的是，我们要确保他们在学校的必修科学课上参与了真正具有教育意义的学习活动。

<h2 style="text-align:center">参 考 文 献</h2>

Adey, P., and Shayer, M. (2002). An exploration of long-term far-transfer effects following an extended intervention program in the high school science curriculum. In C. Desforges and R. Fox (Eds), *Teaching and Learning: The essential readings*. Oxford: Blackwell, pp. 173-209.

Bickhard, M. H.(1998). Constructivism and relativism: a shopper's guide. In M. R. Matthews (Ed.), *Constructivism in Science Education: A philosophical examination*. Dordecht: Kluwer Academic, pp. 99-112.

Bliss, J. (1995). Piaget and after: the case of learning science. *Studies in Science Education*, 25, 139-72.

Bodner, G. M., Klobuchar, M., and Geelan, D. (2001). The many forms of constructivism. *Journal of Chemical Education*, 78(Online Symposium: Piaget, Constructivism, and Beyond), 1107.

Chevallard, Y. (1989). On didactic transposition theory: some introductory notes. In Proceedings of the International Symposium on Selected Domains of Research and Development in Mathematics Education. Bratislava, August 1988, pp. 51-62.

Csikszentmihalyi, M. (1988). The flow experience and its significance for human psychology. In M. Csikszentmihalyi and I. S. Csikszentmihalyi (Eds), *Optimal Experience: Psychological studies of flow in consciousness*. Cambridge: Cambridge University Press, pp. 15-35.

Gardner, H. (1993). *Frames of Mind: The theory of multiple intelligences* (2nd edn). London: Fontana.

Gould, S. J. (1992). *The Mismeasure of Man*. London: Penguin.

Minner, D. D., Levy, A. J., and Century, J. (2010). Inquiry-based science instruction: what is it and does it matter? Results from a research synthesis years 1984 to 2002. *Journal of Research in Science Teaching*, 47(4), 474-96. doi:10.1002/tea.20347

Rosenthal, R., and Rubin, D. B. (1978). Interpersonal expectancy effects: the first 345 studies. *Behavioral and Brain Sciences*, 1, 377-86. doi:10.1017/S0140525X00075506

Sternberg, R. J. (1993). The concept of 'giftedness': a pentagonal implicit theory. *The Origins and Development of High Ability*. Chichester: John Wiley and Sons, pp. 5-21.

Sternberg, R. J. (2009). Toward a triarchic theory of human intelligence. In J. C. Kaufman and E. L. Grigorenko (Eds), *The Essential Sternberg: Essays on intelligence, psychology and education*. New York: Springer, pp. 33-70.

Sternberg, R. J., Forsythe, G. B., Hedlund, J.,Horvath, J. A., Wagner, R. K., Williams, W. M., Snook, S. A., and Grigorenko, E. L. (2000). *Practical Intelligence in Everyday Life*. Cambridge: Cambridge University Press.

Taber, K. S. (2007). Science education for gifted learners? In K. S. Taber (Ed.), *Science Education for Gifted Learners*. London：Routledge, pp. 1-14.

Taber, K. S. (2009). *Progressing Science Education: Constructing the scientific research programme into the contingent nature of learning science*. Dordrecht：Springer.

Taber, K. S. (2011). The natures of scientific thinking：creativity as the handmaiden to logic in the development of public and personal knowledge. In M. S. Khine (Ed.), *Advances in the Nature of Science Research: Concepts and methodologies*. Dordrecht：Springer, pp. 51-74.

Taber, K. S. (2013). *Modelling Learners and Learning in Science Education: Developing representations of concepts, conceptual structure and conceptual change to inform teaching and research*. Dordrecht：Springer.

Taber, K. S. (2014). *Student Thinking and Learning in Science: Perspectives on the nature and development of learners' ideas*. New York: Routledge.

Taber, K. S. (2015a). Affect and meeting the needs of the gifted chemistry learner：providing intellectual challenge to engage students in enjoyable learning. In M. Kahveci and M. Orgill (Eds), *Affective Dimensions in Chemistry Education*. Berlin Heidelberg: Springer, pp. 133-58.

Taber, K. S. (2015b). Developing a research programme in science education for gifted learners. In N. L. Yates (Ed.), *New Developments in Science Education Research*. New York：Nova Science, pp. 1-29.

Taber, K. S. (2016). 'Chemical reactions are like hell because…': asking gifted science learners to be creative in a curriculum context that encourages convergent thinking. In M. K. Demetrikopoulos and J. L. Pecore (Eds), *Interplay of Creativity and Giftedness in Science*, Rotterdam：Sense, pp. 321-49.

Taber, K. S., and Corrie, V. (2007). Developing the thinking of gifted students through science. In K. S. Taber (Ed.), *Science Education for Gifted Learners*. London: Routledge, pp. 71-84.

Taber, K. S., and Riga, F. (2006). Lessons from the ASCEND project：able pupils' responses to an enrichment programme exploring the nature of science. *School Science Review*, 87(321), 97-106.

Taber, K. S., and Riga, F. (2016). From each according to her capabilities; to each according to her needs：fully including the gifted in school science education. In S. Markic and S. Abels (Eds), *Inclusion in Science Education*. New York：Nova Science, pp. 195-219.

Tytler, R., Prain, V., Hubber, P., and Waldrip, B. G. (Eds). (2013). *Constructing Representations to Learn in Science*. Rotterdam: Sense.

Vygotsky, L. S. (1934/1986). *Thought and Language*. London：MIT Press.

Watts, M., and Pedrosa de Jesus, M. H. (2007). Asking questions in classroom science. In K. S. Taber (Ed.), *Science Education for Gifted Learners*. London：Routledge, pp. 112-27.

第2章 天赋学生的创造力和科学教育：
心理学的启示

帕罗米塔·罗伊（Paromita Roy）

人类生活中关于努力的讨论都不能缺少对人们思考、感受和行为方式的评论。心理学的研究对于理解动机、努力和成就是不可或缺的。此外，科学技术领域的创造力的表现和成就在现代社会中具有极大的重要性，并与之息息相关，它已成为衡量国家发展、经济和权力的标准。科学创造力研究和实践的范式、过程、成果和进展日益受到重视，因此我们需要从心理学的视角更好地理解它。本章试图将心理科学与科学创造力的表现和培养联系起来，希望这种联系能够丰富教育工作者、家长和整个社会的认识，为在科学领域富有创造力的年轻学生营造更好的学习环境，同时也对他们的心理优势和弱点给予关注。

尽管创造力的概念已经被讨论和争论了近200年，但直到近100年关于创造力的研究才真正走到前沿。如Terman（1928）关于"天才"（genius）的出色的研究工作，以及Guilford（1950）在美国心理学协会发表的题为"创造力"的主席演讲，他们被视为最早将创造力作为一项科学研究主题的学者。随后，Torrance（1962，1974）在创造力评估领域的开创性工作为该领域的发展提供了丰富的补充。直到第二次世界大战之后，创造力才成为心理学研究的重要主题，而且它的研究方法最早主要以定量和统计为主。

心理测量学领域的迅速发展使得我们能够将能力、思维和智力进行量化测量。一方面，这是发散性思维评估工具发展起来的结果，另一方面，人格特征也被与创造力测量联系起来。同时，传记式问卷、案例研究和成套测验领域也开展了将能力与创造力联系起来的研究。随着认知科学的发展，研究者们开始关注心智的过程，试图从认知任务的表现来理解创造力。

心理学家和教育家对创造力和天赋儿童的天性和特征有着广泛不同的看法。他们从人、成果、过程和场域等不同角度对创造力进行研究。"人"的视角主要讨论的是具有创造力的人的性格特质，以及他们的创造力在他们人生轨迹中的变化。

"成果"视角则重点关注创意成果在原创性和实用性方面的价值。"过程"视角关注的是创造性行为及其产出的程序。"场域"视角则关注促进创新性的环境。"小写的创造力"的概念与人和成果的关系更为紧密，而"大写的创造力"则与过程有关。Simonton（1999）强调，一个人要想成为"大写创造力"型的创造性人物，其贡献的独创性（新颖性）和实用性（有用性）必须由他人来判断。为理解"科学创造力背后的心理学"，我们有必要先分别了解科学、创造力和心理学这三个领域，然后再将这些学科综合起来进行讨论。只有对这些单独领域相关的理论知识进行了解，我们才能进一步发现它们在一幅多维画布上的纵横交错。

Amabile（1996）认为，创造力不仅仅是拥有特定领域的技能（如知识、技术技能和该领域的特殊才能），而且在很大程度上取决于环境因素，如自由、学习支持和积极的挑战，以及在专业领域和个性中所要求的基本素养，如暂缓决策的能力、毅力和不墨守成规，以及内驱力。Renzulli（1977）认为，学校应该在课程中培养学生的任务持续性、创造力和动机等重要的心理品质。随后，对与创造力表现有关的心理变量的研究补充了对先天智力的测量。兴趣、个人目标、成就动机、行动能力、概念流畅性、有辨别力的观察、超强记忆力、认知灵活性和对非结构化复杂体验的偏好比智力因素更重要（Subotnik and Steiner，1993；Nwazuoke，1996；Tucker，2001）。

2.1　创造性人格的特征

学生的创造性特质得到认可通常表现在他们在以目标为导向的任务中取得了成就。例如，在印度，大多数有创造力的年轻学生不仅没有得到适当的支持让他们得以从创造力施展中获得快乐和激情，而且当他们在面对来自异步发展和创造力的脆弱无助时，他们所处的环境也不能有效认识到他们的需求。社会、父母和教师将创造力视为一种令人担忧的幼稚和无知，却没有意识到这两者间的细微差别及学生需要为排除这些困难所要做的付出。父母和教师对有创造力的儿童个性的研究和理解通常来自他们在自然条件下进行的观察。因此，创造力通常被归因于学习强度、对事物的敏感性和过度兴奋等主要特征。然而，实际中很多时候，创造力是在失败或失望这些特殊旅程中扎根和磨砺的。在这阶段，创造性成果可能需要花费很多年，而且它们将是不因循守旧的。相比之下，复制阶段则具有成功率高、结果可预测且典型的特点。

传统思考者的训练最多只能停留在对有创造力的人、过程、成果和环境的观察。然而，能够引导学生培养创造力的教师的角色才具有重要的价值，因为只有他们才能在引导创造力发展方面起决定性作用。没有导师，创造只会一方面沦为一场有创造力的学生面对激情和奉献的孤独的战斗，另一方面，让学生陷入沮丧和逆境。

作为一名与诸多才华横溢的印度理科学生一起工作了二十多年的心理学家，我观察到与这些学生的心理特征有关的各种主题。这些学生似乎普遍存在两种性格。一类具有创造力的理科学生表现为天生的领导者，性格外向，能"点石成金"，在学术任务和课外活动中表现出色。他们具备很好的适应能力，我们经常看到他们与高年级学生交流学术问题。由于他们活跃的个性和敏锐的头脑，他们的注意力经常被太多的事情所分散，并经常改变自己的爱好。有时，教育者和家庭必须"按住他们"，让他们区分出近期和长期目标。另一类有创造力的学生则表现出截然不同的特征。他们紧张、内向和情绪敏感。他们专注于科学的某个特定方面，更喜欢在特定领域获得更深入的见解。在行为上，他们安静而内敛，他们对科学的"冒险"是内在和谨慎的。他们被认为是如饥似渴的读者，他们更愿意与有共同性格和兴趣的人在一起。竞争并不是这类有创造力的学生的兴趣所在，他们乐于"跳出常规跑道"，而且致力于思维上的交流和严谨科学理解的追求。

有创造力的儿童和青少年与其他儿童和青少年之间的质的差异带来了他们在社会和情感领域的脆弱性（Bailey，2011）。相比能够快速掌握固定学业模式的成绩好的学生，有创造力的学生在正规和传统的课程学习中会表现得异常缓慢，而且这让他们痛苦不堪。因为他们会寻求非常规的途径/解决方法，所以他们更倾向成为深度思考者而不是快速思考者。他们似乎很难与其他普通同龄人和老师分享自己的想法和热情，并因此变得孤立。有时，这种孤立会导致他们退缩，并且他们会由此认为他们的天赋受到否定。约翰斯·霍普金斯大学天才少年中心（CTY）从 1983 年开始对有学术天赋的学生的个性和认知学习风格进行研究，发现这些学生在内向-外向、感觉-直觉、思考-感受和判断-感知的认知风格维度上与同龄学生不同（Mills，1993）。他们表现出对内向、直觉和抽象思维的更大偏好，并且倾向于追求更高的成就动机和更低的人际关系和社会关注（Sak，2004）。有创造力个体的观点在强度、敏感性、理想主义、洞察力、过度兴奋性、异步性、复杂性、内向性、完美主义和道德关注方面存在质的差异（Silverman，2005）。

绝大多数社会根深蒂固地认为创造力、高能力和天赋是孩子的额外禀赋，认为具备这些禀赋的孩子是"幸运儿"。由于这种观念的盛行，这些孩子被认为已经"比其他人拥有更多的能力"，而这恰恰造成他们的需求被忽视。整个社会都希望这样的学生能够在最低限度的额外支持下，凭自己的能力脱颖而出。在与有天赋的学生打交道时，我注意到老师和家长都倾向于相信，一个孩子只要被认为有创造力或天赋，他就必须有能力继续成为最好——不仅在天赋所指的领域，而且在生活中所有其他方面。当父母注意到他们的孩子在社交行为和解决冲突等某些领域的能力发展不佳时，他们通常会为此寻求咨询。对于有创造力的年轻人，我们经常听到这样的评论："他们很'奇怪'，因为一方面，他们表现出了高超的能力，而另一方面，他们却严重缺乏一些技能和能力。"

在印度各地的学校，创造力充其量只是一个被认可的概念。为富有天赋的儿童提供支持的任务通常都最后留给了家庭。很多时候，那些有创造力和天赋的孩子的父母无法识别这些特质，因此，他们往往给孩子贴上"不同"的标签。只有当孩子的创造力产出了受到"权威"认可的成果时，创造力才被认为是值得被关注的，才会受到老师和家长的重视。特别地，由于加速教育、充实课程、紧凑课程、重点指导和进阶先修课程的机会不属于正规学校课程中的一部分，因此学校很少提供，即便提供了效果也相差甚远。激励型教师凭借着对提高自身技能的热情和奉献精神，会非正式地采取措施识别有创造力的学生，并尝试以个人能力鼓励和支持他们。有的时候，一群这样的老师会汇集他们的智力资源来指导这些孩子。而这样的例子在很多情况下通常是针对那些富有创造力但经济条件较差的学生。

2.2 科学与创造力

最初，人们几乎不会将科学与创造力联系起来，因为科学被认为是理性的、实用的和可被观察的，而创造力由于其"不可定义"的特质而过于模糊和抽象。科学和工程等领域与创造力的关系并不那么明确。但是 20 世纪后期的科学和科学家的成功吸引了研究人员去思考"探索科学才能和创造力在特定领域下的特征"的假设。科学领域的才能不同于音乐、艺术或数学领域——在这些领域，年轻人的特殊才能很容易被发现（Csikszentmihalyi and Robinson，1986），而科学领域的天才很少被发现（Feldman，1991）。由于相对论、超导、核能、基因图谱和许多类似改变人类生活的发现在自然科学中的重要贡献，社会突飞猛进地发展，人们对科学的创造力产生了新的兴趣。此外，由于智力未能被确定为是个人创造力表现的唯一原因，许多心理学家将研究重点放在认知风格上，这种认知风格往往能更好地预测创造力。

不同的国家对创造力有不同的理解。例如，Niu（2006）发现，西方人从有创造力的人的个人属性来看待创造力，而中国人更多地从有创造力的人对社会的影响来看待创造力。Mpofu 等（2006）调查了 28 种非洲语言，发现只有阿拉伯语有一个词可以直接翻译为"创造力"。在北欧日耳曼语系的国家，创造力被视为一种有助于应对生活挑战的个人态度（Smith and Carlsson，2006）；然而在德国，创造力更多地被视为可用于帮助解决问题的过程（Preiser，2006）。

与许多其他国家一样，在印度，创造力更多地被认为与相关的表现和成果有关。特定领域的表现一直是将一个人贴上有才华/有创造力/有天赋标签的标准。从跨领域的视角对创造性行为特质进行研究虽然在理论界已有广泛影响，但实际应用中仍以特定领域的视角为主。出于这个原因，在印度，人们对才能、创造力和天赋之间的质的差异的理解仍然含糊不清。创造力的过程及其与环境的相互作用问题很少受到关注，这也许是因为人们更关注来自创造力的成果。在学术界，尤其是在科学界，杰出的人几乎总是被称为"天才"。天赋异禀的人常常被赋予不同的标签，但其中的原因我们仍了解甚少，以至于这些刻板印象只会随着时间的推移而得到加强。

在印度这样一个人口过剩的国家，创造力往往被经济稳定和就业的需求所掩盖。印度农村地区的本土天才大多仍未被发现。体育和艺术方面的非凡天赋相对而言更引人注目，因为其技能是可观察和可展示的。但为了让科学创造力得到认可，就需要有一个正式的教育机制，通过结构化的科学活动来展示对科学的天赋、激情和执着。许多学生对学校以外的科学内容表现出强烈的好奇心、丰富的想象力和质疑的态度。然而，在学业成绩仍然是衡量能力的主要指标的社会中，学生很难从这些特征中取得成绩。

对印度来说，把基础教育做好就已经是一个巨大的挑战，因此满足具有科学创造力的学生的需求并不是当前教育系统优先考虑的问题。大多数印度学校的科学教学充其量都是针对中等能力的学生，并着重强调让学生在科学和数学上取得高分，这样总成绩不错的学生会被视为学习能力高于平均水平。大多数学校教师接受过培训，都可以教授科学内容和概念，但对学习科学背后的过程、教学法或哲学知之甚少或根本不了解。就具有科学创造力的学生而言，他们的学业需求在学校系统内很难得到满足，因为一般来说，课堂通常不鼓励创造性的问题和讨论，以免出现"不必要和古怪的"想法"扰乱课堂"。这导致的结果是，这些学生接受了几年的正规教育，只能通过考试和评估来表达他们的能力，而这些考试和评估并不能满足他们的创造力发展的需求。一些幸运的学生会意外地受到关注，一些学生则需要付出相当大的努力才能引起导师（老师，或他所在社区的领域专家，或家庭成员）的注意，这些导师会激励他们进行创造性思考，引导他们完成创造性思考的旅程或为之提供特殊机会，让他们的创造力开花结果。

尽管一些研究报告称，有创造力的孩子活泼、快乐、情绪稳定，并受到同龄人的赞赏（Coleman，1985），但也有研究报告称他们的认知和情感发展也很容易受到负面影响（Colangelo and Assouline，2000）。他们会觉得与社会格格不入，再加上他们潜意识认为自己与同龄人不同，这些因素都会导致他们认知发展的进一步不协调和情绪的压力。本章作者及她的同事（Roy and Chatterjee，2014）正在进行的一项关于印度的具有天赋的高中理科生的动机、自我概念和自我描述的研究的初步结果表明，学生在发展积极和现实的自我概念方面面临着困难，他们目标取向混乱，并困扰于激励的缺失。结果还表明，这些受访者对于权力和归属的需求都很强烈，这是大量冲突的根源。

科学倾向（Brandwein，1995）似乎植根于一般天赋，最初发展为语言和数学能力，并随着时间的推移转化为在专业科学领域寻求、发现和解决问题的能力。当特定能力的确切性质尚未确定时，预测卓越和创造性成就就会变得困难。Lubinski 及其同事（例如 Webb et al.，2002；Lubinski et al.，2006；Wai et al.，2005）发现，测量 13 岁左右的成绩优异学生的特定数学和语言能力对预测他们的教育和职业成果是有价值的。数学早慧少年研究（SMPY）表明，能力的言语倾斜（verbal tilt）与定量倾斜（quantitative tilt）的对比能够预测成就领域的差异，言语倾斜会增加学生在人文学科的成就概率，而定量倾斜会增加学生在科学、技术、工程和数学（STEM）学科的成就概率。

在展现出科学天赋的儿童中，早期可观察到的活动通常以集中的高水平知识获取能力和探究能力的形式出现。有些人表现出原始的、不专注的天赋，以寻求有目的的天赋表达，并通过展示特定领域的兴趣，逐渐表现出对科学的明确关注。不同学科的创造力可能具有在该领域内表达所需的某些特定特征，并且可能进一步导致表达创造力的独特方式。"高认知复杂性"是 Hollingsworth（2006）为有创造力的人提出的一个术语，表示与认知复杂性较低的人相比，有创造力的人具有以更多样化的方式理解世界的能力。具有高认知复杂性的科学家倾向于内化多个科学领域，并表现出更强的观察和理解多个科学领域现象之间联系的能力。他们往往更能包容模糊，对新的甚至相互矛盾的发现也更能接受，而这些正是科学研究和实践的典型特征。克利克斯（Klix）（引用自 Heller，1993）将心理机制，如通过信息处理降低问题复杂性的能力确定为富有创造力的理科生的一个特征。

具备高智商、领域知识和实践技能被认为是潜在科学家的基本条件。然而，科学创造力不仅关注于发现或发明概念或产品，还关注于将其发展到以"假设"问题取代"为什么"问题的程度。"为什么"问题的答案通常是在领域内寻求的，而"假设"问题的回答则往往需要超越领域，需要运用直觉、想象力以及以连贯的方式将已知的知识与新知识统一起来。Sternberg 和 Lubart（1995）认为，创造力包括以新的方式定义和表达问题的智力技能，评估想法并选择最佳想法的分析技能，向他人推销新想法价值的实践智力，以及产生许多不同想法的发散性思维能力。

Sternberg（2006）提出的创造力推进理论提到了对一个领域的八种创造性贡献，分为三大类。第一类是接受当前范式的贡献，如复制、重新定义（将他们的贡献保留在特定领域）、前向增量、推进前向增量（保留贡献，但仍将领域朝着它已经前进的方向推进）。第二类创造性贡献是那些拒绝当前范式的贡献，如重定向、重建（从现有或先前存在的起点将该领域向新方向移动）、重新启动（从新的起点将领域推向新的方向的贡献）。第三类是整合（将两种原本不同的方法结合起来，形成对一个现象的单一思考方式）。这八种类型的创造性贡献在性质上有很大的区别，在数量上也有很大的不同。因此，该理论不仅适用于从定性的角度衡量贡献，而且也适用于从科学家喜欢的角度，即定量的角度。使用这种分类法对创造性贡献进行分类似乎特别适合解释科学创造力，因为它与科学的结构和科学家的思维方式是相兼容的。这些创造性贡献的类别有助于为科学家和学者提供一种认知模式，将他们的工作定义为传播、纠正、保存或扩展一个领域的实质，以实现累积知识的连续性。

研究型科学家被认为在较早时期就具备进行独立训练的特征，能够将范围较广的内容进行概念化和分类，并且是阅读爱好者，态度独特、对程序性的事物具有创造性的见解。他们在解决特定问题时不受任何限制，并且在他们需要建议的时候可以自由地利用他们的聪明才智为自己服务。他们同等重视什么是对和错的问题（Brandwein，1995）。另一个常见的特征是多样化产出（divergent production），即对特定情况产出多样化但适当的反应的能力。

由于发散性思维与认知灵活性、联想和直觉思维等相关，它已成为创造性思维的特征标识符。从事科学探究的学生表现出一种"基于性格的激情"，并追求长久的学术性行为。由于对自己的习惯施加了严格的要求，这些学生的生活方式超出了他们的学校甚至大学的要求。相比于通过粗略智商或能力测试被识别的天赋学生，有创造力学生的自我概念是截然不同的。

年轻人的科学天赋包括遗传、诱发和激活因素。一般来说，遗传因素与环境相互作用，影响学生的学习能力，特别是科学能力。诱发因素表现为质疑态度，这通常是因为学生对现实的常见解释感到不满。成就环境由各类激活因素所构成。关于动机、自我概念、社会情感需求、自尊问题、成就和学校环境、社会和父母对学生创造性表达的影响的一系列态度研究（attitudinal studies）为这些主题的研究提供了宝贵的见解。奇克森特米哈伊（Csikszentmihalyi）引入了"心流体验"的概念（通过完全沉浸在活动中来进行某项活动），Csikszentmihalyi（1996）描述了具有好奇心、毅力、低自我中心和高内在动机的人可能比普通人更容易进入心流体验的状态，并且很可能表现出他们在其他学习情境中没有被观察到的天赋特征。

学生被科学吸引的原因之一是其内在的逻辑性、数学性、复杂性和连贯性。然而，许多学生（尤其是女孩）在面对科学时都感到非常吃力。这将他们拒绝于科学的大门之外，而为了追求"以人为本"的科学，他们努力在"自然"科学和"人文"科学之间寻找一个接口，以在科学领域内找到适合他们需求的学科或领域。Taber（2007）将科学视为一种人类协作活动，它归根究底是社会的一部分，即科学是需要人们进行交流的。然而，即使在今天，科学在许多国家仍然是不受欢迎的，对科学教育或事业感兴趣的学生比例也相对较低。这一点的合理解释可能是人们对科学和科学家的过高期望、缺乏文化和社会支持结构、缺乏接触科学的教育政策和规定以及缺乏科学研究所需的或有利于科学研究的激励训练等。此外，学生对科学教育和就业的兴趣在性别特征上似乎还有所差异（Sadler et al., 2012）。关于科学态度、兴趣和职业选择的研究始终显示出一种特定于性别的模式，女性青少年选择科学学科和科学职业的频率比男性青少年要低。

创造力背后的心理因素因性别不同而有何不同表现我们仍不得而知，因此，减少数学和科学参与中的性别差异仍是一项持续的全球性挑战。父母、同龄人和社会在对男孩和女孩创造力的态度、刻板印象和价值观等方面有重要的影响。人们仍然发现，社会和父母对科学更适合男孩而不是女孩的错误观念根深蒂固（见本书的第9章）。很多女生认为科学是一门冰冷、难懂、没有人情味的学科，相比之下学文艺让她们感到更舒服。长期以来，批判性思维能力和数据解读被认为是男性的能力（Huebner, 2009）。甚至直到近期，女性在科学方面的自我认知这件事还未得到足够的重视，导致许多女孩低估了自己在数学和科学方面的才能，从激励的视角来看，她们将自己的成功和失败归因于反而会限制她们积极性的因素上（Heller and Ziegler, 1996）。

在像印度这样相对传统的社会中，女性参与科学的比例远低于男性。本章作者的相关数据指出，在过去55年中，印度第一个科学天才选拔和培养机构——Jagadis Bose国家科学天才选拔中心（JBNSTS）——发现和选拔了744名优秀学生，其中只有69位是女性。一项有关JBNSTS学者的成就及卓越度的纵向研究也正在进行中（Roy, 2014）。

达布罗夫斯基（Dabrowski, 1902—1980）认为，有天赋和创造力的人拥有过度兴奋性，这是一种天生的增强能力，是一种与生俱来的对智力、精神运动、感官、想象和情感刺激做出反应的能力。他指出，天赋人群中有过度兴奋性的人比普通人群多。具有科学创造性的学生的智力过度兴奋性表达于他们独特且强烈的对于真理的寻求和理解，以及知识的获取、分析和整合等方面（Dabrowski and Piechowski，1977；Piechowski，1979，1991）。因此，他们被理论、元认知和道德所吸引，表现出强烈的好奇心，他们通常是各种主题的狂热读者，并且具有敏锐的观察力。面对一个棘手的智力问题，他们表现出更深入、更长时间集中注意力的能力，并在解决问题时表现出顽强的毅力。由于这种坚韧、完美主义的性格，他们往往在思想上非常独立，并且经常有被贴上过于挑剔、急躁和傲慢的标签的风险。他们也可能看起来很粗鲁，不循规蹈矩。当他们被指出有这些"问题"时，他们可能会变得焦躁不安或失去兴趣，并开始出现不理想的表现。

2.3　培养具有科学创造力学生的心理学启示

科学创造力的展现仅仅只是一方面，成为一名成功的科学家则是完全不同但又与之相关的另一方面。科学天赋和科学卓越之间充满了智力、社会、经济和文化里程碑的挑战，而学生可以通过各方面的支持来克服这些挑战。学生在科学中表现出创造性行为，并且能够成长为一名有创造力和贡献的科学家，其决定性的环境主要取决于四个因素：①家庭环境的社会文化、情感和经济稳定；②科学教学方面的学校环境，为学生的创造力表达和所需资源提供支持；③学生的心理素质、智力能力、爱好程度和持续一段时间的执着；④提供特殊机会，以提高学校以外的科学创造性思维，并鼓励学生在导师和榜样面前磨炼发散思维技能。

在本节中，我将重点从广泛涵盖智力和情感方面的心理学的知识和见解的视角，分析影响科学创造力的相关方面。认知的高复杂度，以及与之相关的高智力，要求心理结构与创造性需求必须协调并进。一个人的自我定义、自尊和自我分析的增强将随即增加到不同的动机水平上，而这将反过来在创造性成就和过程中得到反馈。心理科学告诉我们，创造力是发展性的，因此，确保高认知复杂性的发展与匹配能力相一致变得至关重要。Vygotsky（1978）讨论了一种称为"最近发展区"的最佳学习环境（参见本书的第 1 章）。根据他的说法，当工作太容易时，学习者会处于"舒适区"并最终失去兴趣，而当工作太困难时，学习者会感到无能为力和沮丧。舒适区和挫折区之间的区域是学习发生的区域，也就是最近发展区。

稳定的家庭环境是创造力得以生存的首要前提。理解、不溺爱富有创造力的孩子，对孩子成长为自律和独立的工作者有很大帮助，这也是他们追求科学的必要条件。由于具有创造力的年轻人天然的心理心智发展和身体发育不平衡，他们在一些成长和成熟的领域表现得特别脆弱。在帮助孩子处理这种不同步和发展应对机制方面发挥作用的心理因素需要进行细致的研究，以便为父母、教师和专业咨询师提供培训。许多具有创造力的学生错误地认为他们应该擅长所有的事情，这对于他们似乎是无法克服的难题，而学校心理咨询医师等人能够在这些方面给予他们非常大的帮助。

归根结底，展示创造力是一种在黑暗中摸索的勇敢的行为，它需要孩子冒险进入未知的领域，在这个领域中，结果未必总能带来成就。在科学领域具有创造力的学生需要额外的帮助来培养心理素质，使他们能够应对本质上严格和苛刻的科学活动。他们必须培养心理技能，帮助他们专注于自己的热情，让自己相对远离干扰，帮助他们发展语言技能，以交流他们在思考什么，以及是怎么思考的。此外，还要发展与其他有创造力的科学家合作学习科学所需的社交技能。面对科学和数学领域的复杂、详尽和困难的性质，学生推动自己能力的发展需要磨炼心理技能，例如培养对工作的热忱，维持足够让自己待在某一领域内的能量，以及培养与其他领域知识互动的开放心态。

科学领域的杰出表现可以通过认知心理学研究来解释，这些研究关注的问题包括：科学成就的决定因素主要是问题解决的认知能力还是动机，科学成就不足的因素有哪些，以及社会和文化因素对其的影响等（Heller，1996）。心理测量研究有助于测量科学能力背后的认知和非认知人格特征。

在科学领域具有创造力的人的智力和创造力特质包括：形式逻辑思维加工、抽象思维能力、系统和理论思维过程、问题敏感性、创造性和思想流动、创造性过程和作品的灵活性和独创性等。这类人也具有非资质型的特征，如求知欲、质疑精神、内在动机、目标导向和坚持、对模糊的容忍度等。

大量极具创造力的人的传记表明，他们通常有支持他们的父母，但他们的父母很严格，并不溺爱他们。大多数人在很小的时候就对他们的领域感兴趣，并且大多数人在他们感兴趣的领域都有一位高度支持和熟练的导师。他们往往选择相对未知的领域，把几乎所有的时间和精力都投入到自己的职业中，在大约 10 年的时间里实现了创造性的突破。由于他们的决心，他们对工作有极高的热情和投入，他们形成了从勤奋工作到获得突破的良性循环（Gardner，1993；Policastro and Gardner，1999）。

2.4　结　　论

今天，人力资源对每个国家来说都是宝贵的，它是一个国家的创造性"储备"，决定着一个国家的发展进程。成为更强大、更人道、更多资源和更先进的国家，需要新颖、创新和开拓性的思想。而且，在这个国家奋发图强的过程中，科学技术的发展至关重要。实现这一目标的唯一途径是教育和培养人力资源，从而满足迅速变化的尖端科学及其应用需求。在实现这一目标的过程中，我们面临着对具有创造力和天赋的科学思想家的需求，他们的想法和成果将在全球竞争并创造新的、先进的基准。因此，研究创造力不仅在个人层面上是重要的，在国家和全球层面上也是重要的。随着世界成为地缘政治话语、以技术为导向的生活方式、危机管理和人类在各个领域飞跃发展的复杂竞技场，人们越来越需要创造性的想法和新颖的解决问题的方法。创造力不仅是一项学术活动，也是一项具有实践、社会、技术和经济意义的活动。

　　天赋教育倡导者面临的需求和挑战是多方面和多学科的。首先，正规和非正规教育体系中的科学学习和教学的基本结构需要仔细调整。一方面，具有创造力的学生需要被吸引到科学课程中，以激励他们踏上富有挑战性的科学探究之旅；另一方面，教学和教师需要一个全新的范式和哲学来引导这些有创造力的学生追求科学。其次，心理学家和教育工作者必须合作，以提出更好、更有创意的方法来激励、识别和培养科学才能，与此同时密切关注社会的脉搏和对这些有创造力的人的看法的变化。最后，一个国家需要制定相关政策表现出其对创造力的友好态度，提供相应的教育和社会环境，保障创造力的表达不会被忽视，并为创造力的发展提供相应支持。

　　将心理科学与科学创造力的认知和行为方面联系起来，将在三个主要领域发挥关键作用：①理解促进或阻碍科学创造性成就的心理结构及其相互作用；②认识创造性科学家心理心态的经验和观察表现；③理解心理优势的培养与科学创造力的培养是如何相互补充的（理解心理优势的建设如何补充科学创造力的培养，反之亦然）。这种联系需要以一种既能保持心理学的质性结构又能保持科学论证的逻辑结构的方式进行。在这个超级领域中，我们需要努力使科学知识与心理学方法及哲学相容，前者是明确而深刻的，后者是直觉和多元的。这个超级领域的研究人员和从业者必须学习思维和行动中的灵活与合作，并将自己视为"相互关联"的，而不是"独特"的贡献者。

参 考 文 献

Amabile, T. M. (1996). *Creativity in Context*. Boulder, CO: Westview Press.

Bailey, C. L. (2011). An examination of the relationships between ego development, Dabrowski's theory of positive disintegration, and the behavioral characteristics of gifted adolescents, *Gifted Child Quarterly*, 55(3), 208-22.

Brandwein, P. F.(1995). *Science Talent in the Young Expressed with Ecologies of Achievement* (report no. EC 305208). Storrs, CT: National Research Center on the Gifted and the Talented. (ERIC Documentation Reproduction Service No. ED402700).

Colangelo, N., and Assouline, S. G. (2000). Counseling gifted students. In K. A. Heller, F. J. Monks, R. J. Sternberg, and R. F. Subotnik (Eds), *International Handbook of Giftedness and Talent* (2nd edn). Amsterdam: Elsevier, pp. 595-607.

Coleman, L. J. (1985). *Schooling the Gifted*. Menlo Park, CA: Addison-Wesley.

Csikszentmihalyi, M. (1996). *Creativity: Flow and the psychology of discovery and invention*. New York: Harper Collins.

Csikszentmihalyi, M., and Robinson, R. (1986). Culture, time, and the development of talent. In R. J. Sternberg and J. Davidson (Eds), *Conceptions of Giftedness*. New York: Cambridge University Press, pp. 264-84.

Dabrowski, K., and Piechowski, M. M. (1977). *Theory of Levels of Emotional Development:From primary integration to self-actualization* (Vol. 2). Oceanside, NY: Dabor Science.

Feldman, D. H. (1991). Why children can't be creative. *Exceptionality, Education, Canada*, 1(1), 43-52.

Gardner, H. (1993). *Multiple Intelligences*: *The theory in practice*. New York: Basic Books.

Guilford, J. P. (1950). Creativity. *American Psychologist*, 5, 444-54.

Heller, K. A. (1993). Scientific ability. In G. R. Bock and K. Ackrill (Eds), *The Origins and Development of High Ability*. Chichester: John Wiley and Sons, pp. 139-50.

Heller, K. A. (1996). The nature and development of giftedness: a longitudinal study, in A. J. Cropley and D. Dehn (Eds), *Fostering the Growth of High Ability European Perspectives*, Norwood, NJ: Ablex, p. 44.

Heller, K. A. and Ziegler, A. (1996). Gender differences in mathematics and the sciences: can attributional retraining improve the performance of gifted females? *Gifted Child Quarterly*, 40, 200-10.

Huebner, T. (2009). Encouraging girls to pursue math and science. *Educational Leadership*, 67(1), 90-1.

Hollingsworth, J. R. (2006). Organizational and psychological factors influencing creativity in basic science. Paper presented before Atlanta Conference on Science and Technology Policy, May.

Lubinski, D., Benbow, C. P., Webb, R. M., and Bleske-Rechek, A. (2006). Tracking exceptional human capital over two decades. *Psychological Science*, 17, 194-9.

Mills, C. J. (1993). Personality, learning style and cognitive style profiles of mathematically talented students. *European Journal for High Ability*, 4, 70-85.

Mpofu, E., Myambo, K., Mashengo, T., Mogaji, A., and Khaleefa, O. (2006). African perspectives on creativity. In J. C. Kaufman and R. J. Sternberg (Eds), *The International Handbook of Creativity*. New York: Cambridge University Press, pp. 456-89.

Niu, W. (2006). Development of creativity research in Chinese societies. In J. C. Kaufman and R. J. Sternberg (Eds), *The International Handbook of Creativity*. New York: Cambridge University Press, pp. 386-7.

Nwazuoke, I. A. (1996). *Creativity: Understanding special education*. Ibadan, Nigeria: Creative Books.

Park, G., Lubinski, D., and Benbow, C. P. (2007). Contrasting intellectual patterns predict creativity in the arts and sciences: tracking intellectually precocious youth over 25 years. *Psychological Science*, 18, 948-52.

Piechowski, M. M. (1979). Developmental potential. In N. Collangelo and R. T. Zaffrann (Eds), *New Voices in Counseling the Gifted*. Dubuque, IA: Kendall/Hunt, pp. 25-57.

Piechowski, M. M. (1991). Giftedness for all seasons: inner peace in a time of war. Presented at the Henry B. and Jocelyn Wallace National Research Symposium on Talent Development, University of Iowa.

Policastro, E., and Gardner, H. (1999). From case studies to robust generalizations: an approach to the study of creativity. In R. J. Sternberg (Ed.), *Handbook of Creativity*. Cambridge: Cambridge University Press, pp. 213-25.

Preiser, S. (2006). Creativity research in German-speaking countries. In J. C. Kaufman and R. J. Sternberg (Eds), *The International Handbook of Creativity*. New York: Cambridge University Press, p. 175.

Renzulli, J. S. (1977). *The Enrichment Triad Model: A guide for developing defensible programs for the gifted and talented*. Mansfield Center, CT: Creative Learning Press.

Roy, P. (2014). Creativity and giftedness in adolescents. Talk presented at Think CIQ Conference, Bangalore, India.

Roy, P., and Chatterjee, A. (2014). Motivation, self concept and self portrayal of talented high school science students: their voices. Paper presented at the First International Conference on Research in Education and Curriculum Planning for Gifted Minds, New Delhi.

Sadler, P. M., Sonnert, G., Hazari, Z., and Tai, R. (2012). Stability and volatility of STEM career interest in high school: a gender study. *Science Education*, 96, 411-27.

Sak, U. (2004). A synthesis of research on psychological types of gifted adolescents. *Prufrock Journal*, 15(2), 70-9.

Silverman, L. K. (2005). *Intensitive! Intensities and Sensitivities of the Gifted: Social and emotional needs of gifted children*. Hobart: Tasmanian Association for the Gifted.

Simonton, D. K. (1999). *Origins of Genius: Darwinian perspectives on creativity*. Oxford: Oxford University Press.

Smith, G. J. W., and Carlsson, I. (2006). Creativity under the northern lights: perspectives from Scandinavia. In J. C. Kaufmann, and R. J. Sternberg (Eds), *The International Handbook of Creativity*. New York: Cambridge University Press, pp. 202-34.

Stoeger, H., and Sonntag, C. (2009). Gender differences in education: the situation of high achieving boys and girls. *News and Science*, 3, 27-35.

Sternberg, R. J. (2006). The Nature of Creativity. *Creativity Research Journal*, 18(1), 87-98.

Sternberg, R. J., and Lubart, T. I. (1995). *Defying the Crowd: Cultivating creativity in a culture of conformity*. New York: Free Press.

Subotnik, R. F., and Steiner, C. L. (1993). Adult manifestations of adolescent talent in science. *Roeper Review*, 11, 139-44.

Taber, K. S. (2007). *Enriching School Science for the Gifted Learner*. London: Gatsby Science Enhancement Programme.

Terman, L. M. (1928). *Genetic Studies of Genius: Volume I. Mental and physical traits of a thousand gifted children*. Palo Alto, CA: Stanford University Press.

Torrance, E. P. (1962). *Guiding Creative Talent*. Englewood Cliffs, NJ: Prentice Hall.

Torrance, E. P. (1974). *Torrance Tests of Creative Thinking*. Lexington, MA: Personnel Press.

Tucker, V. (2001). *Creativity for You: A training course in creativity through divergent thinking*. Bandra, Bombay: Better Yourself Books.

Vygotsky, L. S. (1978). *Mind in Society: The development of higher psychological processes*. Cambridge, MA: Harvard University Press.

Wai, J., Lubinski, D., and Benbow, C. P. (2005). Creativity and occupational accomplishments among intellectually precocious youths: an age 13 to age 33 longitudinal study. *Journal of Educational Psychology*, 97, 484-92.

Webb, R. M., Lubinski, D., and Benbow, C. P. (2002). Mathematically facile adolescents with math/science aspirations: new perspectives on their educational and vocational development. *Journal of Educational Psychology*, 94, 785-94.

第 3 章　科学教学和天赋学生：在学科中使用深度、复杂性和真实的探究

桑德拉·N. 卡普兰（Sandra N. Kaplan）　　威廉·F. 麦科马斯
（William F. McComas）　杰茜卡·A. 曼佐内（Jessica A. Manzone）

本章与本书中的其他章节有一个共同期望，即天赋学生能够从他们的学校科学课程经历中有所收获，并让更多人理解天赋学生在学习科学知识及其过程方面体现出的特定的技能、优势、兴趣、倾向甚至天赋。

虽然我们的目标不是专注于识别天赋学生，但这是至关重要的第一步。例如，Taber（2007）详细介绍了一些方法，通过这些方法我们可以从学生的元认知成熟度（持续的兴趣、注意力和毅力）、高水平的认知能力以及对科学的好奇心等表现来识别此类天赋学生。特别是最后一个特点一定会引起老师、家长和所有关心天赋学生培养的人的共鸣。甚至历史学家也经常注意到最有成就的博物学家和科学家在童年时的兴趣和业余爱好，例如格斯纳（Gessner）、约翰·雷（John Ray）、林耐（Linnaeus）和达尔文（Darwin）（Appleby，2013）。

在体现好奇心的最迷人的历史轶事中，有这样一个故事：年轻的达尔文双手各拿着一只甲虫，他是如此热衷于捕捉他没见过的虫子，以至于他愿意将这些被俘虏的虫子塞进他的嘴里以便妥善保管。虽然这件事结局并不好，因为甲虫并不想待在他的嘴里。甲虫通过喷射一个充满酸性液滴的小型烟雾而得以逃脱，达尔文吐出了这个新类型生物，同时他也丢掉了最近捕获的所有标本。当然，达尔文不仅对甲虫感兴趣，而且对从地质学到化学的所有科学事物都感兴趣［这最后的爱好给了他"瓦斯"（Gas）的绰号，他在青年时期的大部分时间里都无法摆脱这个绰号］。但是他学校的校长对这些不同的科学兴趣的态度是非常严肃的。即使在晚年，达尔文仍记得他的校长"非常不公正地称我为'漫不经心'的人"（Browne，1995，p. 33），这在当时是用于形容只对不重要的事情或琐事感兴趣的人。达尔文的校长以如此清晰和戏剧性的方式遇到了科学天赋学生，但他却未能意识到。如果年轻的达尔文的好奇心被这位校长消灭了，那将是多么令人遗憾的事情。我们

想知道在今天这种情况是否仍然经常发生，也就是说一个有科学天赋的学生对自然世界表现出比老师的陈旧课程更高的兴趣。

虽然有人对加德纳的多元智力概念提出批评，但值得注意的是，他最近列出的所谓的学习优势和偏好将"自然主义思维（naturalist）"囊括了进去，与逻辑数学、语言和肢体动觉等齐名（Gardner，1999）。即使"自然主义思维"没有被广泛认为是"真正的智慧"，但很明显，许多学生都是自然界的收藏家和分类员，就像文艺复兴时期的贵族拥有他们的"珍宝馆"（wunderkammers）一样，从地板到天花板都充满了令人愉悦和好奇的物品。哪个对科学感兴趣的孩子没有这种能够唤起相同情绪的、与他或她个人相关的物品收藏呢？

美国能源部前部长、1997 年诺贝尔物理学奖获得者朱棣文（Steven Chu）表示，科学的核心是试图理解自然世界。根据朱棣文（Chu，2013，p.3）的说法，学生学习是如何"将解释转化为可以通过实验检验的可证伪主题"的过程。因此，所有对科学感兴趣的学生——即使是那些不会成为下一个伽利略、牛顿或达尔文的学生——都应该获得科学学习的体验：在这过程中，他们能够组织和应用他们获得的信息来发现规律并理解他们周围的世界。除了识别在科学方面有天赋的学生之外，挑战还在于如何在教育的环境中更好地为这些学生提供支持。在本章，我们将探究学科中的深度和复杂性模型（Kaplan，2005），这不仅是差异化课程和教学的一种策略，也是响应和培养有科学天赋学生的需求和好奇心的一种手段。

3.1　差异化的概念框架

天赋学生有特殊的学习需求，为他们提供差异化的科学教学通常被认为等同于"提高学术严谨性"这样的概念，后者能够为他们提供更进阶和更复杂的学习过程。在一些情况下，为天赋学生提供差异化的教学通常被认为是为他们提供普通学生无法完成的科学实验或者活动的机会。然而，随着天赋本质和差异化概念的发展，针对这些学生的教学模式及其哲学观念也随之改变。目前，天赋学生的差异化教学有两个区分标准：①对从事所有科学领域的天赋学习者的差异化；②对表现出有科学兴趣的学生的差异化。有些模型为针对天赋学习者和"潜在天赋学习者"的差异化课程提供指导。这些模型在其方法上都是独一无二的，但它们都具有共同的特征。当教师能够区分这种优势并制定有针对性的学习体验时，区分"天赋"和"在科学方面有天赋"之间的差异似乎就变得更重要，但我们的观点是，所有天赋学生都应该沉浸式地去体验科学。

基础课程或核心课程的修订通常被认为是确定差异化的基础（Gubbins，1994；

Gallagher，2000）。具体而言，Tomlinson 和 Jarvis（2009）将内容、流程和成果的调整确定为实现差异化的最佳方式。差异化教学应该让学生为未来未知的挑战做好准备（Halpern，1998），这与 Passow（1982）早期的讨论相似，即确保差异化教学能够为学生提供具有深度的学习和基于探究的学习方法，以在新情况下获取知识和增加理解。教会学生如何提出问题和解决问题的加速学习教学策略（VanTassel-Baska，2003）强调了差异化教学的概念，这种方式可以为天赋学生提供各种自主学习的机会，例如"科学展览会"是非常适合对科学进行深入研究的途径。

3.2　深度和复杂性模型的起源和发展

"深度和复杂性"概念的起源可以追溯到早期的学校教育。教师一直在试图回答如何准确识别学生之间个体差异的问题。因此，以深度和复杂性来修改标准教学方法是该任务的逻辑延伸。最初，"深度"一词指的原则是允许一些学生在一个研究领域取得进步，超出教师对班上其他人的预期。一般来说，"复杂性"指的是设计的课程比同年级其他学生预期的"更难"或"更具有挑战性"。

深度和复杂性模型起源于 1994 年美国教育部给予加利福尼亚州教育部（CDE）的贾维茨·格兰特（Javits Grant）经费支持的工作。由 CDE 召集的教育工作者来解决天赋学生学科领域差异化的问题。

该问题的答案由四个结构组成：加速学习（acceleration）、新颖性（novelty）、深度（depth）和复杂性（complexity）。我们先简要讨论前两个要素，随后将重点讨论后两个要素。

加速学习在 CDE 文件中定义为加快学生获取学科知识的方法。这种方法强调援引大概念——如"系统"和"变化"等通用的概念——或描述与大概念相关的理论、原则和概括，这是对学科的基本理解。为了向天赋学生介绍学科的正式结构和内容，加速学习还引入了"像学科专家一样思考"的概念。因此，在植物的科学研究中，为了指导和组织学生在"像植物学家一样思考"的背景中加深理解，教师可以向天赋学生介绍"系统"的一般概念。加速学习的建构旨在拓展和加深天赋学生对基础和核心课程中某个主题或科目研究的理解。

新颖性是指帮助天赋学生训练其创造力、批判性、解决问题和逻辑思维的技能。为了发展天赋学生的兴趣、资质和研究技能，为其提供有深度的自主探究机会，我们将在后面讨论在科学课程中自主学习的应用。

正如 Ward（1961）在其早期的著作所说，深度和复杂性涉及在想法之间建立关系，将这些想法与其他概念结合起来，并将它们以跨学科的方式联系起来。因此，深度和复杂性模型利用了这样一个事实，即当从多个角度研究一个主题时，线索或启发性提示语将提供更详细的信息并促进学生的理解。学生在思考某个主题时会经历以下过程：①从具体到抽象，从抽象到具体；②从熟悉到不熟悉，从不熟悉到熟悉；③从已知到未知，从未知到已知（California Department of Education and California Association for the Gifted，1994）。根据加利福尼亚天赋儿童协会（California Association for the Gifted，2005）的说法，学生通过不同的思维模式的转换，能够形成重要的与学科相关的基础概念。

3.3　深度和复杂性的启发性提示语

深度和复杂性模型可以使用一些关键词作为启发性提示语来提示天赋学生开展对主题或学科真实本质的研究。这些提示语与学生日常生活和学术生活息息相关。在教科书、课堂指导、直面学生等场合，一种分享提示语的方法是使用术语或者使用像电脑（软件）工具栏上（的图标）那样的图形表征（表 3.1）。学生每天都可以观察和利用这些提示语，这些提示语可以激发深度和复杂性模型中的元素。

表 3.1　促进对深度和复杂性的理解

教师须知：该表确定了关键问题、思维能力以及深度和复杂性的维度。

关键问题可以在课程中使用，旨在探究理解和在讨论中提示学生。

思维能力引发了认知操作或思维的类型，将最好地提示每个维度的深度和复杂性。

列出的资源是最符合逻辑的参考，可以在其中找到每个深度和复杂性维度所需的信息类型。教师可根据需要在列表中补充。

图标	提示语	关键问题	思维能力	资源
	学科语言	哪些学术语言是本学科所特有的？ 该学科的从业者（有时称为"学科专家"）使用什么工具？	·识别 ·分类	·教科书 ·传记
	详细信息	对象的属性是什么？ 它有什么特点？ 它与其他事物有什么区别？	·确定特征 ·描述 ·区分 ·比较和对比 ·用证据证明 ·观察	·图片 ·日记或期刊 ·诗歌
	模式	什么是反复发生的事件？ 随着时间的推移，哪些元素、事件和想法会重复出现？ 事件的顺序是什么？ 我们如何预测接下来会发生什么？	·确定相关与不相关 ·总结 ·类比 ·辨别相同和不同 ·关联	·时间线 ·图表 ·清单

续表

图标	提示语	关键问题	思维能力	资源
	趋势	哪些因素持续影响了这项研究？ 哪些因素促成了这项研究？	·优先考虑 ·判断因果关系 ·预测 ·关联 ·提出问题 ·假设	·期刊 ·报纸 ·图解 ·图表
	未解之谜	关于该领域、主题、研究或学科，是否还有不了解的？ 该领域、主题、研究或学科还有哪些未知之处？ 在哪些方面信息还不完整或缺乏解释？	·识别谬论 ·注意歧义 ·辨别事实与虚构 ·提出问题 ·解决问题 ·检验假设 ·找出缺失信息	·各种各样的资源 ·自传和当前非虚构文章的比较分析等
	规则	这是如何构建的？对我们正在研究的内容的描述或解释哪些是已说明的？哪些是未说明的？	·归纳 ·假设 ·判断可信度	·社论 ·散文 ·科学规律 ·科学理论
	伦理	该领域、主题、研究或学科涉及哪些困境或争议？ 识别哪些因素反映了偏见、成见和歧视？	·按标准评判 ·确定偏差	·社论 ·散文 ·自传 ·期刊
	大概念 基本前提 跨学科 主题①	哪种陈述性概括最能描述正在研究的内容？ 哪些一般性陈述包括正在研究的内容？	·用证据证明 ·概括 ·确定主要观点	·语录 ·学科相关论文
	时间进程	过去、现在和未来之间的想法是如何关联的？ 这些想法在特定历史时期内如何相关？ 时间对信息有何影响？ 事情如何变化或保持不变？以及为何变化？	·关联 ·顺序 ·指令	·时间线 ·课本 ·传记 ·历史文献 ·自传
	不同的观点	不同的观点是什么？ 不同的人和角色如何看待该事件？	·争论 ·确定偏差 ·分类	·传记 ·神话、传说和纪实作品 ·辩论

图标	提示语	关键问题	思维能力	资源
	影响	……如何影响……？ ……对……有……影响？	• 影响 • 识别 • 推动	• 引用 • 社论 • 有说服力的文章
	流程	使用哪些步骤来创建？ 涉及什么类型的程序？	• 顺序 • 联结 • 联系 • 指令 • 排列	• 连续体 • 情节提要 • 流程图 • 时间线
	动机	导致该情况发生的原因是什么？ 如何激发灵感？[2]	• 推理 • 激动 • 查询 • 解释	• 传记 • 自传 • 采访
	验证[3]	有哪些信息可以证实它？ 如何验证？	• 区分事实和观点 • 有证据支持 • 辩证 • 证实 • 记录	• 统计数据 • 图像 • 图表 • 实验 • 观察
	情境	决定该事件结果的因素是什么？ 哪些特征、条件或环境描述了该情况？ 环境如何塑造或影响正在发生的事情？	• 定义 • 描述 • 阐述 • 影响	• 图片 • 描述性文章 • 记叙文 • 史书 • 录像带 • 虚拟实地考察
	翻译	语言的多重含义是什么？ 不同的人在不同的情况下如何解释相同的想法？	• 重申 • 解释 • 朗诵 • 表达 • 讲解 • 变换 • 迁移	• 词库 • 字典 • 专业术语
	原创性	为什么是新的？ 是什么让它变得新？ 时间和地点如何使它焕然一新？	• 创造 • 设计 • 创新 • 修改 • 重新设计	• 版权法 • 专利 • 显示优先权的出版物 • 文物 • 博物馆藏品

续表

图标	提示语	关键问题	思维能力	资源
	判断	哪些因素会影响正在发生的事情？如何做出决定？	·选择 ·判断 ·赞同 ·批判 ·验证 ·调查 ·确定争论观点	·哲理原理 ·普遍做法

注：①美国的下一代科学标准（NGSS）（NGSS Lead States，2013）具有以下跨学科概念：（a）模式；（b）原因与结果；（c）尺度、比例与数量；（d）系统与系统模型；（e）系统中的能量与物质；（f）结构和功能；（g）系统的稳定与变化。根据 NGSS 作者的说法，这些概念不作为附加内容。

②美国的 NGSS（NGSS Lead States，2013）包括工程实践和科学实践，科学探究的动机与工程设计的动机截然不同，这可能会造成混淆。

③在强调深度和复杂性模型之前的概念中，使用了"证明"（proof）一词。与其他学科相比，该术语在科学中不太合适，因为人们永远无法真正证明科学。当然，努力确保想法的准确性和真实性在科学中是十分重要的，因此"验证"是更合适的解释。

启发性提示语来源于三方面：①对学科本身的研究；②天赋本质和特征的智力需求；③教育工作者和学科专家的传统智慧，因为他们都了解天赋学生的特点和学科结构。这三方面来源可以成为定义深度和复杂性的启发性提示语的催化剂（Kaplan，2005）。每个提示语与所研究的学科可能有较强的关联或者较少的关联，但所有提示语在所有学科中都有一定的关联。以模式为例：诗歌结构、岩层、革命等历史事件和数学方程式，在这些学习中都存在模式。每个提示语的用途和重要性在不同的学科中是有区别的：例如，科学学科的学习与数学学科的学习相比，会采取不同的提示语。

表 3.1 中的每个提示语都用一个图形表征。在如今的科技时代，学生们已经习惯了电脑或者智能手机上代表不同应用程序的图形或符号。用符号表征语言的做法在年轻学生和英语教学环境中经常被作为提示使用。因此，使用图形表征提示语既提供了一种通用语言，又提供了一种培养语言能力的通用方法。

3.4　启发性提示语的应用

为了向天赋学生介绍深度和复杂性的启发性提示语，我们可以采取一些策略说明它们的用途。每种策略都要求所选的提示语要嵌入所研究学科主题的特定技能和内容。为了呈现提示语的含义并深入研究知识体系，提示语需要与技能和内容有关系。以下科学课程的例子可以说明这些策略。

（1）课程目标：在阅读和观察信息后，用证据展示一种模式，展示岩石是如何形成的。

（2）提问策略：哪些证据可以表明与"力"概念相关的定律？

（3）任务指引：在观看与生态趋势相关的视频后，制作一张海报或写一篇有说服力的文章，影响观众对气候变化方面的知识所引发的伦理问题的判断。

（4）学术语言：所有提示语的共同之处在于它们与科学学科中使用的学术语言保持一致，无论是直接或间接的、正式或非正式的。引入学科研究让学生意识到所有学科都包含自己独特的语言、工具、方法、发明、理论和对社会的重大贡献（Mora-Flores and Kaplan，2012）。

① 例如，在天文学和地质学学科中"模式"的定义是通用的，但是在不同的学科中，它们有不同的过程，也因此以不同的方式来定义"模式"。这是提示语所代表的学术语言的应用异同的一个例子。

②"碰撞"的含义取决于语境。例如，作为地质过程的"碰撞"与作为物理过程的"碰撞"完全不同。地质学知识会影响我们要把房子建造在距离断层线多远的决定。物理学的"碰撞"则神秘许多，特别是涉及发生在深空或者原子深处的物理过程的知识更是让我们感觉深奥难解。这是另一个说明学术语言的诠释取决于学科的例子。

3.5　教学实践中的深度和复杂性：探究式教学与像学科专家一样思考

科学课程的设计和实施可以独立地使用深度或复杂性其中一个概念，但通过创设情境将这些概念进行整体的应用，能使天赋学生像科学家一样通过探究来体验科学。科学探究与科学教学本身一样历史悠久，科学家经常参与实践探究，因此，上一版的美国《国家科学教育标准》提出科学探究是教授科学的主要方式（National Research Council，2000）。最新的下一代科学标准（NGSS Lead States，2013）提出了一种更细致的探究式教学的方法，它能"更好地阐述什么是科学探究，以及其所要求的在认知、社会和自然规律方面的实践范围"。显然，探究式教学与科学中主要的研究工具，以及关于如何通过改变深度和复杂性来加强对天赋学生的科学教学的方式密切相关。要实现这一点不仅需要关注探究发生与否，而且更应该考虑探究的形式。同时，在天赋学生的科学教学中，我们需要研究如何让探究成为更重要的一部分，其中包括帮助学生"像学科专家一样思考"。

3.6　探究式教学与科学教育

表 3.2 说明，仅仅对实验室中的各种"问题解决"的角色进行一些细微的改变，就会带来所谓"认知负荷"中的巨大变化。在基本的"食谱"（cookbook）型的活动中，学生一般已经知道他们应该做什么，这种探究活动的水平是低级别的，也就是表中的 0 或 1。当学生被要求承担更多工作责任的时候，探究的水平、深度和复杂性以及学习的潜力都将大大增加。表 3.2 所示的分类法很容易得出一个结论：当要求学生在定义问题、设计解决问题的方法和理解研究结果方面承担更多责任时，该研究活动的地位以及学生的学习潜力就会得到提升。毋庸置疑，科学家们几乎都是在该分类表中的最高探究水平上开展研究活动——有科学天赋的学生也应该如此。

表 3.2　探究水平与问题解决活动中老师和学生所扮演的角色

探究水平	谁决定或提出问题？	谁决定调查的方法？	谁回答或解决问题？
0	老师	老师	老师
1	老师	老师	学生
2	老师	学生	学生
3	学生	学生	学生

注："老师"表示在课堂提供重要的指令，"学生"表示行为来自学习者。这种分类法的内涵是，随着学生被要求承担更多的责任，对学习的影响会增加，学生的行为更像科学家。资料来源：McComas，2005。

3.7　像真实的学科专家一样思考

在关于对教育实践的反复讨论中，人们经常会遇到真实性这一概念。很遗憾的是，任何学校的学科教学都充满了许多不能准确描述学科的例子，导致学生对该领域的工作和学习产生刻板的理解。当然在科学课上也是如此，学习活动由教师主导和开展，课程标准提供规定好的学习目标，教科书单方面传递知识而不考虑其中的背景，以及每个环节都是万无一失的食谱型活动。当然，有一些负面影响是无法避免的，但我们可以通过应用深度和复杂性原则的探究式教学将这些影响降低到最小。通过教学生从学科专家思考的角度来理解概念，使科学教学更加真实是现实可行的。

　　布鲁纳（Bruner）和杜威（Dewey）等理论家重申了课程的重要性，他们认为课程能让学生学习到学科中抽象的知识以及知识点之间存在的联系。换言之，学科专家的"角色"就是参与学科语言、工具和方法的研究。Dewey（1916）认为，对学科性质的研究有助于学生组织信息，并理解知识体系，尤其是没有独立存在但具有更大社会影响力的知识体系。

　　为了使学生能够更像科学家一样思考和行动，除了继续学习传统课程的核心理念以外，我们还应尽力将深度和复杂性的启发性提示语应用于教学实践，从而提高学生的科学探究水平。学生想要完全像学科专家一样工作，必须在最高和最真实的学科水平上理解"科学的本质"（nature of science，NOS），即在科学中解释知识是如何被创造和验证的关键哲学思想（Lederman，1992；McComas，1998，2010；Osborne et al.，2003）。学生在知识渊博的老师的帮助下像科学家一样工作，就能从老师们的经验中学习许多重要的 NOS 原则。但是只有当学生完全理解并正确使用相关的 NOS 原则时，他们才能成为科学家。当然，我们必须尽可能为天赋学生提供更多的机会，让他们通过学科研究来学习和理解科学的本质。参与自主探究是学生在科学领域可以做得最真实、最实际和最有影响力的活动之一，这通常以科学展览会或科研比赛的形式开展。

3.8　科学展览会、科研比赛和真实的科学活动

　　独立学习或研究活动及在科学展览会上展示项目，都被视为学习科学的过程，它们是让学生成为独立的科学学习者的重要教学实践。天赋学生天生就具有某些技能的假设是不存在的，教师必须通过建模和经验来教导学生成为独立的科学学习者。表 3.3 说明了自主研究学习与实施深度和复杂性的启发性提示语之间隐性或显性的关系。

　　自主探究是一种教学实践，教师可以使用该方式让天赋学生来提高学习过程的学术严谨性。McCollister 和 Sayler（2010）认为教授学术严谨性能够将学科主要核心概念与问题的解决和推理相结合。高阶技能或认知过程都是嵌入在独立研究项目的步骤中的，如提出问题、解释先前构建的假设，以及提出和证明自己的论点。自主探究的学习项目还为学生提供完成创新作品的各种资源。

　　自主探究学习可以通过三种方式开展以提高学习过程的学术严谨性：①对核心课程中主题的介绍；②对当前正在学习的主题的强化；③对以前研究学习的延伸。自主探究学习是深入研究核心课题的催化剂。在这种方法中，教师一般关注为学生提供与新的核心内容标准一致的领域，学生所研究的问题可以作为单元的

引入，当作兴趣的"钩子"将学生与内容联系起来。核心内容加强的自主学习项目可以与基于标准的课程同时呈现，或者作为真正的自主探究活动呈现。这种策略允许学生在学习核心内容的同时钻研感兴趣的领域。他们在独立学习的过程中同时也强化了标准化课程、教科书和老师教授的内容。

表3.3　自主研究学习与实施深度和复杂性的启发性提示语之间的关系

自主研究学习的步骤	步骤说明	关联深度和复杂性的启发性提示语
选择话题	• 学生在核心内容标准下可能会关注的领域	多角度
	• 学生按照从最不感兴趣到最感兴趣的顺序排列他们的列表	新颖
	• 学生选择一个最感兴趣的想法作为他们调查的目标	动机
制定一系列问题	• 学生根据选择的主题生成一组研究问题	流程
	• 学生提出不同类型的问题，包括事实性问题、分析性问题和评价性问题	未解之谜 解释
	• 学生与老师一起参加会议，讨论和修改他们的问题	详细信息
进行研究	• 学生使用多种方式研究问题的答案	流程
	• 学生讨论不同类型的证明方式（定量和定性）以及与研究问题之间的关系	验证 伦理
	• 学生可以讨论证据的可靠性和有效性以及引用的重要性以避免剽窃	判断
整理资料	• 学生根据提出的问题来组织和筛选他们的研究	模式
	• 学生根据各种组织结构，讨论研究活动与组织方式相结合的重要性	趋势 语境
信息呈现	• 学生以创建演示文稿的方式分享所学到的知识	规则
	• 学生讨论受众（信息的对象）和形式（信息的呈现方式）之间的关系	解释 语境
	• 学生根据各种演示模式，讨论与所研究主题相关的真实模型	
	• 学生向他人展示演示文稿	
信息评估	• 学生评估他们的自主研究项目的结果	判断
	• 可以根据"规范"或教师创建的评分标准、同伴评价和学生自我评价来评估结果	影响 多角度
	• 学生可以提出在研究中发现的其他问题	时间进程

此外，自主探究学习还可以拓展核心课程内容的标准。教师用该方式为学生提供了研究机会，让学生探究他们所学知识的顶峰，并根据兴趣和能力扩展课程标准。自主探究学习在课程中实施的多种方式为教师给天赋学生提供差异化的学习提供了多种选择。表3.3概述了绝大多数学校学科中的"自主研究学习"和科学背景下的"科学研究方法"。科学教师会发现第一栏中描述的各个步骤非常熟悉，

并随后认可第三栏中深度和复杂性的启发性提示语有助于他们指导甚至评估学生的学习。

3.9 结　语

在与科学有关的学习情境中，深度和复杂性以及探究模型的提出源于天赋的特征，也是用于激发天赋特征的资源。例如，判断这一启发性提示语是对特定科学学科的探究性研究中困境的指引。同样，该提示语也可以应用于学生对科学现象的自主研究。这两种情况都说明，提示语能够激发学生的一些特质，这些特质是科学家所具备的。

深度和复杂性以及探究模型的教学和实施有两个平行的目标。第一个目标是让学生内化深度和复杂性的启发性提示语的含义和细微差别。第二个目标是促进学生自主探究科学主题。在《好奇心：孩子如何成为科学家》（*Curious Minds: How a child becomes a scientist*）一书中，布罗克曼（Brockman，2004，p. 211）描述了成为科学家要具备的几个基本特征，包括科学家"痴迷的、热情的、几乎失控的好奇心"的观念。布罗克曼认为这种好奇心会决定一个人的生活状态。有证据表明，深度和复杂性以及探究模型可以激发这种好奇心，并能够加强促使科学成功的主要因素，即激发和回应好奇心的能力。

参 考 文 献

Appleby, J. (2013). *Shores of Knowledge: New discoveries and the scientific imagination*. New York: W. W. Norton.

Brockman, J. (Ed.) (2004). *Curious Minds: How a child becomes a scientist*. New York: Pantheon.

Browne, J. (1995). *Charles Darwin Voyaging*. Princeton, NJ: Princeton University Press.

California Association for the Gifted. (2005). *Meeting the Standards: A guide to developing services for gifted students*. Whittier, CA: CAG Press.

California Department of Education and California Association for the Gifted. (1994). *Differentiating the Core Curriculum and Instruction to Provide Advanced Learning Opportunities*. Sacramento: California Department of Education.

Chu, S. (2013). Teaching science in elementary school: turning today's children into tomorrow's leaders. In *Science for the Next Generation: Preparing for the new standards*. Arlington, VA: NSTA Press.

Dewey, J. (1916). *Democracy and Education*. New York: Macmillan.

Gallagher, J. J. (2000). Unthinkable thoughts: education of gifted students. *Gifted Child Quarterly*, 44, 5-12.

Gardner, H. E. (1999). *Intelligence Reframed: Multiple intelligences for the 21st century*. New York: Basic Books.

Gubbins, E. J. (1994). When 'differentiated' becomes disconnected from curriculum. National Research Center on the Gifted and Talented. Retrieved from http://www.gifted.uconn.edu/nrcgt/ newsletter/winter94/wintr941. html.

Halpern, D. F. (1998). Teaching critical thinking for transfer across domains: dispositions, skills, structure training, and metacognitive monitoring. *American Psychologist*, 53, 449-55.

Kaplan, S. N. (2005). Layering differentiated curricula for the gifted and talented. In F. A. Karnes and S. M. Bean, *Methods and materials for teaching the gifted* (2nd edn), Waco, TX: Prufrock, pp. 107-32.

Lederman, N. G. (1992). Students 'and teachers' conceptions of the nature of science: a review of the research. *Journal of Research in Science Teaching*, 29, 331-59.

McCollister, K., and Sayler, M. F. (2010). Lift the ceiling: increase rigor with critical thinking skills. *Gifted Child Today*, 33(1), 41-7.

McComas, W. F. (1998). The principal elements of the nature of science: dispelling the myths of science. In W. F. McComas (Ed.), *The Nature of Science in Science Education: Rationales and strategies*. Dordrecht: Kluwer Academic, pp. 53-70.

McComas, W. F. (2005). Laboratory instruction in the service of science teaching and learning. *Science Teacher*, 72(7), 24-9.

McComas, W. F. (2010). Educating science critics, connoisseurs and creators: what gifted students should know about how science functions. *Gifted Education Communicator*, 41(3), 14-17.

Mora-Flores, E., and Kaplan, S. (2012). Thinking like a disciplinarian: developing academic language in social studies classrooms. *Social Studies Review*, 51, 10-15.

National Research Council. (2000). *Inquiry and the National Science Education Standards*. Washington, DC: National Academies Press.

NGSS Lead States. (2013). *Next Generation Science Standards: For states, by states*. Washington, DC: National Academies Press.

Osborne, J., Ratcliffe, M., Collins, S., Millar, R., and Duschl, R. (2003). What 'ideasabout-science' should be taught in school science? A Delphi study of the 'expert' community. *Journal of Research in Science Teaching*, 40, 692-720.

Passow, A. H. (1982). Differentiated curricula for gifted/talented: a point of view. In S. Kaplan, A.

Harry Passow, Philip H. Phenix, Sally M. Reis, Joseph S. Renzulli, Irving S. Sato, Linda H. Smith, E. Paul Torrance and Virgin S. Ward (Eds), *Curricula for the Gifted*. Ventura, CA: National/State Leadership Training Institute on the Gifted/Talented, pp. 1-21.

Taber, K. S. (2007). Science education for gifted learners? In K. S. Taber (Ed.), *Science Education for Gifted Learners*. London: Routledge, pp. 1-14.

Tomlinson, C. A., and Jarvis, J. M. (2009). Differentiation: making curriculum work for all students through responsive planning and instruction. In J. Renzulli, E. Jean Gubbins, Kristin S. McMillen, Rebecca D. Eckert and Catherine A. Little (Eds), *Systems and models for developing programs for the gifted and talented*. Storrs, CT: Creative Learning Press.

US Department of Education. (2004). Jacob K. Javits Gifted and Talented Students Education Program: Legislation, regulations, and guidance. Retrieved from http://www2.ed.gov/programs/javits/legislation.html

VanTassel-Baska, J. (2003). Selecting instructional strategies for gifted learners. *Focus on Exceptional Children*, 36(3), 1-12.

Ward, V. S. (1961). *Educating the Gifted: An axiomatic approach*. Columbus, OH: Merrill.

第4章　科学研究学徒制下有能力的
高中生参与理论建模研究

埃隆·朗贝海姆（Elon Langbeheim）　　塞缪尔·A. 萨夫兰（Samuel A. Safran）
埃迪特·耶鲁沙尔米（Edit Yerushalmi）

科学研究学徒项目能够为有天赋和能力的高中生提供在大学环境中参与研究项目的机会。科学研究学徒项目可以满足这些有才华和好奇心的年轻人的需求，而这些需求在常规学校的科学课程中往往得不到满足。这些学生愿意运用他们的创造力、批判性思维和推理能力来深入探索他们感兴趣和富有挑战的话题（Gardner，2008）。这些需求可以通过体现真实科学研究复杂性的科学研究学徒项目来满足（Taber，2007）。我们可以预期，参与前沿科研项目能够培养这些学生学习科学的热情。

许多研究确实发现，学徒项目激发了有能力的学生学习科学的动力（Cooley and Basset，1961；Stake and Mares，2001）。然而，一些研究也报告了相反的情况——学生对他们参与研究的经历感到失望（VanTassel-Baska and Kulieke，1987；Burgin et al.，2012）。在后一项研究中的一些学生表示，这种研究经历并不令人满意，因为研究的课题不是他们想要的；其他人则抱怨单调、重复的数据收集工作（Burgin et al.，2012）。

实验室研究活动的体验并不局限于高中生的科学研究学徒项目——这甚至在大学生中也很常见。一项通过采访领导各个领域研究小组的科学家的研究表明，这种体验的作用是有根据的。通常研究生要融入实验室，必须从了解实验室术语、规范和实践的"新手技术人员"的初始阶段开始，最终发展为能够可靠地收集、分析和汇报数据的"熟练研究人员"的成熟学生。

一些研究生，特别是那些完成了博士学位学习的研究生，确实能够进阶到发展自己的理论思想和模型的"知识生产者"阶段。因此，以成为"知识生产者"为目标的天赋学生，如果认为自己在学徒项目中的角色仅仅是"技术人员"，他们就容易感到失望。这就提出了一个问题：科学研究学徒项目如何为能力超群的高中生提供超越技术层面的体验，从而使他们能够将研究项目与前沿的科学领域发展联系起来，并为他们提供能够为真实和创造性的研究做出贡献的机会？

设计让高中生参与知识生产（即开发、使用和评估模型）的科学研究学徒制的挑战来自科学知识的层次性。科学理论的理解需要广泛的背景知识，而这是高中生——即使是非常有能力的学生——所不具备的。对于高中生来说，独立阅读与他们项目相关背景的科学论文几乎是不可能的，即使有可能，也只有在接受了大量的指导从而弄清相关概念和术语的前提下。事实上，即使对于本科生来说，阅读科学论文也不是那么简单（Van Lacum et al., 2012）。以下引述来自对高中学徒项目学生杰里（Jerry，化名）的采访，说明了这一挑战。Jerry 回想他的研究经历中对他最有意义的活动，说："首先，我以前从未接触过专业文献，自从那次经历后，我试图找一些东西自己阅读。但我最终放弃了（阅读），因为我不明白的单词太多了。"

Jerry 解释说，虽然在参加学徒项目期间阅读专业研究文献对他来说是一次有意义的经历，但如果没有项目导师的支持，这会是非常困难的。因此，高中学徒项目的一个内在挑战是如何弥补学生数学和科学背景知识的不足；这些是学生能够自主阅读研究论文的先决条件，而这些研究论文对理解该领域至关重要。

本章将介绍一个名为"软乱物质"（soft and messy matter）的教育项目，该项目旨在为有天赋的高中生提供该领域的一个基础理论的入门，可以帮助他们更有效地参与大学中的研究项目。正式的课程能够帮助学生从科学工作的视角看待他们在项目中的工作，为他们拿到的问题建模，从而将他们的研究工作与研究领域的整体知识结构联系起来。我们通过聚焦两名学生的案例研究来分析他们在科学项目中的学习情况。我们将介绍这些学生的成就以及他们在研究中面临的挑战。根据研究结果，我们提出了一些能够使学生更好地参与此类科学研究学徒项目的方法。

4.1 引入软物质现象的科学建模

我们在三批有能力的十一年级和十二年级学生中进行了"软乱物质"项目的教学和评估，他们同时参加了进阶的高中化学和（或）物理的学习。该项目在以色列开展，十一年级的高中学生选择他们认为能够以进阶方式学习的科目，这还能让他们参加大学的入学考试。大约 10% 的学生选择了物理或化学。除了常规的物理和（或）化学研究外，他们还参与了"软乱物质"项目，这占物理或化学预科学分的 40%。这个项目在一所大学的外展中心举办，形式是每两周一次的下午课程，面向的是附近几所学校的学生。该项目侧重于一个不断发展的跨学科领域——软物质的物理特性，侧重于相互作用的分子系统的结构和特性，例如流体混合物、胶体分散体、聚合物和膜（Jones，2002）。

　　对软物质行为的建模基于科学学科许多通用的一般原则，例如识别可观察的经验模式，分析哪些变量是外部控制的或由系统以独立方式调整的，以及为该系统提出简化的表征。模拟软物质平衡特性所用的理论工具集都以统计热力学为基础。项目向学生介绍了图 4.1 流程图中所示的一般建模序列。然后，这个一般过程被专门用于预测各种软物质系统的平衡行为。在所有这些情况下，特定系统的结构和热力学行为是通过使系统自由能（与系统内能和熵的差异有关）相对于相关变量最小化来确定的。

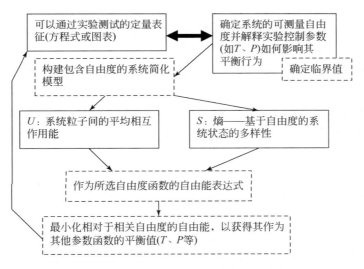

图 4.1　平衡软物质现象的一般建模序列的流程图

　　软物质现象模型的构建和分析需要专业的软物质物理学家。因此，我们不希望学生从头开始构建与项目相关的模型。相反，我们让学生参与重建与他们调查的实验现象或计算研究相关的现有的理论模型（Justi and Gilbert，2002）。"重建"一词说明学生分析了科学文献中现有的某个模型。学生需要根据图 4.1 中描述的一般建模过程，阐明研究该模型的动机以及它如何与基本概念框架相关联。重建是研究人员开展的一项真实性活动，在这过程中他们综述研究论文中提出的新模型并仔细检查它们以确保其有效性（Bazerman，1988）。因此，学生应该将参与重建视为一个有价值的目标，这能够使他们瞥见前沿研究中涉及的科学模型。

4.2　为项目中的理论模型重建提供脚手架

有能力的高中生的研究经历可以被认为是"认知学徒制"的背景（Collins et al.，1989），服务于让学生接触到真实的科学实践的中心目标。认知学徒制的一个核心目的是支持学生不仅在特定背景下探索专业知识，而且"将知识去背景化，以便它们应用于不同的环境中"（Collins et al.，1989，p. 459）。这意味着，作为一种认知学徒制项目，它的教学应该提供脚手架——将"构成专业知识的认知和元认知过程"外化（Collins et al.，1989，p. 458），并指导和提高受训者在执行这些过程中的表现。

该项目是根据认知学徒原则设计的，通过提供逐渐移除的脚手架来获得重建模型的专业知识。脚手架被引入到该项目的两个主要部分：课堂部分和研究经验。课堂部分从十一年级开始到十二年级第一季度末结束，为期 22 次，每两周举行一次下午会议。研究活动由几对来自十二年级的学生在第二和第三季度开展。在课堂部分，教师们通过类似于项目开始时介绍一般建模过程的方式展示了几种软物质现象的模型，并通过专门的概念图解释如何将方法付诸实践；在特定概念图中和一般概念图中，主要的中间步骤是相似的。值得注意的是，虽然该项目的核心部分是明确地模拟软物质现象，但学习建模过程的本质仍然隐含在教学中，即模型评估和修订的迭代过程。

课堂部分中使用的第一个脚手架是上述流程图，其中包含一个通用拓扑，该通用拓扑代表研究人员模拟软物质现象的推理过程（Langbeheim et al.，2012）。教师在课堂中推导模型时，介绍了沿着图 4.1 所示的一般流程，以及与特定现象相关的细节。在演示建模之后，教师指导学生们在特定情况下重建模型，这需要他们完成流程图中缺失的元素并描述规则之间的联系。学生需要参考作为脚手架的课堂幻灯片中展示的流程图，在老师的指导下重建模型。最后一步便是拆除脚手架，即要求学生在不使用流程图的情况下重建模型。

项目中的课堂部分在一次学生研讨会中达到高潮，学生们两两一组自行分组，并选择一个研究主题。这些项目要么是实验性的，要么是计算性的。计算性研究项目，例如本章重点关注的项目，是由学生执行的，这些学生之前的编程水平足以让他们独立编写软件代码。学徒期的主要脚手架是将项目分成较小部分的一个预定的时间表。在与研究导师的前几次会面中，学生们讨论了与他们的主题相关的科学论文或教科书的背景信息，并撰写了他们的项目介绍，包括研究问题和研究背景。随后的会议会专门讨论实验/计算调查，并简要描述最终结果。最后阶段包括撰写一篇全面描述该项目的论文；该论文应该遵循上述一般建模过程的格式。

论文的完成人需要向整个团队介绍他们的项目，而团队成员则需要在一个主题表格上提供相应的反馈，内容包括评估演示文稿中论点的清晰度及其与建模顺序的一致性。学生们利用这些反馈来改写他们的论文，并与校外监考员一起为考试做准备。考官对该项目的评价会被纳入学生物理或化学总预科成绩中，这占总预科成绩的 40%。

4.3　调查学生在项目中的学习情况

2010 年 10 月至 2012 年 5 月期间，13 名学生（7 名女性和 6 名男性）成为第三批参加了该项目的学生。所有的参与者都是能力较高的学生；然而，由于这是一个下午的选修课程，并不是所有学生都全身心地投入到上课、完成作业和讨论中。

我们专注于两名高度投入该课程的学生作为案例分析。就好奇心和能力而言，他们都表现出众：汤姆（Tom），高中同时主修物理和计算机科学；Jerry，高中同时主修物理和化学，并在开放大学（Open University）参加了入门的数学课程（除了他的高中数学课程）。

我们调查了这两名学生在研究项目中的表现，以及他们对自己这段经历的反思。在我们对案例研究的分析中，我们采用了"个人认识论"的观点，即人们能够通过个人信仰和学习期望这样一些棱镜，来评估和评判他们的经历（Hofer and Pintrich，2004）。

该研究解决了以下问题：

1. 学生们如何应对他们的项目工作？他们的主要成就是什么？他们面临的主要困难是什么？

2. 学生们是如何回顾自己的研究经历的？他们批判了他们研究的哪些方面？

我们研究的数据基于真实的课堂材料，以及在案例研究中的学生完成课程 10 个月后，对他们进行的半结构化访谈。课堂数据来自课堂讨论视频和工作表的书面答案。我们还分析了学生撰写的论文以及他们与导师之间的往来电子邮件，以了解学生表达的困难和导师的回应。分析数据后，我们讨论了学生对他们在研究项目中表现的看法，并将其与项目提供的脚手架联系起来。我们专注于与科学模型制作的理论和实践相关的项目。

4.4　研　究　结　果

Tom 和 Jerry 开展的是一个计算性研究项目，项目源自一位软物质科学家在该项目中发表的一个广受欢迎的演讲，该演讲介绍了一个理论上的难题和最近开发的作为这个谜团的一个解决方案的模型。该理论难题是"脂筏"（lipid rafts）的形成和稳定性问题，因为这是一种纳米级的脂质（饱和脂质），它不同于细胞膜中周围的另一种脂质（不饱和脂质）。这些"脂筏"（Brown and London，1998）作为膜中的区域在细胞功能中发挥重要作用，促进分子从细胞转移到周围环境。

饱和脂质包含两条"直"烃链，而不饱和脂质包含两条"弯曲"链，其中"弯曲"是由碳-碳双键引起的（图4.2）。脂质之间明显的"排斥"与"直"链和"弯曲"链的堆积不相容性有关。

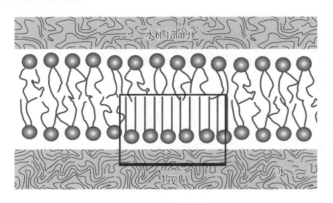

图 4.2　脂质双层的横截面

筏（raft）是矩形中带有直链的区域。脂质双分子层有接触水相的极性头（即图中的球体）和自组装的碳氢链，因此它们不接触水相，而是彼此面向对方

综合观察来看，膜模型的特征表现为在生理温度（例如37℃）的条件下，饱和与不饱和脂质相分离成两个大区域，同时，一个真实的生物细胞中细胞膜的脂筏以纳米岛的形式表现出稳定的状态。在大多数相分离系统中，例如油和水，两种组分相分离的尺度跟整个系统的尺度数量级相同/处在相同的数量级；纳米甚至微米尺寸都是不稳定的。"脂筏之谜"指的是在细胞膜（而非人造膜）中纳米级筏稳定的物理机制是什么。这个谜题使得几位理论研究者提出了几种不同的科学解释。

Tom 和 Jerry 选择了其中一种理论解释进行研究，即"混合脂质"模型。该模型表明，细胞中纳米级筏的稳定性可能是由第三种脂质的存在引起的———一种具有一个饱和碳链和一个不饱和碳链的混合脂质。混合脂质允许其每条链形成最佳堆积，其中一侧是饱和脂质，另一侧是不饱和脂质（图4.3，右侧）。因此当定位饱和与不饱和脂质之间的界面时，混合组分可以稳定相分离系统中的小区域。图4.2 中所示的合成膜不含混合脂质，仅包含稳定的系统大小区域，因为与通常类型的水油分离类似，纳米区域是不稳定的。

图 4.3　饱和与不饱和脂质之间的界面，中间没有混合脂质（左）与有混合脂质（右）

Tom 和 Jerry 与导师（一位研究脂筏理论的博士后研究员）的初次会面侧重于对混合脂膜进行建模。在一个半月的时间里，博士后研究员每周与学生会面一次。由于 Tom 和 Jerry 住得很远，他们的大部分工作都是分开进行的：Tom 开发了计算机模拟代码，而 Jerry 重建了分析（数学）模型。在他们各自的任务取得进展后，他们会面并比较他们各自的分析和计算模型的预测。

在第一次会面上，导师解释了蒙特卡罗算法（Monte Carlo algorithm）的核心特征，该算法用于模拟恒温下相互作用粒子系统的状态（Metropolis et al.，1953）。根据导师的解释，在学校学过初级编程的 Tom，在几乎没有任何帮助的情况下，自己开发了用于模拟的代码。Tom 必须为系统中的粒子选择一种表征形式，并创建一个输出接口，以根据用户选择的系统参数（例如温度、成分）预测平衡结构。表示相分离的两种类型的脂质很简单，但不简单的是模拟与其他两种类型的脂质具有相似大小的混合脂质（半饱和与半不饱和）。Tom 的想法是用一个由四个格点组成的正方形来表示每种脂质。这样，每个饱和脂质由四个白色方块表示，不饱和脂质由四个灰色方块表示，混合脂质由两个灰色方块和两个白色方块表示，如图 4.4 所示。

饱和脂质　　　　　　混合脂质　　　　　　不饱和脂质

图 4.4　Tom 对于在计算机模拟中表征脂质的构思

Tom 在很少的支持下完成了任务，相比之下，这个项目给 Jerry 带来了一些挑战，他的主要任务是重新构建分析模型。Jerry 所研究的问题要求他理解一篇具有理论基础性的研究论文（Brewster et al.，2009），而这篇论文中有许多课堂上没有讲过的科学观点和术语，以及一些 Jerry 不明白的数学变换。Jerry 最初试图自己重建模型，但他最终在某个地方卡住了；他的研究导师咨询了相关的老师后决定为 Jerry 的任务提供脚手架，引导他关注推导中比较简单的一个方面。在一封电子邮件中，Jerry 表达了他遇到的困难。

来自：Jerry

主题：回复：持续工作

2012/1/31

'嗨＿＿＿，我发现自己在项目进展的过程中陷入了困惑。"化学势"是每个粒子的平均自由能吗？……我是从维基百科上了解到的。相比之下，在我所知道的大学学生的讲义中，有一个名为"吉布斯势（Gibbs potential）"的术语被添加到我所知道的"亥姆霍兹自由能（Helmholtz free energy）"中。

这段电子邮件摘录表明 Jerry 在研究论文中发现了一个新术语（化学势，课堂上未教授），他在试图弄清该术语时遇到了困难。

这种困难也与本章开头引用的 Jerry 关于阅读科学论文的反馈一致。在接下来与导师的几次会面中，Jerry 的问题得到了澄清。在重建模型的过程中，他只遇到了一些其他方面阻碍；这些大多与不熟悉的术语或数学技巧有关。有了这种帮助和指明方向，Jerry 在他的最终报告中轻松地详细再现推导的结构并解释其基本原理。

他还与 Tom 一起进行了计算和分析模型的预测比较。Tom 和 Jerry 研究报告的最终成果是一篇清晰的 18 页（5300 字）论文以及针对该系统的一个完全有效的计算机模拟。一位在高中教授计算科学课程的经验丰富的老师负责对他们的成果进行检查，并给予了他们 100/100 的分数。

总结：在了解了算法的结构之后，Tom 在没有任何支持的情况下，自己构建了一个计算模型并且将其运行。相比之下，Jerry 则需要导师从一开始就为他提供拓展性的支持，才得以重构研究论文中提出的理论论点。

4.5　学生对自己研究经历的回顾性评价

Tom 和 Jerry 在各自的项目中面临着不同的挑战，并对他们所从事的活动的性质表达了不同的信念。Tom 和 Jerry 关于建模的信念出现在课堂讨论中，甚至在他们开始研究项目之前。在他们完成研究项目后接受采访时，他们对问题的回答更加明确地表达了他们的不同信念。以下内容摘自有关理论建模在科学中的一般作用的课堂讨论。

1. 老师：……在你看来，建模的作用是什么？
2. Jerry：为了简化现实。

3. 老师：但是，为什么？

4. Jerry：这样就可以计算了。

5. Karen（另一名学生）：预测现实中会发生什么。

6. Jerry：建模的作用是简化现象，以便我们能够对其进行计算。

7. Tom：简而言之，将现实转化为数学。

在这段摘录中，Jerry 坚持认为建模是一个真实系统被简化或经历抽象过程的过程，而 Tom 则没有提到任何一种能将真实物理系统与其数学表征联系起来的简化中介。Jerry 两次提到简化中介的步骤，说明他认为这是非常重要的一步，而 Tom 忽略了简化的过程，而专注于系统的最终数学表示，他将其视为（原则上，精确的）转化。

在研究项目完成后，Tom 和 Jerry 在采访中对他们的信念进行了详细阐述。采访者询问他们是否仍认同他们在最初课堂讨论中所做的表述。

275. 采访者：告诉我你是否同意你所说的话，或者你现在是否想换一种说法。

276. Tom：我同意。

277. Jerry：我支持我的话。

278. Tom：你的话是什么？

279. Jerry：我想我以前在这里说过。

280. 采访者：什么？

281. Jerry：[建模的目的] 是为了简化现实，以便可以计算。

Tom 和 Jerry 都声称他们保持了之前对建模作用的信念。

306. 采访者：所以你还是觉得建模就像你说的，为了简化现实使它可以被计算吗？

307. Jerry：是的。这样就可以进行计算了。

308. 采访者：如果你不能呢？

309. Jerry：如果 [分析] 无法解决？

310. 采访者：是的。

311. Jerry：你看，如果它无法解决，我们正在研究像药物这样实用的东西，那么你可以使用计算机。但是，如果我们这样做是为了理论物理学，为了……物理学而不是为了某些应用，那么这还不够。

Jerry 认为计算建模是一种仅适用于无法执行数学分析模型的方法，因为在他看来，只有分析模型才能促进物理学的理论进步。Jerry 的方法类似于奥卡姆剃刀的想法，即对现象解释的假设应该尽可能简洁。但 Jerry 确实承认，这在复杂系统的分析中，可能是无法实现的，至少在实际应用中是这样。

　　然而，Tom 主要关心的是分析模型的简化忽略了系统的太多方面。如以下摘录所示，Tom 并没有真正重视他开发的计算机模拟程序，因为它本质上是不准确的。

　　51. 采访者：你的计算机模拟程序是如何帮助回答这个问题的？（小型脂筏在平衡态中的形成）

　　52. Tom：通过获取有限数量的此类脂质，将它们以某种随机模式分开，定义它们与温度之间的相互作用参数，并用概率显示系统未来的状态。

　　正如在访谈的下一段摘录（下面第 342 行）中所见，Tom 对模型中的那些简化表达了不满，这些简化使它不能准确地表征真实的系统。我们将 Tom 的方法解释为代表一种认知信念，即期望模型是真实系统的复制品（Grosslight et al.，1991；Treagust et al.，2002）。

　　Tom 和 Jerry 信念的不同影响了他们对自己项目的评价。当被问到这个项目是像学校的项目还是像真正的科学调查时，Tom 和 Jerry 都出人意料地认为它更具有学校的特点，但他们的解释与他们在项目上的获得的评分或任何其他类似学校的特征无关。

　　338. 采访者：好的，在这个探究项目中，你觉得你所做的是类似于在做真正的科学，还是更像是一个"学校项目"？

　　339. Tom ：一个学校项目。

　　340. Jerry ：一个学校项目。

　　341. 采访者：好的，为什么？

　　342. Tom ：这几乎完全不准确，我们在计算机程序中忽略了太多东西。

　　Tom 专注于他在项目中负责的计算机模拟部分，并认为它像学校项目一样，理由仅仅是因为其中忽略了很多东西；因此，在他看来，它的预测是不准确的。他的批评是基于他的信念，即建模应该是对现实的精确数学表示。Jerry 也回应说这个项目很像学校项目，但他的说法则是基于他在重构分析模型中的作用。

　　343. 采访者：如果你有更多的时间，不受时间压力，可以继续［做这个项目］，你认为它会是一个真正的科学项目吗？

　　344. Jerry：首先，我在开发分析模型方面得到了广泛的指导。首先，我有……嗯。

　　345. 采访者：您认为每一项科学研究都是完全独立的努力的结果吗？

　　346. Jerry：我不知道，真的，我不知道。但在这里我得到了很多支持。并不是我自己做了什么，也不是我有什么绝妙的主意。我不知道如果没有人帮忙，我将如何独自应对。但我认为它主要是一个类似学校的项目，主要是因为它没有……真正的问题，我不得不……一个我不知道如何解决的问题，然后我突然知道如何解决。

与自己开发计算模型的 Tom 不同，Jerry 并不满意他在项目中的任务，因为他"只是"重建了一个先前被其他人发现的理论结果。他没有自己"生产"知识，因此对理论没有贡献。当他被问及如何改进该项目并使其更具科学价值的想法时，他说：

355. Jerry：为了工作，为了自豪，我不仅需要了解我所从事的具体案例，还需要更深入地了解其背后的理论背景。

在 Jerry 看来，为了使研究更加真实，研究者必须做出独特的、具有明显原创性的贡献；他认为这首先需要掌握理论背景知识。Jerry 的回答源于他的信念，即真正的科学研究应该在理论上有新颖的贡献；模型本身的准确性不太重要。基于此，他意识到由于他缺乏背景知识，所带来的内在问题，这使他无法做出原创性的理论贡献。

4.6　讨　　论

在这个项目中，Tom 和 Jerry 都能够重建他们在研究论文中遇到的模型的假设——该模型基于饱和、不饱和以及混合脂质之间的相互作用，解释了脂筏的形成和稳定性。然而，考虑到学生的知识有限，基于这些假设来解决系统的时间演化问题只能通过计算来解决。而关于该问题的解析解，与导师的几次交流仅仅能够让学生重建它。

Jerry 在重建数学模型时需要支持，这使他质疑自己在项目中的工作质量。他的质疑与他个人的信念有关，即真正的科学探究需要原创的理论贡献——这是他目前所受教育无法提供的。以本章导言中的术语来对他的陈述进行意义建构，我们得出结论，在他的角色中他没有知识生产者意义上的体验。

Jerry 未来如果要成为一名科学家，鼓励他保持对创新和独创性的追求至关重要，因为这些是研究人员的重要特征。如果 Jerry 能够从科学家的角度了解到如何对先前发表的论文进行推导和重构，从而帮助他们揭示这些方法中的根本性错误，他可能会更认可自己的努力。他或许还会意识到，科学不仅仅是创新，还是一种在最开始需要复制他人成果的活动。此外，在未来，通过在精心设计的研究学徒制项目中定期完善计算建模，他的需求也得以从更基本的角度得到满足。计算建模能够帮助学生构建和研究模型，因为学生提出的分析解决方案往往都超出他们的能力范围。为此，就"简化"丰富现象这个主题，我们区分了"骨架"（bare-bones）

型的简单概念模型与数值和计算工具这两种方法。学生可以通过重建概念模型来参与科学知识的生产，但这需要他们经常使用计算工具来解决问题。

　　Tom 的回答为我们提供了额外的信息。他个人认为精度是质量的核心衡量标准，这使他对自己的计算解决方案做出了反思，因为他意识到自己在构建过程中不得不进行了大量简化。Tom 对不太精确方法的不断质疑，对研究人员来说很有价值。然而，这也反映了一种科学认识论，使他无法认可自己的成就。Tom 信念中的建模等同于以数学形式复制现实这个观点已经受到他的老师和导师的质疑。计算模型有助于比较实际系统的不同的简化模型，并展现不同模型的优势和效用。

　　作为示例，我们将展示如何与学生讨论两个等价模型的比较。学生们可以比较用于研究扩散的简单大规模宏观行为的若干个不同的计算模型。教师和学生可以讨论替代模型之间的过渡联系（例如比较以下两个模型：分子确定论判据的动力学模型，如用牛顿方程计算所有粒子的运动轨迹，以及概率模型，如粒子在晶格中的随机行走，后者能够大大简化动力学计算），这能够将选择最佳模型和近似值考虑因素进行拓展，从而实现研究目标。

　　比较两个不同的计算模型并以此说明模型重建是科学家工作的一个重要方面，这两个例子说明了如何通过研究人员-导师和学生-学徒之间的对话来解释不同的认识论。因此，我们鼓励科学研究学徒项目的导师将模型构建和批评的基本原则进行拓展，尤其是在他们的研究领域。

参 考 文 献

Bazerman, C. (1988). *Shaping Written Knowledge: The genre and activity of the experimental article in science*. Madison: University of Wisconsin Press.

Brewster R., Pincus P., and Safran S. (2009). Hybrid lipids as a biological line-active component. *Biophysics Journal*, 97, 1087-94.

Brown, D. A., and London, E. (1998). Functions of lipid rafts in biological membranes. *Annual Review of Cell and Developmental Biology*, 14(1), 111-36.

Burgin, S. R., Sadler, T. D., and Koroly, M. J. (2012). High school student participation in scientific research apprenticeships: variation in and relationships among student experiences and outcomes. *Research in Science Education*, 42, 439-67.

Collins, J. S. Brown, and Newman, S. E. (1989). Cognitive apprenticeship: teaching the crafts of reading, writing and mathematics. In L. B. Resnick (Ed.), *Knowing, Learning, and instruction: Essays in honor of Robert Glaser*, Hillsdale, NJ: Erlbaum.

Cooley, W. W., and Bassett, R. D. (1961). Evaluation and follow-up study of a summer science and mathematics program for talented secondary school students. *Science Education*, 45, 209-16.

Feldman, A., Divoll, K., and Rogan-Klyve, A. (2009). Research education of new scientists: implications for science teacher education. *Journal of Research in Science Teaching*, 46(4), 442-59.

Gardner, H. E. (2008). *Extraordinary Minds: Portraits of four exceptional individuals and an examination of our own extraordinariness*. New York: Basic Books.

Grosslight, L., Unger, C., Jay, E., and Smith, C. (1991). Understanding models and their use in science: conceptions of middle and high school students and experts. *Journal of Research in Science Teaching*, 28(9), 799-822.

Hofer, B. K., and Pintrich, P. R. (Eds). (2004). *Personal Epistemology: The psychology of beliefs about knowledge and knowing*. Hove: Psychology Press.

Jones, R. A. L. (2002). *Soft Condensed Matter*. Oxford: Oxford University Press.

Justi, R. S., and Gilbert, J. K. (2002). Science teachers' knowledge about and attitudes towards the use of models and modeling in learning science. *International Journal of Science Education*, 24, 1273-92.

Langbeheim, E., Livne, S., Safran, S., and Yerushalmi, E. (2012). Introductory physics going soft. *American Journal of Physics*, 80, 51-60.

Metropolis, N., Rosenbluth, M. N., Rosenbluth, A. W., Teller, E., and Teller, A. H. (1953). Equations of state calculations by fast computing machines. *Journal of Chemical Physics*, 21(6), 1087-92.

Stake, J. E., and Mares, K. R. (2001). Science enrichment programs for gifted high school girls and boys: predictors of program impact on science confidence and motivation. *Journal of Research in Science Teaching*, 38, 1065-88.

Taber, K. S. (Ed.). (2007). *Science Education for Gifted Learners*. London: Routledge.

Treagust, D. F. Chittleborough, G., and Mamialo, T. L. (2002). Students' understanding of the role of scientic models in learning science. *International Journal of Science Education*, 24(4), 357-68.

Van Lacum, E., Ossevoort, M., Buikema, H., and Goedhart, M. (2012). First experiences with reading primary literature by undergraduate life science students. *International Journal of Science Education*, 34(12), 1795-821.

VanTassel-Baska, J., and Kulieke, M. J. (1987). The role of community-based scientific resources in developing scientific talent: a case study. *Gifted Child Quarterly*, 31(3), 111-15.

第5章　普通课堂中科学教师与天赋学生的互动："对不起，老师，但是你犯了一个错误……"

纳马·本尼（Naama Benny）　　罗恩·布隆德尔（Ron Blonder）

在课堂上，在智力方面有天赋的学生的思考和学习方式与其他学生不同。因此，在教学中为他们提供适当的支持是很重要的，学生展现卓越的表现需要适当的支持。然而，目前的研究主要集中在促进或阻碍天赋学生发展的因素上，而教师和天赋学生在普通课堂上的互动这个主题还没有得到广泛的研究。

本章我们探索并描述了普通课堂中天赋学生与高中科学教师之间的互动。本章对师生互动及其模式进行了丰富的阐述。重要的是，本章使用了一种特别的定性研究方法，即关键事件技术（critical incident technique，CIT）法。本章收集的关键事件（CI）发生于课堂上一位科学教师和一位天赋学生之间。关键事件让我们得以探索教师的世界，看看教师如何看待自己教育天赋学生的能力。本章重点关注一个名为"对不起，老师，但是你犯了一个错误……"的关键事件，这个关键事件在我们与所有教师的访谈中都出现了，我们下文会分析与它有关的因素。在科学课上，一位天赋学生对教师说他们犯了一个错误。这样一种评论通常都是与科学课程内容相关的主题。本章会介绍基于该关键事件的不同的师生互动模式。对这些来自关键事件的互动的分析为我们提供了可以进一步拓展的教育场景，它们提供了关于这个互动的丰富描述。我们希望利用这些丰富的描述，为促进教师在普通科学课中培养天赋学生提供建议。

5.1　引　　言

教师和学生的互动从他们在学年开始时第一次见面的那一刻起就开始了，包括与学生特征（例如性别和年龄）、教师特征（例如经验、自我效能感和教学方法）、活动设置、教师和学生对彼此的看法和信念、课堂环境等相关的方面（Pianta et al.，2003；Brophy and Good，1986；Blonder et al.，2014）。在这里，我们通过教师关于互动的叙述来描述在学生能力高低不一的高中课堂上科学教师和天赋学生的互动。

5.2　天　赋　学　生

天赋究竟是什么？多年来，人们提出了无数个关于天赋的概念和定义。然而，对于这个问题并没有普遍认同的答案。天赋、智力和才能是流动的概念，在不同的环境和文化中可能会有不同的表现。即使在学校里我们也可以发现，大家对"天赋"这个词有广泛的个人见解，这个词已经成为一个具有多重含义和许多细微差别的术语。根据 Passow（1981）的说法，观察学生对丰富活动的反应，比进行传统测试更能了解天赋的本质。人们对天赋进行定义的视角可以被认为在一个连续统（continuum）里，在非常保守到更为灵活或多维度的方法中变化。对天赋的保守观点几乎完全集中在智商测试分数或其他认知能力衡量标准上。多维方法基于超越智商测试的模型。这些模型涉及，例如，卓越、稀有性、生产力、可证明性和个人技能或产品的价值（Sternberg and Zhang，1995）；它们还可能涉及三个相互关联的特征集，即高于平均水平的综合能力、对于任务的承担能力和创造力（Renzulli，2012）。教师使用不同的标准来确定学生是否有天赋。一些教师可能会将获得最高分的学生看作是天赋学生；而其他人可能会考虑不同的能力和特征（Ngoi and Vondracek，2004）。天赋学生群体中的学生也是多种多样的。天赋可能有多种类型和程度，社会情感差异，不同的文化背景和学习方式的差异都可能会影响天赋的表现方式（Wellisch and Brown，2012；Passow，1981）。

天赋学生的特点会从他们在课堂上的行为展现出来。特定的特点可以转化为特定的行为。有时，这些行为可能会被曲解或误解。因此，与天赋相关的特点可能相互矛盾且令人困惑，因此，辨别天赋学生的难度有所增加也就不足为奇了（Wellisch and Brown，2012）。

天赋学生在三个关键点上可能与课堂上的同龄人不同：①他们学习的速度；②他们理解的深度；③他们保持的兴趣（Gilson，2009）。普通课堂教师面临的挑战是如何设计一个有效的学习环境，让学生既能够充分发展他们的能力和兴趣，同时又不会失去他们作为班级成员的参与感（Gilson，2009），天赋学生也不例外。

在学生能力高低不一的普通课堂中，天赋学生应该得到进度更快、难度更高的学习机会（VanTassel-Baska，2003）。此外，他们应该不断地发挥他们高水平的能力，以发展他们的学术技能（Burney，2008）。重要的是要强调，如果在学校期间教师没有为他们提供合适的学习工具，如果他们的自我效能感较低，他们则无法利用他们的高水平能力（Pajares，1996）。学生的自我效能感是指他们相信自己有能力在任务、课程或学术活动中取得成功。它会影响他们的学术选择以及他们在这些活动上付出的努力。学生的自我效能感信念通常可以更好地预测学业成功，因为这些信念调节了先前成就、知识和技能对后续成就的影响（Britner and Pajares，2006）。

在学生能力高低不一的课堂中辨别出天赋学生并进行针对性教学也十分具有挑战性，原因如下：①差异化程度的需求；②超出年级水平的高阶学习机会的需求；③教师对天赋学生以及他们需求的了解存在根本上的屏障甚至反感；④缺乏对有天赋的人群所需支持类型的理解（VanTassel-Baska and Stambaugh，2005）。

5.3　科学课堂上的天赋学生

天赋学生会表现为具有特定的能力和倾向，而不是优势的全方面平均发展（Taber，2007）。在普通的科学课堂中，我们应该考虑到可能有两种不同的天赋学生的概况：①具有特定科学能力的学生；②正在学校学习科学的具有其他优势的天赋学生。

Taber（2007）将那些"在适当的支持下能够在学校普通科学课程要求的全部或某些方面达到极高的水平，或者在承担一些与科学相关的任务时体现出了远高于该课程阶段要求的水平"的学生视为科学天赋学生。有人提出了科学天赋学生的一些特征：科学好奇心、认知能力和元认知能力。也有人认为，一些科学天赋学生将在小组工作中扮演重要角色并发挥有效的领导作用（Taber，2007）。有智力天赋的人在学习上有所不同，他们不仅具有非凡的思维和学习能力，而且能够更有效地使用它们，更能轻而易举地运用科学思维（Freeman，2003）。Matthews（2012）则提出了一个十分实用的特征列表。

科学天赋学生能够感知情境中不同部分之间的关系；他们很好奇是什么让事情运转起来，并且常常不满足于简单的解释；他们在很小的时候就表现出对科学主题的兴趣；他们表现出对与科学相关活动的执着；他们喜欢向别人解释事情是如何运作的；他们对细节有很好的记忆力；他们能够从看似无关的细节中进行归纳；他们看到了大局；他们在很小的时候就能够理解抽象概念；他们在与科学相关的项目中展示出了创造性的方法（Matthews，2012）。请注意，没有一个学生具有以上的全部特征。

没有得到适当的指导学生就不会有卓越的表现。要想在任何一个领域达到卓越的高标准，即使是天赋学生也需要学习方法，包括合适的学习材料和有针对性的挑战性教学（Freeman，2003）。科学天赋学生通常天生就对科学感兴趣。不幸的是，死板的规则、基于回忆的测评和缺乏有意义的经验会使这些学生远离科学（Taber，2007；Matthews，2012）。

学生的个人经历以及他们的科学经历从五年级到十二年级发生了巨大的变化。例如，学校涵盖的主题逐渐变得更加高级和抽象（Watters，2010）。随着学生的进步，尤其是进入高中，有几个因素会对他们的经历产生影响：教师的课堂实践、高中的学习经历（Watters，2010）、教师对内容的定位、认识论信念、教师在与学生互动时的行为以及基于学科的教学方法。这些内容决定了学生对科学的态度（Watters，2010）。

与所有教师一样，科学教师拥有影响他们行为和实践的教学和学习信念（Laplante，1997）。科学教师需要了解科学的本质以及学生应该如何学习科学，这能够帮助他们形成一套指导课堂实践和行为的信念（Bryan，2012）。Galton 和 Eggleston（1979）总结了科学教育中的三种沟通风格。"问题解决者"（problem-solvers）是提出相对较多问题并强调问题、假设和实验程序的教师。"信息提供者"（informers）的特点是他们很少使用问题，除非是那些"问题解决"中需要回忆以及应用事实和原则的问题。"探究发起者"（inquirers）可以定义为比其他教师更频繁地在课堂上发起互动的教师；特别地，他们会在设计实验程序以及说明、制定和检验假设方面寻求信息和指导。根据这项研究的发现，问题解决者的风格对促进学生的高能力表现最有效。科学教师的信念与他们如何在课堂上实施科学课程密切相关（Laplante，1997）。除了教师的信念，教师的科学内容知识在他们的科学教学中也起着重要作用（Palmer，2006）。

5.4　师　生　互　动

课堂教学是复杂环境中的一项复杂任务。许多因素都会影响教师和学生在课堂中的互动。课堂上的师生互动主要在三个不同的领域：情感支持、课堂组织和教学支持（Luckner and Pianta，2011；Pianta et al.，2003）。

学生的特点（例如学业成绩、动机和参与程度）会引起教师的各种反应，并影响教师的教学能力以及师生之间的互动（Nurmi，2012）。师生互动已被证明对学生的积极性（例如 Davis，2003）、智力发展和成就起到重要作用。同时，教师视角下的师生互动通常在以下三个方面进行评估（Pianta et al.，2003）：①内容或科目；②教师如何看待自己与学生的关系；③情感（Nurmi，2012；Wubbels and Brekelmans，2012）。

教师不仅要构建关于课堂管理、教学策略和主题的一般教学知识和信念，还要建构关于特定学生和班级的知识和信念。教师持有的知识和信念是教师选择使用特定教学方法的关键要素。构建关于学生的信念使教师能够专业地处理他们的教学任务，与学生互动并为他们设计合适的教学（Nurmi，2012）。

学生的内在特征极大地影响了课堂环境，并直接影响教师在课堂上的教学方式和师生互动的本质。例如，学生的学业成绩水平在教师计划教学的方式和实施课堂实践的方式中起着核心作用。然而，问题学生的行为也会极大地影响教师的反应和师生互动（Nurmi，2012；Pianta et al.，2003）。学生的不当行为往往会激起教师的负面情绪，从而导致教师对学生实施惩戒（Nurmi，2012）。教师表示，他们与表现出高水平动机的学生，以及与其他学生合作的学生互动时冲突较少，且关系更密切。相比学生被动地参与课堂以及表现出不感兴趣，学生积极参与课堂活动并对学习感兴趣，更令教师从教学中体验到愉快，从而表现出更多的师生支持，并促进更多地参与（Nurmi，2012）。教师对学生的评价或判断通常基于冲突和亲近、学生依赖、对教师的安全依恋和对教师的焦虑依恋（Nurmi，2012）。

然而，天赋学生与他们的科学教师在普通课堂上的互动尚未得到充分研究。当前相关的研究集中在发现可能促进或阻碍天赋学生发展的重要因素上。对于我们这项研究，我们试图辨别和描述天赋学生和高中科学教师之间的不同互动形式。

5.5　研究目标和研究问题

本研究旨在辨别和描述天赋学生与高中化学教师之间不同的互动方式。更具体地说，我们将关注以下问题：当学生发现教师犯的错误时，科学教师如何描述他们与普通课堂中的天赋学生的互动。

5.6　研究方法：数据的收集和分析

本研究的方法涉及的是定性研究法。使用的定性工具是基于 Flanagan（1954）开发的 CIT 法。CIT 要求受访者确定对于特地目标下"关键"（critical）的经验事件。然后将这些事件汇集在一起进行分析，并从事件的共性中得出概括（Kain，2003）。收集关键事件（CI）的方式多种多样，但在这些方法中，受访者通常会被要求讲述他们的经历（Gremler，2004）。本研究的数据分析方法为内容分析法（content analysis），旨在总结出一个分类系统，以提供对有关影响学生兴趣现象的那些因素的频率和模式（Gremler，2004）。

CI 的定义最早由 Flanagan（1954）提出，它指的是一种异乎寻常的行为，无论是积极的还是消极的，即这是一个明显偏离正常或预期的事件。在这个概念中，"关键"一词是指我们看待事情的方式，以及作为一种具有重要意义的事件的解释（Tripp，1993）。在教育的场域里，CI 不一定是形势紧张的引起哗然的事件。相反，它们可能是每天在课堂上都会发生的事件（Tripp，1993），因此乍一看它们可能会表现为"平常的"而不是"关键的"，但会被认定为是关键的（Tripp，1993；Angelides，2001）。它们被看作关键事件这一分类是基于教师赋予它们的重要性和意义。

　　普通的科学课堂中学生的能力并不平衡，在这种背景下我们试图探索化学教师和天赋学生之间的 CI。我们将 CI 定义为教师正面面对并必须寻找化解方案的事件。CI 通常由学生的言行所激发，也可能通过教师的行动而产生；而互动会引起教师对此的反馈。从这些反馈中我们得以深入地了解在一个普通的化学课堂上教师对为天赋学生授课的看法。CIT 法有利于从教师的角度看待互动，这意味着它作为一种框架，能够帮助研究人员辨别那些对教师有意义的事件。本研究旨在了解教师关于某些事件的叙述，因此直接的定性研究方法（例如观察）难以获得丰富的资料。根据 CIT，教师讲述的情节需要满足一些指导方针或重要标准才能被视为 CI：报告实际行为；报告者与行为的关系是明确的；提供相关事实；报告者对事件的严重性做出明确判断；做出这种判断的原因很清楚（Tripp，1993；Angelides，2001）。

　　本研究的采访分为两部分。在第一部分中，我们先询问了教师的背景（教学年限、正规教育和在学校的其他角色）以及他们对学校的看法、学校人群的情况、他们的教学理念、学校同事、学校教职员工的工作、他们对于教学的看法以及他们与学生的关系。在第二部分中，我们询问了教师在课堂上关于天赋学生的内容。为了引出与天赋学生互动的情节，研究人员使用两种卡片来促进互动情节的生成。第一种类型的卡片根据选定的理论和模型对天赋学生进行了定义。第二种类型由其他教师对课堂上天赋学生的表现以及他们与天赋学生互动的陈述构成。教师们需要选择一种他们认为最符合他们信念的卡片。然后他们需要举出一个自己课堂里天赋学生的例子，并讲述与这个学生互动的情节。互动的情节指的是以下问题：

　　（1）你的课堂里有天赋学生吗？
　　（2）当你提到"有天赋"时，你指的是什么？
　　（3）你能描述天赋学生的特征吗？
　　（4）你如何辨别课堂上的这些特征？你能举个例子吗？
　　（5）你如何看待课堂中的天赋学生（学业、情感、教学、社交和情感角度）？
　　（6）你还记得你意识到你正在和一个天赋学生打交道的那一刻吗？能否请你

描述一下？

本研究的参与者包括 30 名高中教师，他们分别是来自城市和农村、宗教和非宗教公立学校以及阿拉伯裔和犹太学校的教师，旨在涵盖以色列学校的多样性。其中，女教师 25 人，男教师 5 人，教学经验从 2 年到 30 多年不等。每次访谈持续 60—80 分钟，研究人员对访谈进行了录音并将录音进行了转录。

5.7 研 究 结 果

我们将 CI 看作是在上课过程中由某些原因触发的事件。而本研究关注的 CI 是由一名天赋学生在一个普通的课堂上发起的，不同教师对此的反应各不相同。在本研究中，与 CI 有关的内容被用于"自下而上"的来自原始数据的分类。我们在 27 种不同的分类中识别出了 343 个 CI。我们识别的最常见的 CI 类别如下：

（1）天赋学生干扰课堂管理。

（2）教师对天赋学生提出的问题或评论感兴趣。

（3）天赋学生犯错后，教师会向他提供帮助。

（4）一名天赋学生抱怨课堂教学节奏缓慢。

（5）教师对天赋学生的快速学习节奏做出回应。

（6）天赋学生忙于课外的事情。

（7）天赋学生对问题做出回答或发表评论，但他犯了错误。

（8）班上出现一名天赋学生会提高教师的积极性。

（9）课程的开头被天赋学生毁了。

（10）一个天赋学生提出了一个教师没有想过的问题。

下面描述了 CI 的两个示例。

第一个初级的 CI 类别：一名天赋学生抱怨课堂教学节奏缓慢。在以前端课堂教学和练习为主的传统化学课上，一位天赋学生抱怨课堂教学节奏缓慢。其中一位教师用她自己的话描述了这个触发的事件："他说：'太慢了……'。"现在我记得另一位学生的评论。他对我说："好慢，太慢了，为什么一定要那么慢？"当这件事发生在这位教师身上时，她的回答如下："我给他解释过……不同的学生的理解能力是不同的，我需要调整我的教学以适应每个同学的能力……我没有太多选择。有些学生还无法理解内容……"除了与学生的口头交流外，她还提供了一些练习课的选择：

> 我尝试在我的课程中让学生做大量的自律练习，以便学生能够表达
> 自己，并且可以独立学习和工作……我称之为差异化教学……我很清楚，

在九年级及以上的所有小组中,我无法从所有学生那里得到相同的回应,而且每个学生都按照自己的节奏学习。(A.A.2 教师)

第二个例子是教师们普遍提到的 CI:课程的开头被一个天赋学生毁了。在课程开始介绍一个新主题时,一个天赋学生会透露接下来会发生什么,这样一来,他让课程变得一团糟,也破坏了惊喜。当其中一位教师在应对这种情况时,她的反应如下:

我的天赋学生毁了课堂惊喜……长话短说——他毁了随后的课堂演示……在课程结束时,我走近他,对他说,我知道他很聪明,知识渊博,但他不能毁了我的课,他必须等到课程后面……我事先提醒过他不要透露答案,等一会我再问他。(S.S.13 教师)

然而,我们发现的最常见的 CI 都触发自这一个评论:"对不起,老师,但你犯了一个错误……"参与研究的教师中超过一半(30 名教师中有 19 名)都提到了这个 CI,他们中的一些人甚至不止一次提到了这个 CI。即在化学课上,一位天赋学生告诉教师他(或她)犯了一个错误。学生的评论通常都与化学课程中的一些主旨内容有关。

以下部分介绍了一些教师对这种互动的回应。在表 5.1 中,我们提供了一些简短对话,这些对话代表了教师访谈中的主要措辞并代表了其中的完整的互动。还简要介绍了教师的背景(教学年限、正规教育、在学校担任的其他角色等)以及对他们教学观念的概括。

表 5.1　教师对"对不起,老师,但是你犯了一个错误……"互动的回应示例

教师	教师的回应	教学教育观念	教师的背景资料(经验、资格等)
教师 R.E.9	我在黑板上写了一些与识别有关的内容……简而言之,他(天赋学生)对我说"恕我直言,它只能是一个氧原子"……当下,我没有为此做好准备……我没有。没有意识到它只能是氧气……我清楚地记得……我很尴尬;你可以马上在我脸上看到尴尬,因为我脸红了	课程建构需要投入大量时间和精力并强调按计划进行。她将所有精力投入到学生中,所有的学生,并将化学组称为"我的化学家庭"	21 年化学教学经验;化学学士学位和科学教学硕士学位。在学校的角色:学校的化学学科的协调员和技术系统调试员
教师 A.A.2	一名学生发现了一个错误:他举手问我……因为我的教学方法,在我的课上我允许学生纠正我的措辞……我让他继续说下去,并将它改正	与九至十年级的学生一起,着重于发展学生的思维,寻找与日常生活相关的方面,培养积极和自律的学生;与十一至十二年级的学生一起,专注于入学考试和提高成绩。主要采用正面授课方式授课,教授内容的速度快	22 年化学教学经验;化学学士学位和理学硕士学位,科学教学博士学位。在学校的角色:化学教师,学校化学学科协调员,领导学校的创新项目并负责提供技术支持

续表

教师	教师的回应	教学教育观念	教师的背景资料（经验、资格等）
教师 R. K. 10	当学生对我的错误提出评论时，我有两种选择。我会想是教师错了，还是学生错了。如果是学生错了，我会再解释一遍，直到她（天赋学生）明白为止。如果是我错了，我会说："看，我不知道，也许你是对的，让我核实一下。"就是这样！课后我会弄明白（与化学顾问或其他专家），稍后我会给你答案	专注于在课堂上营造积极的学习环境。她信任她的学生；但是，她会在需要时采取惩戒措施。她努力让每个学生都做到最好，并重视学生入学考试的成绩	28 年化学教学经验；化学学士学位和硕士学位。在学校的角色：化学教师、教育家和学校的副校长
教师 E. A. 1	我可以看到他脸上的表情发生了变化：这让我不得不反思……我是不是错了，我做错了什么……很多时候我看到他的面部表情变了，我对自己说"这到底是为什么"，然后我继续做我正在做的事	强调学生理解什么是真正的化学家，培养学生的思维	2 年化学教学经验；分子生物学学士学位和科学教学硕士学位。在学校的角色：化学教师；曾是课堂教师
教师 S. S. 13	谢谢，我会更正它……这是正常的事，没什么大不了的	注重培养学生对化学的兴趣，培养学生的自律能力，激发学生成才	14 年化学教学经验；化学学士学位和硕士学位。在学校的角色：化学教师
教师 Z. B. 8	我对他们说，很好——你应该得十分，你发现我犯了一个错误……我很高兴我的学生注意我在黑板上写的东西	注重学生的理解和执行能力。她一遍又一遍地重复解释，并做了大量的练习。她了解学生的个人问题并对此切身感受	超过 30 年的化学教学经验；化学学士学位和硕士学位。在学校的角色：学校的化学教师和副校长

5.8　讨　　论

　　本章我们介绍了不同的教师对"对不起，老师，但你犯了一个错误……"这个 CI 事件的一系列回应。我们展示了六位教师的一系列回答（表 5.1），并就此做了以下阐释。在第一个回答中，R. E. 9 教师为自己的错误感到尴尬。在第二个回答中，A. A. 2 教师让她的学生提供另一种解释，并邀请学生积极纠正她的错误。在第三个回答中，R. K. 10 教师需要依靠外部专家的帮助，以确认她确实犯了错误并就此扩展她（和她的学生）的知识。在第四个回答中，E. A. 1 教师则在学生指出他的错误时对学生面部表情的变化做出了反馈；首先他决定改正错误，然后在另一次互动中，他决定忽略学生的评论。S. S. 13 教师在第五个回答中将她的错误称为"拼写错误"。在第六个回答中，Z. B. 8 教师对发现错误的学生给予加分，对她来说，这表明学生们正在注意课堂上发生的事情。

　　对不同的互动的深入分析表明，教师的反应既取决于他们的知识深度，也取决于他们对天赋学生的看法，还取决于学生的评论（"对不起，老师，但是你犯了一个错误……"）所指的内容。根据 Shulman（1986），我们可以研究教师对不同教师知识范畴的反应。我们希望强调两大类教师知识——内容知识（主要是化学内容知识）和学习者（天赋学生）及其特征的知识——这是深入了解互动以及在这个研究中教师反应的关键。对主题的掌握，尤其是对当代科学的内容的掌握，使教师能够自信地对评论做出反应（Blonder et al.，2014）。当教师们不确定答案或对给出答案缺乏信心时，他们往往会停下来思考，但是这种思考并不会促进教师对学生提出的评论进行讨论。在某些情况下，教师利用外部专家的帮助来获取知识并扩大他们现有的关于特定问题的知识体系。其他教师使用互联网和各种信息来源来扩展他们的知识。一些教师利用课堂上新获得的知识作为教学机会，在课堂上发起讨论，而其他教师则没有。我们甚至发现了一个案例，在这个案例中，教师因觉得自己缺乏知识而"被抓包"，从而引起身体反应（脸红）。发生这种情况时，会让教师回想起这些年里的许多尴尬瞬间。

当学生对课程内容发表评论时，大多数经验丰富的教师会立即做出回应；他们很自信，并且充满信心。在那些情况下，教师通常不会与天赋学生开展讨论。在那些发起讨论的案例中，教师们感到很舒服，因为他们是经验丰富的教师，他们对内容有把握，甚至可能以前遇到过这种评论，所以他们可以预料到评论并且已经知道最好的回应方式。

普通课堂上的科学教师应满足不同学习者的不同需求，并为他们参加全国预科考试做好准备。有些障碍会阻碍教师在这个过程中的行动（VanTassel-Baska and Stambaugh, 2005）。当教师回应天赋学生"对不起，老师，但你犯了一个错误……"的评论时，这些障碍会被加强。在一项持续的研究中，我们将这些障碍与教师在这种互动中的反应联系起来（Benny and Blonder, 2016）。

部分天赋学生拥有丰富的内容知识，或能够以高速度和高理解力学习内容。这个特点可能会对教师提出挑战。对于那些选择忽视学生的评论或利用课外知识进行回复的教师来说，学生在特定主题比他们懂得更多这件事情对他们而言可能是比较难以接受的。然而，同样的评论会被熟知如何教授天赋学生的教师用来反思他们所讲的内容。天赋学生在某些主题比他们懂得更多并不会吓到他们或对他们构成挑战。相反，他们倾听评论，从课堂讨论的广泛角度考虑它，在某些情况下，他们还在课堂中与学生展开介绍这些评论，他们的教学也从中受益。正如 P.H.6 教师所说："当教师了解最新的内容知识时，她更有能力去处理这些情况。"

天赋学生需要有挑战性的学习机会。为了实现有意义的学习，使学生能够发展他们的能力，教师应该创造一个支持和有利的学习环境（VanTassel-Baska and

Stambaugh，2005）。教师可能会面临这样一个挑战：学生在课堂上公开指出教师的错误。并不是所有的教师都能忽视这一点，也不是所有的教师都能面带微笑或以类似的方式做出反应，从而减少这些评论带来的"刺痛感"。在这些情况下，积极的和促进性的行为可能会成为教师教学的障碍和挑战。当教师希望减少这些评论带来的负面影响，并维持课堂环境以继续教学活动时，他们可以对发现错误的学生给予加分，或提示自己"我的学生在注意我在黑板上写的东西"。在这项研究中，这种行为在经验丰富的教师报告的事件中更为常见。很少有教师对这些评论漠不关心。教师的错误就像学生的错误；每个人都会犯错。当发现错误时，我们会更正它，仅此而已。教师有这样的想法能够让他们在令人心安的环境中犯错误。同时，这也向学生表明老师犯了错误这件事情本身并不是一个特别值得关注的问题。正如 O. B. 28 教师所指出的，"谢谢你们……很高兴你们注意到了……听着，同学们，我只是人，我时不时会犯错误……这种情况发生了"。这种看似无动于衷的态度本身就是一种策略，教师在学习过程中，在每一堂课互动的开始阶段，都会练习这种策略。当学习过程继续进行中又出现了另一个类似的评论时，则再次使用该策略。这可以继续下去，直到它"没什么大不了的"。

除了学生的反应，"对不起，老师，但你犯了一个错误……"，通过本章提出的理论视角分析了化学教师与天赋学生在普通课堂上的 32 类互动：教师在学生能力高低不一的课堂上教授天赋学生的知识和障碍（VanTassel-Baska and Stambaugh，2005）。

5.9　结论与课堂实践

差异化教学（Passow，1982）和对课程的适当改动可以形成个性化的课程，以更好地匹配个人和团体的学习需求、能力和风格，也通常可以为天赋学生带来学习率、风格、兴趣和能力不同的专业学习体验，在这种情况下，如何设计这样的教学和课程对于教师而言是具有挑战性的。这项任务需要教师具备知识、技能和时间（VanTassel-Baska and Stambaugh，2005）。本研究描述了在以色列的学生能力高低不一的普通高中课堂上，科学教师与天赋学生之间的互动。进行这项研究的意义在于，能够为促进教师的专业发展提出建议，并更好地理解在普通课堂上教授有天赋的儿童的独特性（VanTassel-Baska and Stambaugh，2005）。在课堂层面，研究发现教师与学生互动时的行为会影响学生喜欢或不喜欢学习一门学科（Matthews，2012）。了解天赋学生的特殊需要并在学生能力高低不一的课堂中为他们提供适当的教育支持，对大多数教师来说是一项具有挑战性的专业任务

（VanTassel-Baska，2003）。从我们的研究中，我们发现教师应该在他们现有的专业知识系统中发展更多的组成部分。第一个组成部分是科学知识，即内容知识。第二个组成部分是关于天赋学生的知识以及如何在学生能力高低不一的普通课堂上教授他们。第三个组成部分涉及教师与天赋学生的互动，以及他们对自己有能够适当引导天赋学生的能力的自信。我们需要从教师的角度来理解教师遇到的困难，这能够提高针对在职和准职教师专业发展指导框架的有效性（Benny and Blonder，2016）。

参 考 文 献

Angelides, P. (2001). Using critical incidents to understand school cultures. *Improving Schools*, 4(1), 24-33. doi:10.1177/136548020100400105

Blonder, R., Benny, N., and Jones, M. G. (2014). Teaching self-efficacy of science teachers. In R. H. Evans, J. Luft, C. Czerniak and C. Pea (Eds), *The Role of Science Teachers' Beliefs in International Classrooms: From teacher actions to student learning*. Rotterdam: Sense, pp. 3-15.

Benny, N., and Blonder, R. (2016). Factors that promote/inhibit teaching gifted students in a regular class: Results from a professional development program for chemistry teachers. *Education Research International*, 2016, 11. Retrieved from http://dx.doi.org/10.1155/2016/2742905.

Britner, S. L., and Pajares, F. (2006). Sources of science self-efficacy beliefs of middle school students. *Journal of Research in Science Teaching*, 43(5), 485-99.

Brophy, J., and Good, T. L. (1986). Teacher behavior and student achievement. In M. C. Wittrock (Ed.), *Handbook of Research on Teaching*. New York: Macmillan, pp. 328-75.

Bryan, L. A. (2012). Research on science teacher beliefs. In K. G. B. J. Fraser, T. Campbell and J. McRobbie (Eds), *Second International Handbook of Science Education*. New York: Springer, pp. 477-95.

Burney, V. H. (2008). Applications of social cognitive theory to gifted education. *Roeper Review*, 30(2), 130-9.

Davis, H. A. (2003). Conceptualizing the role and influence of student–teacher relationships on children's social and cognitive development. *Educational Psychologist*, 38(4), 207-34.

Flanagan, J. C. (1954). The critical incident technique. *Psychological Bulletin*, 51(4), 327.

Freeman, J. (2003). Scientific thinking in gifted children. In P. Csermely and L. Lederman (Eds), *Science Education: Talent recruitment and public understanding*. Amsterdam: IOS Press, pp. 17-30.

Galton, M., and Eggleston, J. (1979). Some characteristics of effective science teaching. *European*

Journal of Science Education, 1(1), 75-86.

Gilson, T. (2009). Creating school programs for gifted students at the high school level: an administrator's perspective. *Gifted Child Today*, 32(2), 36-9. doi:10.4219/gct-2009-878

Gremler, D. D. (2004). The critical incident technique in service research. *Journal of Service Research*, 7(1), 65-89. doi:10.1177/1094670504266138

Kain, D. L. (2003). Owning significance: the critical incident technique in research. In K. deMarrais and S. D. Lapan (Eds), *Foundations for Research: Methods of inquiry in education and the social sciences*. New York: Routledge, pp. 69-85.

Laplante, B. (1997). Teachers' beliefs and instructional strategies in science: pushing analysis further. *Science Education*, 81(3), 277-94.

Luckner, A. E., and Pianta, R. C. (2011). Teacher-student interactions in fifth grade classrooms: relations with children's peer behavior. *Journal of Applied Developmental Psychology*, 32(5), 257-66. doi:http://dx.doi.org/10.1016/j.appdev.2011.02.010

Matthews, M. S. (2012). *Science Strategies for Students with Gifts and Talents*. Waco, TX: Prufrock Press.

Ngoi, M., and Vondracek, M. (2004). Working with gifted science students in a public high school environment: one school's approach. *Prufrock Journal*, 15(4), 141-7.

Nurmi, J. -E. (2012). Students' characteristics and teacher-child relationships in instruction: a meta-analysis. *Educational Research Review*, 7(3), 177-97. doi:http://dx.doi.org/10.1016/j.edurev.2012.03.001

Pajares, F. (1996). Self-efficacy beliefs and mathematical problem-solving of gifted students. *Contemporary Educational Psychology*, 21(4), 325-44.

Palmer, D. (2006). Sources of self-efficacy in a science methods course for primary teacher education students. *Research in Science Education*, 36(4), 337-53.

Passow, A. H. (1981). The nature of giftedness and talent. *Gifted Child Quarterly*, 25(1), 5-10.

Passow, A. H. (1982). Differentiated curricula for the gifted/talented. Paper presented at the 'Curricula for the gifted: selected proceedings for the First National Conference on Curricula for the Gifted/Talented', Ventura County.

Pianta, R. C., Hamre, B., and Stuhlman, M. (2003). Relationships between teachers and children. In W. M. Reynolds and G. E. Miller (Eds), *Handbook of Psychology, Volume 7*. New Jersey: John Wiley and Sons, Inc.

Renzulli, J. S. (2012). Reexamining the role of gifted education and talent development for the 21st century: a four-part theoretical approach. *Gifted Child Quarterly*, 56(3), 150-9. doi:10.1177/

0016986212444901

Sternberg, R. J., and Zhang, L. -F. (1995). What do we mean by giftedness? A pentagonal implicit theory. *Gifted Child Quarterly*, 39(2), 88-94.

Shulman, L. S. (1986). Those who understand: knowledge growth in teaching. *Educational Researcher*, 15(2), 4-14.

Taber, K. S. (2007). Science education for gifted learners? In K. S. Taber (Ed.), *Science Education for Gifted Learners*. New York: Routledge, pp. 1-14.

Tripp, D. (1993). *Critical Incidents in Teaching: Developing professional judgement*. Hove: Psychology Press.

VanTassel-Baska, J. (2003). Selecting instructional strategies for gifted learners. *Focus on Exceptional Children*, 36(3), 1-12.

VanTassel-Baska, J., and Stambaugh, T. (2005). Challenges and possibilities for serving gifted learners in the regular classroom. *Theory Into Practice*, 44(3), 211-17.

Watters, J. J. (2010). Career decision making among gifted students: the mediation of teachers. *Gifted Child Quarterly*, 54(3), 222-38.

Wellisch, M., and Brown, J. (2012). An integrated identification and intervention model for intellectually gifted children. *Journal of Advanced Academics*, 23(2), 145-67. doi:10.1177/1932202x12438877

Wubbels, T., and Brekelmans, M. (2012) Teacher–students relationships in the classroom. In K. G. Tobin, B. J. Fraser and C. J. McRobbie (Eds). *Second International Handbook of Science Education*, pp 1241-55, Springer.

第6章　运用充实三合模型开发科学中的混合型知识：探究式学习模型的应用实践

南希・N. 海尔布龙纳（Nancy N. Heilbronner）　　约瑟夫・S. 伦祖利（Joseph S. Renzulli）

6.1　天赋科学学习者的特质和需求

马克斯（Max）的父母知道他与其他的同龄男孩不同。当其他的六年级学生放学后匆匆回家与朋友待在一起时，Max 却花很多时间去参加天文学俱乐部的活动。晚上，Max 的父母经常发现他在互联网上搜索越来越复杂的概念。他可以熟练地说出并使用诸如"天球"或"开普勒效应"之类的短语。Max 喜欢天文学，对于这个兴趣，他的父母可以追溯到他的六岁生日，当时他们送给了他一架望远镜。那一年，他每晚都要花费几个小时仔细观察那些遥远的太阳和行星。他读了所有他能接触到的关于天文学的东西，并且他的父母在附近的天文馆购买了会员资格。迄今为止，他最大的成就是用他在网上订购的二手零件制造了一架望远镜。当他六年级的科学老师宣布他们将学习天文学时，他赶回家告诉了他的父母。"我们要在科学课上学习一整个学期的天文学"，他兴奋地喊道，"我迫不及待地想开始"！

不幸的是，当 Max 的班级开始学习天文学时，他发现课程内容与他所期望的相去甚远。老师为全班同学准备的简单的阅读材料是 Max 多年前就学过的，并且他们很少将课程内容付诸科学调查。当他的老师问问题时，Max 经常可以不假思索地把答案大喊出来，而这让老师很恼火。在课上他感到非常无聊，因此有一些沮丧，他盯着窗外，希望瞥见白天天空中的一轮落月，而他的思绪也随之从课堂中飘走了。他迫不及待地想回家，这样他就可以为他常规的观星之夜做好准备。

虽然 Max 只是一个虚构的学生，但他的故事浓缩着我们多年来在天赋教育领域教学和研究时的经历，而 Max 面临的困境则是许多天赋科学学习者都曾经历过的。造成这个情况的主要原因是这些学习者的天性和需求与学校常规科学课程不匹配。这种不匹配是不幸的，因为让学生在学业早期就接触科学是至关重要的，而且在科学方面有天赋的孩子通常早在九岁或十岁时就知道他们对科学感兴趣（Feist，2006），并希望将其作为职业。通过适当的、引人入胜的科学课程来保持这种兴趣，似乎会增加这些学生选择科学、技术、工程和数学（STEM）专业并进入 STEM 职业的前景。

6.2　混合型知识

天赋教育领域一些核心的研究（如 Sosniak，1985）指出，具有科学天赋的孩子从蹒跚学步开始就一直在以不同的形式"忙碌于"与科学有关的事情。事实上，许多有天赋的学生在 STEM 方面的早期学习基本上是依靠自己获得的，而不是在课堂上。当 Max 制造自己的望远镜时，他独自了解了组装所需的零件和组装过程。这种类型的知识我们称之为"及时"（just-in-time，J-I-T）知识；这是当个人需要解决当前问题时发生的学习类型。例如，在这种情况下，Max 需要知道如何采购和组装透镜部件，以便望远镜能够正常工作。在这个技术飞速发展的时代，这种类型的信息很容易通过互联网和其他来源获得，聪明的年轻人可以利用大量的学习资源，这些资源比以往任何时候都更多，也更容易获得，甚至可以说，比传统的科学主题教科书要先进得多。

我们将第二种类型的知识称为"待呈现"（to-be-presented，T-B-P）知识。这种类型的知识主要由课程开发专家决定，他们试图就不同年级的课堂上应该传授的知识类型达成一致。最新的改革和测评运动努力使这类知识在美国得以标准化[例如共同核心国家标准（Common Core State Standards）]，而且教科书出版商和测试公司能从生产和测评 T-B-P 知识中获利。然而，要理解课程和学习策略，我们需要将课堂上的知识分为三个组成部分，如图 6.1 所示。

"混合型知识"（blended knowledge）由以下三个部分组成。第一个组成部分也许是最简单的，我们称为"接受型知识"（received knowledge），即通过教科书、讲座、视频等传递的知识。在获得这一混合型知识组成部分时，学习者通常是被动地学习和记忆提供给他们的任何东西。混合型知识的第二个组成部分，我们称为"分析型知识"（analysed knowledge），也就是要求学习者在各种认知过程中使用各种各样的材料、以更积极的方式参与才能获得的知识。例如，学生可以应用、分析、评估、分类、解释、整合、推断或综合所接受的知识。混合型知识的第三个组成部分是"应用和创造型知识"（applied and created knowledge），当学生使用接受型和分析型知识来调查问题或创造对个人来说新的东西时，这种类型的知识就会出现。这里需要指出的是，应用和创造型知识对全人类来说不一定是新的——要强调的是，当它被带到一个没有单一的、预定的正确答案的问题上时，它对个人来说就是新的。例如，当学生写一首诗或一篇短篇小说，创建一个原创的数学问题，或者设计和进行一项科学研究时，他（她）正在创造对他（她）来说新的知识或产品。应用和创造型知识代表了最高级或最先进的学习形式，在某种意义上，它可以被认为是更高层次学习的最终目标，学生应用知识的其他组成部分来实现的目标。

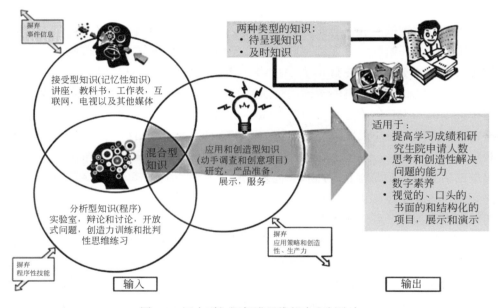

图 6.1　混合型知识促进思维能力和创造力

在美国，由国家研究委员会、国家科学教师协会、美国科学促进会制定的"下一代科学标准"（NGSS）是一套国家科学教学标准。我们通过分析认为这些标准能够非常有效地联系到混合式学习的概念。NGSS 分为学科核心素养（disciplinary core ideas，DCIs）、表现预期、跨学科概念以及科学和工程指标。例如，标准 3-LS-1 是适用于 3 级的生命科学标准：从分子到生物体、结构和过程。该标准的 DCIs 是"繁殖对于每种生物体的持续存在至关重要。植物和动物具有独特而多样的生命周期"。表现预期是"开发模型来描述生物具有独特而多样的生命周期，但都具有共同的出生、生长、繁殖和死亡"（NGSS，2013）。一个跨学科的概念是"变化模式可以用来做出预测"。科学和工程指标是学生需要"开发模型来描述现象"

（NGSS，2013）。对于这个标准，教师必须向学生传授有关生殖组成部分的接受型知识，例如生殖是生命延续所必需的，而了解它发生的机制通常需要掌握其他类型的知识。在这种情况下，学生可能会被要求去发现和描述一种新的生物，并解释它将如何执行基本的生命过程，包括呼吸、能量获取和繁殖。

6.3　真实性学习

混合型学习的概念是真实性学习的自然延伸，后者作为一种学习类型在教育界已经被讨论了数十年。要实现学习活动的真实性，必须满足几个条件（Renzulli et al.，2004）。首先，学习必须专注于发现和解决真实的问题，为了让问题成为真正的问题，学习者必定与问题构建个人联系，这种联系可能是情感上的或认知上的。一般来说，学生试图解决的真实性问题通常在社区范围内，他们在情感上也更有可能倾向于寻找地方性问题的解决方案。然而，有些学生比其他学生更有动力去解决更大的问题——例如，我们可以在学校或社区的垃圾回收利用方面做些什么。重要的是，应该存在一些个人联系的感觉。其次，这个问题也必须是一个"模糊"的问题，或者是一个开放式的问题，其中不存在单一的、预设的正确答案或明确的解决方案，并且它必定以能够改变行动、态度或信念这一宗旨进行建构。最后，问题应该针对真实的受众，或教师、课堂以外的受众（例如，发表的报告、科学展览会、公共场所的展示、向科学俱乐部或社区团体的演示）。除了老师或通常的"课堂报告"之外，观众会给人一种真实性和动力来完善应用或创意项目。在我们的垃圾回收利用示例中，学生可能会开发这样一个系统，将自助餐厅废物的处置分为垃圾和可回收的自助餐厅材料。理想情况下，最好是学生自己选择问题。真实性学习在科学等领域被认为是关键的，而下面介绍的充实三合模型能够自然地将学生带入到这种类型的学习中。

6.4　充实三合模型

Piaget（1976）、Bruner（1961）和 Dewey（1910）等的理论研究成果为充实三合模型（enrichment triad model）（Renzulli，1976）提供了基本原理，该模型被国际上数千所学校使用。该模式的创设基于大量创造性的教学方法和课程实践，这些方法和课程实践起源于针对高能力学生的特殊课程。它的开发旨在通过让学生接触各种主题、兴趣领域和研究领域来激励和吸引学生；并进一步训练他们将高阶的内容、思维技能和研究方法应用于自我选择的兴趣领域（Renzulli，1976）。

充实三合模型是基于人们在自然环境中的学习方式，而不是大多数学校的学习情境所特有的人为结构的课堂和规定的课程环境。充实三合模型已被数千所学校采用和改编，服务于国内外不同的学校人群。三种相互关联的充实类型嵌入在充实三合模型中。

6.4.1　第一类充实：一般探究活动

人们对某个主题、问题或研究领域产生兴趣源于外部刺激、内在好奇心、必要性或这些起点的组合。因此，第一类充实旨在让学生接触常规课程通常不会涵盖的各种学科、主题、职业、爱好、人物、地点和事件。教师通过请人来做讲座、安排小型课程、演示、表演、视频或使用基于互联网的资源（如虚拟实地考察）来组织第一类充实。第一类充实可以在一定程度上激励学生，使他们根据自己的兴趣以创造性和富有成效的方式行事。普通的学校课程项目中有一小部分是专为激发能够进行高阶学习学生的兴趣，或能够作为高阶学习入门而设，第一类充实的主要目标就在于将这部分课程项目选出并囊括进来。第一类充实的内容可以基于常规课程主题或规定主题的创新成果，但该类别中的所有活动都必须有目的地激发个人或小组的新兴趣或现有兴趣，并且，学生在活动之后也应接收到相应的反馈，这包括他们参加后续活动的机会。

6.4.2　第二类充实：团队训练活动

大多数教育工作者都认可有必要在课程中融入更多的训练，以发展高阶思维能力。第二类充实包含了一系列的材料和方法，旨在促进学生思维和感知过程的发展。第二类充实通常在课堂和充实计划中进行。它包括：①发展创造性思维和解决问题的能力；②发展批判性思维；③发展情感过程和性格发展技能；④发展各种具体的学习方法技能；⑤发展适当使用高阶水平的资源和参考材料的技能；⑥发展书面、口头和视觉沟通技能；⑦发展数字素养和 J-I-T 知识的获取和适当应用技能。第二类充实可以融入常规课程主题，也可以作为常规课堂的独立体验或作为特殊充实项目的一部分提供。这也被认为是学生参与第三类充实活动的必要准备。同时，第二类充实还具有与第一类充实活动类似的动机目的。因此，例如，在指导学生使用声级计测量分贝时可以相应地问他们："你已经知道如何测量声音了，那么你还想使用这种仪器研究哪些事情？"

6.4.3　第三类充实：个人或小组解决实际问题

第三类充实包括调查活动和创意产品的开发，学生在其中扮演一手调查员、作家、艺术家或其他类型的执业专业人士的角色。虽然相比成年专业人士，学生的参与在更初级的水平上，但即便水平不如成年研究人员、作家或企业家，第三类充实的首要目的是促进年轻人思考、感受和实践现实中专业人士的做事方式。真正的第三类充实包括以下四个特征：

（1）兴趣的个性化；

（2）使用真实的方法；

（3）没有单一的预定答案；

（4）专为教师以外的受众设计。

第三类充实是一个让学生将各种技能和知识进行融合的工具，这包括从基本技能到高阶内容以及过程技能的所有内容。就像汽车所有独立但相互关联的部件在装配厂聚集在一起一样，这种形式的充实就像"心灵的装配厂"（assembly plant of mind）。这种学习代表了内容、过程和个人参与的综合和应用。学生的角色从课程学习者转变为一手询问者，教师的角色从知识的指导者和传播者转变为教练、资源获取者、导师和"侧面指导"（guide on the side）的组合。

6.5　全校性充实课程模式（SEM）

全校性充实课程模式（SEM）是一种基于充实三合模型教学法的组织化的安排，包括针对成绩优异学生的课程修改程序和评价学生兴趣、学习风格和首选表达方式的工具（Renzulli and Reis，2010）。在不同学区实施 SEM 为制定教学程序和规划替代方案提供了机会，这些程序和方案强调为所有学生提供广泛、高级、充实的学习体验，并将学生对这些经历的多种多样反应方式作为个人或小组相关后续行动的铺垫。图 6.2 描述了 SEM 的各个组件。

SEM 在全球数千所学校实施，旨在将高参与度的充实活动注入一切基于标准的课程主题中。我们制定了一系列教学策略，以落实充实三合模型中提出的学习模式。该模型的组成包括以下内容：

（1）服务内容：这些组成侧重于课程交付。

①总体才能文件包旨在帮助教师了解孩子的兴趣、学习风格和能力。

②课程修正技术允许压缩或消除某些活动，因为学生已经掌握了所需的内容和技能。教师可以将基础性活动替代为更具挑战性的活动。

（2）使用充实三合模型的充实学习和教学。

（3）学校结构：这些组成部分包括学校用来向学生提供学习的组织结构。常规课程、充实活动系列和差异化教学的连续统。常规课程包括我们希望所有学生

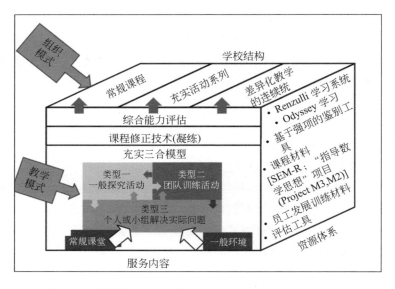

图 6.2 全校性充实课程模式（Renzulli and Reis，2010）

学习的基本技能和知识，但天赋学生可能会更进一步。但我们不建议直接替换掉常规课程，而是将参加第一种、第二种、第三种充实类型的机会融入一切常规课程主题。充实活动系列为学生提供了与在某个主题（例如摄影、技术、写作等）有共同兴趣的其他学生互动的机会，目的是定义一个真实的问题，然后研究这些问题的解决方案。差异化教学的连续统包括年级或基于学科的跳级机会、学校赞助的俱乐部和比赛、课外活动、指导等。有关模型中嵌入的这些和其他机会的完整讨论，读者可以参考 Renzulli 和 Reis（1991，1997，2014）。

（4）资源体系：这些组成部分因学校而异，但它们包括为支持学校开发和实施 SEM 模型而建立的结构。这些组成部分可能包括 SEM 专家和团队负责人、用于培训 SEM 教师的专业员工发展模型等。同样，关于 SEM 模型的完整讨论，读者可以参阅上面列出的参考文献。

6.6　内　容　整　合

通过 SEM 将混合型知识和充实三合模型整合到科学课堂真实的探究式学习中，为学校行政管理人员和教师提供了发展实践课程体验的机会，从而以有意义的方式让学习者参与科学。有意义的方式是指学生将在认知和情感层面上与科学联系起来，并将学习与他们在现实世界中的经历联系起来。在课堂上，这种学习的例子会是什么样子？重新审视有潜质成为天文学家的 Max 会帮助我们理解这个问题；只是这一次，我们将故事的背景转移到教室里，在这个教室里，科学课程是由充实三合模型塑造的。此外，我们将提供每种混合型知识的示例。

6.7　不同的情境总结

这次我们在开学的第一周把 Max 加入到 D 老师的科学教室里。D 老师很兴奋，因为这是她在科学领域实施充实三合模型的第一年。她想用第一周的时间来更好地了解她的学生，所以她给他们做了一项名为"兴趣搜集表"（Interest-a-Lyzer）的调查（Renzulli，1997）。该调查旨在通过询问学生一些类似"如果您有时间和金钱，您想收集哪些东西"的问题来了解学生的兴趣、优势和学习风格。D 老师计划利用学生的回答，为每个学生开发一个总体才能文件包，这将有助于她计划教学。而学生在完成这些新问题时就被视为参与其中。

之后，Max 走近 D 老师的办公桌，喋喋不休地回答一些问题。他告诉她，他会收集望远镜镜头，因为他想看看它们是如何工作的，或者他会收集许多不同的望远镜部件，因为他可以练习将它们组装到一起。他声称曾经尝试过制造一架望远镜，并且能够通过它更近距离地看到火星，以及如何通过望远镜让火星看起来比肉眼看到的更红，同时，他想知道是否所有行星都呈现出不同的颜色，这就是为什么艺术家知道如何在科学书籍中描述它们。D 老师注意到 Max 对天文学具有极大的兴趣。

当 D 老师查看班上的兴趣搜集表时，她再次注意到 Max 似乎对科学（特别是天文学）有浓厚的兴趣。她编制了班级兴趣图；发现其他同学的兴趣的前几位分别是气象、动物和……天文学。Max 原来有同行小伙伴！为了进一步吸引学生，D 老师决定邀请他们感兴趣的领域的专家来举办讲座。她邀请了当地电视台的气象学家、大学的天文学家和动物学家来演讲。她还计划进行两次实地考察——一次是去城市的天文馆，另一次是去大自然保护协会。当 Max 听说天文学家的来访和天文馆之旅时，他几乎无法抑制住自己的兴奋之情。

天文学单元计划在学年初进行，因此 Max 不必等待很长时间。D 老师在为期四周的单元学习开始时进行预评估，以确定学生对单元学习目标的了解程度。她以概念图的形式来管理这种预评估，在评估中，她为学生提供一系列复杂的词汇，并要求学生将它们在一个连贯的组织图中进行整理，从而了解学生对概念的理解程度。Max 能够准确地整理这些单词，甚至添加了一些自己的单词来加强概念图。因此，D 老师认为 Max 已经掌握了该单元的目标，并且需要额外的学习挑战。她将这种掌握记录在一份表格上，即"浓缩课程"（curriculum compactor），这份表格详细描述了该单元的学习目标，她用来确定对目标的掌握程度的预评估以及Max 的成就水平。

D 老师随后邀请了当地天文学家 M 博士，请他向全班同学介绍恒星和行星，星座和星系。他用伽利略卫星拍摄的土星环的彩色增强图像试图激发他们的想象力。他展示了一个工作望远镜，让学生操作它，并且轮流使用它的目镜。当轮到Max 拿望远镜时，Max 急切地与 M 博士进行交谈，M 博士注意到 Max 对望远镜的兴趣并且具有广博的有关望远镜的知识，所以邀请 Max 去天文台拜访他。

在 M 博士的演讲后，Max 完成了一份行动信息表（action information form）并借此正式地向老师表明他对天文学的兴趣。在这个时候，D 老师与 Max 见面并共同设计了一个与天文学领域相关的真实性项目。D 老师向 Max 解释说，因为他已经了解在天文学单元中将要学习的大部分内容，所以他将自己主导来开展这个项目。她称这个项目为第三类充实项目，还告诉 Max 这个项目是具有挑战性的并且与他的兴趣有关，同时要求他使用其他新技能（第二类充实技能）来完成它。

作为自己的第三类充实项目，Max 立刻就知道要做什么。最近，他说服父母带他去天文台——M 博士工作所在的地方。在那里，他注意到该场馆缺乏的是类似望远镜制造一类的能够让学生动手参与的活动。他向老师阐述了他的项目，他想建构一个天文台能够实际利用和展出的展览，一个能够让学生用零件组装望远镜从而让他们更好地了解望远镜如何工作的展览。谈话结束后，D 老师打电话给M 博士，向他描述了 Max 的想法；这位科学家对 Max 的想法很感兴趣，并立即同意每周都与 Max 合作举办展览一次。

Max 开始工作并立即意识到这个项目将需要大量的方案；他还明白，在规划阶段，他需要获得一些新技能。具体来说，他需要发展以下领域的技能：

（1）进一步研究：Max 需要研究望远镜是如何建造的，以及它们是如何工作的；他还需要了解其他博物馆和天文台如何设置类似的展品。他需要访问不同的网站或使用关于望远镜建造的参考资料来记录和组织相关信息，以了解他的展览应该包含的内容。他也可以选择采访策展人，以了解办一个好的展览需要什么，学习如何收集和组织数据。或者，他可以制定一项调查，将问卷发送给 50 位策展人，以帮助他了解办一个好的展览需要什么。

（2）认知：Max 需要创造性地思考他的展览将如何设计。他还需要批判性地思考展览的哪些方面是合适的，哪些是不合适的，并评估展览中每一个逗留点的流程。

（3）如何学习的技能：Max 需要制定一个有组织的并且符合他的设想的计划。该计划需要包括交给天文台的预算表和执行时间表。

（4）沟通技巧：最后，Max 需要向 D 老师和 M 博士介绍他的计划。他可以选择使用高级演示工具（例如 Animot）来进行介绍。

Max 制作了一个优秀的演示稿，并获得了他的老师和科学家的热情支持，他们对演示稿提出了一些建议，Max 也在演示稿中融入了这些建议。接下来，Max 必须向天文台负责人提出他的想法并争取获得批准。他为展览推算出了一个合理的预算，负责人因此看到了这个项目的优点，并支持 M 博士继续与 Max 合作。

现在，真正的工作必须开始了。Max 在接下来的几个月里研究、规划、创作和组织他的展览。他的同学也用他们的才能和材料来支持这项工作。在项目接近尾声时，天文台举办了一个开放日来介绍 Max 的新展览，他看着周围学校的学生参观天文台，并且轮流组装望远镜。然后，Max 转向 M 博士并对他说，他有一个关于如何将展览变成应用程序的想法，M 博士听到之后露出了微笑。

Max 的故事并没有就此结束。因为他的热情，他能够进一步开发他的望远镜，改进它以接收来自越来越远的光脉冲。有一天，当他弯下头做他的工作时，他发现了一种新的方法来改进望远镜的镜头，这个方法是他在教科书中从未见过的。

6.8　总　　结

本文介绍的第二个案例是一种真实的、探究式的学习的应用。Max 致力于解决一个复杂、混乱的问题，这个问题是为课堂外的观众准备的。他为了构建展览而所需进行的研究、组织信息、评估和批判性和创造性思考等过程使他习得了一套 J-I-T 技能。这些 J-I-T 技能和知识经常在我们解决现实世界的问题时自然而然地出现，而不是 Max 参加常规课程时获得的 T-B-P 技能和知识。由于 Max 不得不摆脱被动接受型知识的世界，他成为一个更加积极和投入的学习者。并不是说 Max 没有从以前的 T-B-P 技能中受益，毕竟那让他获得了接受型知识，甚至这些技能在开发展览时也有所应用。然而，在这一领域中，他已经不能从常规课程中获益。通过应用以前的学习，他能够掌握分析型知识及应用和创造型知识的混合型知识组成部分。他以积极的方式并通过各种认知过程（分析型知识）处理材料（接受型知识），并将这些知识应用于创造新的东西（应用和创造型知识）。同样，该产品对全人类来说并不陌生，但对 Max 来说是新的。

6.9 结　　论

无论我们喜欢与否，预定的、标准驱动的常规课程占据着主要位置是现实。我们并不是质疑接受型知识的重要性，也不是在呼吁激进地取代常规教育，事实上，它们长久以来都占据着主要位置，未来也将如此。但是，我们建议，基于理论的充实模型（充实三合模型）和组织计划（全校性充实课程模式）可以融入传统的学校教育方法中。每所学校和课堂都有像 Max 这样聪明的年轻人。为了让这些学生发挥潜力，对教学计划作一些易于实施的修改，将课程难度提高到富有挑战性的、个性化的水平，有助于避免课程对他们来说变得无聊，同时鼓励他们认真考虑从事 STEM 职业。一个附加的回报是，所有学生都将受益于基于充实模型的三个主要目标——乐趣，这不仅能够使得学生愿意参与进来，而且也能够提高学生的学习热情。

参 考 文 献

Bruner, J. S. (1961). The act of discovery. *Harvard Educational Review*, 31(1), 21-32.

Dewey, J. (1910). *How We Think*. Lexington, MA: DC Heath. doi:10.1037/10903-000

Feist, G. (2006). The development of scientific talent in Westinghouse finalists and members of the National Academy of Sciences. *Journal of Adult Development*, 13(1), 23-35.

NGSS (Next Generation Science Standards) (2013). Next Generation Science Standards: For states, by states. Retrieved from http://www.nextgenscience.org/next-generationscience-standards.

Piaget, J. (1976). *The Grasp of Consciousness: Action and concept in the young child*. Trans by S. Wedgwood. Oxford: Harvard University Press.

Renzulli, J. S. (1976). The Enrichment Triad Model: a guide for developing defensible programs for the gifted and talented. *Gifted Child Quarterly*, 20(3), 303-26.

Renzulli, J. S. (1997). *The Interest-a-Lyzer: A family of instruments*. Waco, TX: Prufrock Press.

Renzulli, J. S., and Reis, S. M. (1991). The schoolwide enrichment model: a comprehensive plan for the development of creative productivity. In N. Colangelo and G. A. Davis (Eds), *Handbook of Gifted Education*. Boston: Allyn and Bacon, pp. 111-41.

Renzulli, J. S., and Reis, S. M. (1997). *The Schoolwide Enrichment Model: A how-to guide for educational excellence* (2nd edn). Mansfield Center, CT: Creative Learning Press.

Renzulli, J. S., and Reis, S. (2010). The Schoolwide Enrichment Model: a focus on student strengths and interests. *Gifted Education International*, 26(2-3), 140-57.

Renzulli, J. S., and Reis, S. M. (2014). *The Schoolwide Enrichment Model: A how-to guide for educational excellence* (3rd edn). Waco, TX: Prugrock Press.

Renzulli, J. S., Gentry, M., and Reis, S. M. (2004). *A Time and Place for Authentic Learning*. Retrieved from http://gifted.uconn.edu/wp-content/uploads/sites/961/2015/02/Authentic_High-End_Learning. pdf.

Sosniak, L. A. (1985). Becoming an outstanding research neurologist. In B. S. Bloom(Ed.), *Developing Talent in Young People*. New York: Ballantine Books, pp. 348-408.

第 7 章　让学生参与科学文献分析：提高天赋学生对科学兴趣的实践策略

威廉·L. 罗明（William L. Romine）　　特洛伊·D. 萨德勒（Troy D. Sadler）

概念转变是一个适用于所有学生的多维度框架，这里所说的学生包括那些被贴上天赋标签的学生。概念转变的认识论和本体论层面的问题已经在许多教育研究中有所探索，而概念转变的情感层面的问题受到的关注则相对较少（Treagust and Duit，2008）。天赋学生对学习科学以及追求科学事业的兴趣是非常值得教育研究关注的主题；因为在未来，天赋学生最有潜力成为成功的科学家。如何让天赋学生对科学产生兴趣这方面的研究成果很多，但遗憾的是研究者并没能很好地将它们融入传统课堂教学中。

科学教学旨在让所有学生成为有科学素养的人（AAAS，1989，1993），这让科学教师面临着让教学尽可能适应大多数学生的压力（Gallagher et al.，1997）。这些授课方法或许能够最大限度让学生接受科学教育活动，但却不一定能激发天赋学生对科学的热情，以及追求科学事业的激情。长久以来在传统的教学方法下，选择攻读科学、技术、工程和数学（STEM）学位的学生比例几乎没有得到增长（Maltese and Tai，2011），这表明社会在引导天赋学生攻读 STEM 课程、选择与 STEM 相关的职业上所做的努力成效并不大。

例如，我们的研究团队在最近的项目中对一个课程进行了研究。这个课程针对的是选读生物科目的高中学生，主题是改进型生物技术。研究的结果表明，我们使用的干预措施能很好地促进学生学习生物科学中的核心概念，并且，与学习成绩更好的学生相比，这段学习经历对学习成绩较差的学生的影响明显更大（Sadler et al.，2013）。尽管研究表明，这些干预措施能让学生取得一些学习成效，但在提高学生对科学和科学职业的兴趣上，并没有产生明显的影响（Romine et al.，2014；Sadler et al.，2015）。课堂观察数据和教师反馈表明，能够改善成绩较差学生学习过程的干预维度反而会让许多天赋学生感到沮丧（Eastwood and Sadler，2013；Sadler et al.，2014）。

由于用于改善 STEM 教育的项目资金主要针对的是弱势群体社区中的那些高危学生，这也成为限制天赋学生获得具有创新性的教学机会的另一个重要因素。虽然在教学中尽可能照顾所有学生并着重关注高危学生是非常值得赞扬的事情，但这也有相应的缺陷，比如忽视了天赋学生及其特殊的学习需求，这会导致所有年龄段的大多数天赋学生都注定要忍受无聊、不断重复相同知识的课堂（Gallagher et al.，1997）。

有天赋的学生通常都具备许多被我们认为是与天赋相关的能力，例如能记忆大量的知识、有逻辑能力等。然而，Watters 和 Diezmann（2003）认为，如果不通过有意义的学习活动将这些能力用于促进原创思想、创造力和推理能力，那么这些被认为是天赋的能力在 21 世纪是毫无价值的。课外活动和社团经常被看作是补充课堂活动的方式，以鼓励天赋学生发展上述能力。例如，头脑奥林匹克（Odyssey of the Mind）、科学奥林匹克和第一届机器人竞赛等项目，都帮助了 K-12 学生获得更多学习经验，通过这些项目，学生参与了更高层次的学习，获得了更多解决问题的机会。诸如未来健康专家（Future Health Professionals，HOSA）这样的组织已经发展起来，以丰富初中和高中学生的健康和生物教育经历，并提高学生对健康专业的兴趣。一些政府资助的项目也包含让学生到课堂和课外学习的机会，例如国家科学基金会（National Science Foundation，NSF）资助的 Mission Biotech（Sadler et al.，2013）和霍华德·休斯医学研究所（Howard Hughes Medical Institute，HHMI）资助的 Maps in Medicine（O'Malley，2011）。此外，STEM 学校的理念是，所有学科领域，包括阅读、写作和历史，都可以在科学、技术、工程和数学主题的背景下进行教学，并且可以帮助学生更好地为从事 STEM 相关职业做好准备（Scott，2012）。

虽然上述在教育方面的付出已经惠及许多天赋学生，但还有更多的天赋学生没有意识到或根本不能获得能够帮其激发并产生对 STEM 研究和 STEM 相关职业新兴趣的机会。课外学习机会，例如参与真实研究的经验，是让天赋学生参与有意义的 STEM 学习这个整体策略中的一个重要部分；然而，课外活动通常情况下无法惠及大多数天赋学生。我们提议，在科学课堂内也必须有机会让学生参与 STEM 学习和探究，以确保所有天赋学生都能培养他们的 STEM 素养和兴趣。我们认为在 STEM 课堂内进行的参与性体验是对课外活动的重要补充。

7.1　研　究　目　的

将科学探究纳入科学课堂听起来像是一项令人生畏的工作。然而，科学探究可以采取多种形式，从引导式到完全开放式，不同的探究方法皆可以有效地促进学生的概念转变（Sadeh and Zion，2009）。此外，科学探究经验能更有效地促进学生的科学学习以及学生科学自我效能感的发展（Yoon，2009）。在一门本科层次的入门非主修环境核心科学课上，我们对比了开放式和引导式探究这两种分析科学文献的方法，在提高学生对环境科学的学习兴趣、职业追求和态度上的不同。我们之所以选择将科学文献融入课堂，是因为我们相信这种做法不需要考虑实验室或设备的限制，大多数课堂都可以做到科学文献的融入，从而促进引导式和开放式的探究活动。

7.2　样本和研究设计

我们应用了一个准实验设计跟踪半个学期以来，学生分别在引导式和开放式科学文献阅读方法下，对科学和技术的兴趣的比较成效。我们从一个非主修的环境核心科学课程中选取了 91 名学生作为样本。在学期最后八周的三个时间点（前、中和后）对学生的兴趣进行测量，测量使用的工具是"学生技术科学兴趣量表"（Student Interest in Technology and Science，SITS），该工具通过了 Rasch 验证，且根据环境科学的内容进行了相关的调整（Romine and Sadler，2014）。

来自同一个班级的 30 名学生参加了引导式探究方法小组。这个小组被指定在学期的最后八周阅读一篇期刊文章，名为"全球文明的崩溃可以避免吗？"（Ehrlich P R and Ehrlich A H，2013）。指导老师大约每两周针对文章的各个部分给出 5 项测验，每项测验包括5～7 个问题。这些测验侧重于考查学生记忆该文章的各个方面，主要目的是让学生在来上课之前阅读指定的章节。学生们还可以带着自己想讨论的问题来上课，这些问题将作为课堂讨论的基础。

61 名学生参加了开放式探究方法小组。学生们需要明确自己在环境领域感兴趣的一个角度，并寻找、阅读和评论一篇涉及该兴趣的学术文章。学生可以选择原创研究、文献综述或元分析等方法分析文章。在作业开始时，导师向学生展示了如何使用图书馆数据库（如 EBSCO）和公共数据库（如谷歌学术）查找学术文章，并解释了如何区分学术文献和非学术文献。学生需要完成一份 5 页的文献综述，并在学期末时提交。该文章的 5 页内容中需包括半页的文章介绍、1 页的方法总结、1 页的结果总结、1～1.5 页的讨论总结和1～1.5 页的个人评述。

7.3　统　计　模　型

学生在 SITS 工具中的回答为以下四个情感变量提供测量：①对学习科学的兴趣；②对使用技术学习科学的兴趣；③对环境科学职业的兴趣；④对环境科学的态度。学生在四个维度中定位的依据是 Rasch 模型输出的 logits 值。logits 值作为一种方便的通用指标，我们将它的范围基准设定为 0，方差为 1，通过它我们得以比较所有子维度的结果。为了评估两种干预措施之间每个维度的差异性变化，我们采用了非结构化随机效应协方差结构的多层次线性混合模型（Hedeker and Gibbons，2006），工具使用了 SAS 统计软件包。其中，我们将时间（time）（编码：前=0，中=1，后=2）和随时间变化的处理的相互作用（treatment-by-time interaction）界定为实验对象内部的连续变量，而处理（teatment）（编码：引导式询问=0，开放式询问=1）则界定为实验对象之间的分类变量。其中，我们把截距项（intercept）和时间（time）看作是模型中的随机效应，也就是说，它们在不同学生之间可以有所不同。我们使用第 3 类型 F 检验来评估时间、处理和随时间变化的处理的相互作用的显著性。回归系数用于确定重要参数关系的方向。

7.4　研　究　结　果

7.4.1　干预早期学生的兴趣情况

在上述模型中，截距项表示在项目开始时使用引导式探究方法的学生在 Rasch 模型中 logits 区间上的平均位置。由于 Rasch 模型中 logits 区间以 0 为中心，这可以用来解释学生开始显著高于或低于区间的中心。在这个阶段，显著的截距项包括：对使用技术学习科学的兴趣（$F_{1,113.3}=8.05$，$p=0.005$）、对环境科学职业的兴趣（$F_{1,121.6}=21.25$，$p \ll 0.001$）和对环境科学的态度（$F_{1,102.6}=44.55$，$p \ll 0.001$）。这表明，对使用技术学习科学的兴趣（$b=1.39$，$SE_b=0.49$）（图 7.1）和对环境科学的态度（$b=4.03$，$SE_b=0.60$）（图 7.2）的平均起始位置为正，对环境科学职业的兴趣（$b=-2.32$，$SE_b=0.50$）的平均起始位置为负（图 7.3）。

上述模型中的处理效应（treatment effect）测试了在干预开始时，开放式探究方法小组与引导式探究方法小组之间存在显著差异。结果显示，唯一有意义的处理参数是对环境科学的态度（$F_{1,100.6}=15.62$，$p \ll 0.001$）。在干预开始时，开放式探究方法小组对环境科学的态度（图 7.2）要比引导式探究方法小组平均低 2.91 logits

（$b=-2.91$，$SE_b=0.74$）。

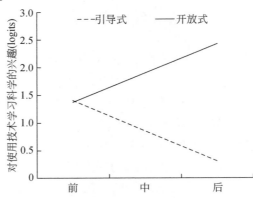

图 7.1   开放式和引导式探究方法小组对使用技术学习科学的兴趣趋势

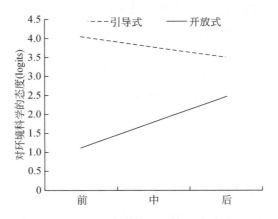

图 7.2   开放式和引导式探究方法小组对环境科学的态度趋势

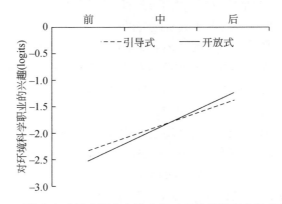

图 7.3   开放式和引导式探究方法小组对环境科学职业的兴趣趋势

7.4.2　干预的差异化效果

结果显示，时间对使用技术学习科学的兴趣（$F_{1,109.6}=3.25$，$p=0.07$）和对环境科学职业的兴趣（$F_{1,86.9}=3.24$，$p=0.075$）的影响在 $\alpha=0.10$ 水平上是显著的。而对使用技术学习科学的兴趣的回归系数是负的（$b=-0.54$，$SE_b=0.30$），这意味着在引导式探究方法小组中，学生的兴趣呈现明显下降趋势（图 7.1）。学生对环境科学职业的兴趣的回归系数为正（$b=0.47$，$SE_b=0.27$），表明在整个干预过程中，引导式探究方法小组的学生的兴趣有显著的正增长。在对环境科学职业的兴趣方面，随时间变化的处理的相互作用并不显著（$F_{1,83.6}=0.26$，$p=0.61$），这表明在知识的获取方面，开放式探究方法小组与引导式探究方法小组具有统计学意义的相似性（图 7.3）。

两种探究方法在对使用技术学习科学的兴趣（$F_{1,104.9}=8.71$，$p=0.004$）和对环境科学的态度（$F_{1,173.7}=4.34$，$p=0.039$）方面存在明显差异。对使用技术学习科学的兴趣的交互参数为正（$b=1.07$，$SE_b=0.36$），表明开放式探究方法小组在这种方式下的成果明显高于引导式探究方法小组。图 7.1 显示，在这八周内，引导式探究方法小组学生的兴趣有所下降，而开放式探究方法小组学生的兴趣却有所提高。开放式探究方法小组在对环境科学的态度上的提高也明显大于引导式探究方法小组（$b=0.94$，$SE_b=0.45$）。在这八周内，开放式探究方法小组学生的态度有所上升，而引导式探究方法小组学生的态度却略有下降（图 7.2）。这个结果很耐人寻味，它很可能是由天花板效应（ceiling effect）造成的，因为在干预开始时，引导式探究方法小组对环境科学的态度明显高于开放式探究方法小组。

7.5　讨　　论

这项研究的结果表明，引导式和开放式探究方法都可以影响所有学生对科学兴趣的变化。有趣的是，虽然本研究中的学生在开始时对从事环境科学职业的兴趣都相对较低，但数据表明，引导式和开放式探究方法都在半个学期内促进了学生对科学职业兴趣的增长。虽然这种变化在传统的 0.05 的显著性水平上并不明显，但需要注意的是，在短短几周时间内让个人的职业兴趣发生明显变化本身就是很难的事情，因为个人对 STEM 职业的兴趣本应通过其一生的经历而建立起来（Alexander and Jetton，1996）。

在对使用技术学习科学的兴趣这方面，引导式和开放式探究这两种方法显示出了差异最大的变化。鉴于干预措施的结构，我们不认为这种成效的差异是由于引导式和开放式探究方法本身造成的，而是由于这些方法的实施方式导致的。具体来说，利用互联网作为学习工具，要求学生确定一个与环境科学相关的特定兴趣领域，并在互联网上找到与该兴趣领域相匹配的学术文章，这是开放式探究方法的核心。而引导式探究方法小组的学生被老师指定阅读一篇文章，这些学生没有得到关于使用互联网进行研究的明确指导或经验。这使得 Powerpoint 成为引导式探究方法小组学生在课堂上唯一体验到的学习技术。对于一个有兴趣帮助学生在一个越来越注重 STEM 的社会中，成为见多识广的、善于社交的公民的科学教师来说，这一结果振奋人心。它表明，将关于如何使用互联网进行研究的明确指导整合到传统的课堂环境中，这样简单的事情可以帮助学生认识到将技术作为学习工具的作用。另外，我们的数据表明，如果教师仅在传统讲座和论文中使用技术，那么学生将越来越抗拒利用技术进行科学探究。计算机和智能手机在所有学校环境中已经无处不在，科学文献的阅读和分析可以融入任何科学课程。无论教师是告诉学生要探索什么，还是要求学生自己设计学习旅程，像 EBSCO 和谷歌学术这样的学术搜索引擎都让知识的海洋变得无限广阔。

本章所报告的数据搜集于非科学专业的本科生，他们的目标仅仅在于满足核心科学课程的要求。乍一看，这似乎不能作为天赋学生的代表性样本。这让我们不禁要问，一个有代表性样本的研究会是什么样子？有天赋是否意味着有数学推理的能力？是否意味着卓越的语言能力？是否意味着有创造的能力？只拥有这些特质中的一些而不是全部的学生，会被认为是有天赋的还是无天赋的？我们在多大程度上可以相信我们对那些与天赋相关的特征的衡量？

鉴于对"天赋"标签的实际含义仍缺乏共识（Sternberg and Davidson，2005），有目的地对天赋学生进行抽样是一项有争议的工作。此外，这样的样本并不能反映真实课堂的情况，因为真实的课堂混合了具有不同背景、能力和兴趣的学生。为了在传统课堂范围内惠及天赋学生，在不疏远其他学生的前提下，我们必须为那些被贴上"天赋"标签的学生开展教学活动。我们认为，在传统的课堂环境中，引导式和开放式阅读和分析学术文献这样的探究活动有助于推动不同学生群体的情感变化。非科学专业的本科生是一个多元的群体。我们认为，如果这些类型的活动能够提高他们对于科学的兴趣，那么它们也可能适用于科学专业的本科学生和高中生。未来的研究将需要对这些立场提供支持或反驳。

科学文献的阅读和分析是众多基于科学实践的活动之一，这些活动可以融入各种学术水平的传统课堂环境中，以为天赋学生提供支持并提高他们对科学的兴趣。相比于需要花大价钱的科研活动或者课程改革，像这样一个课堂小作业的效果并没有得到公众的认可，但我们须认识到，高质量的课堂教学也是无可替代的。

让我们设计我们的课堂，使课外活动弥补课堂教学的缺陷，而不是可有可无地增补。无论我们如何定义"天赋"，我们都需要努力将枯燥、重复的课堂转向以具有挑战性、基于实践的探究作业为中心的教学，这能够提高具有天赋的青少年学生对 STEM 研究和职业的兴趣。

参 考 文 献

AAAS (American Association for the Advancement of Science) (1989). *Science for All Americans: Project 2061*. New York: Oxford University Press.

AAAS (1993). *Benchmarks for Science Literacy*. New York: Oxford University Press.

Alexander, P. A., and Jetton, T. L. (1996). The role of importance and interest in the processing of text. *Educational Psychology Review*, 8(1), 89-121.

Desai, K. V., Gatson, S. N., Stiles, T. W., Stewart, R. H., Laine, G. A., and Quick, C. M. (2008). Integrating research and education at research-extensive universities with research-intensive communities. *Advances in Physiology Education*, 32(2), 136-41.

Eastwood, J. L., and Sadler, T. D. (2013). Teachers' implementation of a game-based biotechnology curriculum. *Computers and Education*, 66, 11-24. doi: 10.1016/j.compedu.2013.02.003

Ehrlich, P. R., and Ehrlich, A. H. (2013). Can a collapse of global civilization be avoided? *Proceedings of the Royal Society B: Biological Sciences*, 280(1754), 20122845.

Gallagher, J., Harradine, C. C., and Coleman, M. R. (1997). Challenge or boredom? Gifted students' views on their schooling. *Roeper Review*, 19(3), 132-6.

Gess-Newsome, J., Southerland, S. A., Johnston, A., and Woodbury, S. (2003). Educational reform, personal practical theories, and dissatisfaction: the anatomy of change in college science teaching. *American Educational Research Journal*, 40(3), 731-67.

Hedeker, D., and Gibbons, R. D. (2006). *Longitudinal Data Analysis*. New Jersey: John Wiley and Sons.

Maltese, A. V., and Tai, R. H. (2011). Pipeline persistence: examining the association of educational experiences with earned degrees in STEM among US students. *Science Education*, 95(5), 877-907.

O'Malley, J. (2011). The Maps in Medicine program: an evaluation of the development and implementation of life sciences curriculum. Doctoral dissertation, Saint Louis University, Saint Louis, MO.

Romine, W. L., and Sadler, T. D. (2014). Measuring changes in interest in science and technology at the college level in response to two instructional interventions. *Research in Science Education*, 1-19.

Romine, W., Sadler, T. D., Presley, M., and Klosterman, M. L. (2014). Student Interest in Technology and Science (SITS) survey: development, validation, and use of a new instrument. *International Journal of Science and Mathematics Education*, 12(2), 261-83.

Sadeh, I., and Zion, M. (2009). The development of dynamic inquiry performances within an open inquiry setting: a comparison to guided inquiry setting. *Journal of Research in Science Teaching*, 46(10), 1137-60.

Sadler, T. D., and McKinney, L. L. (2010). Scientific research for undergraduate students: a review of the literature. *Journal of College Science Teaching*, 39(5), 68-74.

Sadler, T. D., Romine, W. L., Stuart, P. E., and Merle-Johnson, D. (2013). Game-based curricula in biology classes: differential effects among varying academic levels. *Journal of Research in Science Teaching*, 50(4), 479-99.

Sadler, T. D., Eastwood, J. L., Romine, W. and Annetta, L. (2014). Mission biotech: using technology to support learner engagement in STEM. In R. E. Yager and H. Brunkhorst, *Exemplary STEM Programs: Designs for Success*. Arlington, VA: NSTA Press.

Sadler, T. D., Romine, W. L., Menon, D., Ferdig, R. E., and Annetta, L. (2015). Learning biology through innovative curricula: a comparison of game- and nongame-based approaches. *Science Education*, 99(4), 696-720.

Scott, C. (2012). An investigation of science, technology, engineering and mathematics (STEM) focused high schools in the US. *Journal of STEM Education: Innovations and Research*, 13(5), 30-9.

Sternberg, R. J., and Davidson, J. E. (Eds) (2005). *Conceptions of Giftedness*. New York: Cambridge University Press.

Subotnik, R. F., Duschl, R. A., and Selmon, E. H. (1993). Retention and attrition of science talent: a longitudinal study of Westinghouse Science Talent Search winners. *International Journal of Science Education*, 15(1), 61-72.

Treagust, D. F., and Duit, R. (2008). Conceptual change: a discussion of theoretical, methodological and practical challenges for science education. *Cultural Studies of Science Education*, 3(2), 297-328.

Watters, J. J., and Diezmann, C. M. (2003). The gifted student in science: fulfilling potential. *Australian Science Teachers Journal*, 49(3), 46-53.

Yoon, C. -H. (2009). Self-regulated learning and instructional factors in the scientific inquiry of scientifically gifted Korean middle school students. *Gifted Child Quarterly*, 29, 1-14.

第8章　科学的本质与天赋学生的教学

基思·S. 泰伯（Keith S. Taber）

倡导学校科学更加重视科学本质（NOS）的教学已经成为了科学教育领域的国际趋势。我们有充分的理由认为应该将 NOS 教学纳入所有学生的学校课程中，下文将会简要阐述。本章的主要论点是探讨 NOS 教学在满足那些有时被贴上"天赋"标签的学生的教育需求的潜力。有人认为，就其本质而言，NOS 教学能够吸引那些在科学方面有天赋的学生，并为他们提供具有挑战的学习机会。

8.1　我们应该如何规划科学课程？

本书的读者应该都认同科学或众多科学学科值得在义务教育课程中占有一席之地，孩子们应该学习这些课程并以此作为他们正规教育和为公民生活做准备的一部分。这一观点可以从下列多种论述中得到支持。

（1）社会需要大量的科学家、工程师和技术人员，以及其他在依赖科学的领域工作的人，在这些领域工作可以获得不错的报酬（不出意外的话，通常有着体面的薪水），因此应该鼓励年轻人考虑从事此类工作，并为之做好准备。（我将其称为经济理由。）

（2）学校的使命是向年轻人传递关于文化的各个方面——音乐、绘画、文学等。而科学作为人类文化的重要组成部分，所有年轻人都应该学习。（我将其称为文化理由。）

（3）科学对于经济、医学、环境等具有非常重要的应用和启示。年轻人终将进入成年人世界，在那里，他们将扮演消费者、选民和（至少是潜在的）公民活动家的角色，并需要在有关科学资源配置和监管以及科学成果应用等重要问题上表明立场。（我将其称为公民理由。）

（4）学校教育在很大程度上关注道德和智力发展，因此应该为年轻人提供发展他们的思维能力的机会。（我将其称为发展理由。）

　　上述都是关于这个主题的重要论点。在讨论科学课程的本质（教师要教什么和学生希望学到什么）时，我们应该考虑科学教育的目的（或众多目的），而且学校科学课程内容的确定也会受到所考虑的众多教育目的的相对权重的影响。

　　上面列出的第一个基本理由，即经济理由，是一个重要的基本理由，但本质上并不暗含着任何特定的课程内容。然而不可否认的是，习惯和实践告诉我们，人们总会对科学课程应该包括的内容有一些预期，特别是大学等研究机构，因为这决定了它们如何安排义务教育后续的课程（如学位、文凭、学徒项目等）。也就是说，学校课程通常会受到来自"更高层次"的"自上而下"的影响。普通教师认为先前学习是学生借以发展有效支持其深入学习的必备知识（Taber，2015）。然而，高等院校的教师总觉得自己需要重新讲授一遍学生先前就应该已经学过的知识，这些内容应该调整到义务教育课程阶段的理由是充分的，"原则上"无法反驳（除非这些内容被认为与大多数学生兴趣的相关性有限和（或）这些材料对于许多学生而言难以应对）。

　　通识教育论点（即文化理由）是另一个重要的视角，它提出每个人都应该接触科学的理由是因为科学是文化的一个重要部分（Snow，1959/1998）。但是，学校科学通常教授的许多主题并不明显体现这个目的。可以说，每个受过教育的人都应该理解能量守恒定律、物质的粒子理论以及自然选择的一般原则。我们倾向于认为在学校科学课上教授的许多其他内容——比如库仑定律、氧化数或焰色试验等都属于文化参与必不可少的范畴，但这个目的并不那么显而易见。这也并不是说教授此类主题就没有（译者注：除文化参与以外）其他论点，而学生即便不懂（例如）哪种金属含有使火焰变成紫丁香色的盐的知识，他们也可以被认为受到了合理的培养。

　　应用/启示论点（公民理由）也是一个重要的论点。我们或许希望人们对核电站的工作原理有足够的了解，从而理解关于核能发电的优势和潜在风险的争论，以及理解为什么抗生素在病毒感染时无济于事。我们很难准确地知道什么知识库将与未来几十年的关键社会问题相关（尽管能源和环境领域可能仍是社会关注的焦点）。不过，在这里可以说，相比掌握与科学议题有关的特定知识，充分理解"科学是如何运作的"（Toplis，2011）以及如何用科学证据来发展、挑战和修正科学知识也是同等重要的（甚至更加重要）（Millar and Osborne，1998）。

　　上文提及的最后一个目的（发展理由）关注的是教育这项事业如何从发展的意义上为学生提供支持，这与特定教学是一致的。从这个意义上，在培养学生思维能力方面 NOS 教学被认为具有潜在的重要价值。科学关注的是提出假设，并通过精心设计测试实验，获得相关数据以检验假设，这些数据能够证实或否定假设

（请参阅下面关于实验测试的讨论）。这是一个合乎逻辑的过程，科学也常常与数学一起作为培养逻辑思维能力的课程领域。

众所周知，学龄学生在以下两个方面往往会遇到相当大的困难：①为科学假设设计合理的实验；②从得当的实验测试产生的数据中对假设进行合理的逻辑推论。但是，这也正好说明了此类活动在支撑"科学思维能力"培养方面的价值，学生可以在日后的现实生活情境中利用这项能力进行合理决策。然而，一些学生比他们的同龄人更早地掌握了合理实验的逻辑，并且他们在如何测试特定假设或从测试结果中做出有效推论方面几乎不会觉得困难。这或许是判定这些学生在科学方面有天赋的充分理由，我们也因此认识到，那些基于直接的、一视同仁的测试活动对天赋学生的大部分同学具有挑战性，但对天赋学生本身而言却是缺乏教育意义的（见本书第 1 章）。

8.2　什么是科学本质？

NOS 关注科学知识发展的过程，同时也关注科学知识的本质。提出假设并使用实验方法来检验科学理所当然是 NOS 的一部分。NOS 的这一方面通常在课程中得到很好的体现——即便有时候是以这样一种支离破碎的形式出现，以致科学活动失去了所有真正意义上反映真实科学的实践（Taber，2008）。然而，科学史、科学哲学和科学社会学方面已有的很多研究（Gilbert and Mulkay，1984；Kuhn，1996；Lakatos，1970；Latour and Woolgar，1986；Popper，1934/1959）表明：

（1）许多科学领域很难开展真正的所谓实验（即对自然的干预），因此不得不依赖对"自然实验"的观察；

（2）科学工作中简单和直接的实验难以成为科学假说被接受或拒绝的重要依据（事情通常比这要复杂得多）；

（3）科学研究往往发生在正在进行的研究项目中，因此每项研究都会逐渐增加缓慢发展中的（并且往往越来越复杂的）证据基础；

（4）研究项目必然依赖于一些没有经过检验的但必须在项目中进行的基本假设［因此所有观察都在某种程度上是理论渗透的（theory-laden）］；

（5）任何实验检验都不足以证明一个假设是正确的，因为总会有其他可能的符合数据的解释（即使在还没有人想到它们的时候，而且它们也许看起来不那么可信）；

（6）没有实验测试可以绝对否定一个假说，它们能做的只是将该假说与其他各种假设结合起来——即关于所使用的实验和分析仪器的理论；关于设备的运行，或化学品是否纯净或电源是否被中断；关于技术人员在设置实验时遵循的指南；关于观察者正确地观察结果等（因此负面结果总是可以被解释的）；

（7）让更广泛的群体接受科学思想会是一个缓慢的过程，这一定程度上取决于修辞和其他实验外的因素，以及个别科学家可能有某些（理论的、形而上学的、经验的）信念或个人偏见，这些信念或偏见可能影响他们对证据的评价。科学家也不是完美的人。

考虑到真正科学工作的复杂性，教师适当地简化关于科学思想发展的阐述也是合理的，这能够满足他们所教的学生的需求（Taber，2008）。然而，与教大多数学生时相比，教授天赋学生时我们应当使用较少被简化和删减的科学故事。

8.3　所有学生都需要了解科学本质

如果科学教学的目的是强调当前的科学思想并帮助学生去理解它们，那么那些各种各样的复杂性就会被视为不受欢迎的"噪声"，因为它们会使学生更难理解我们所传递的"信号"。教学作为修辞性的总结活动（Schwab，1962）侧重于科学家目前认为可能的情况，从这个角度而言学生可以侧重于学习大量的科学（即大量科学内容）而无须过多关注其中可能引申出来的 NOS（即与过程相关的）的内容。然而，越来越多人认为，科学教育的一个关键目的是满足公民理由，以便离开学校系统的人（个人和集体）可以更好地参与有关公共问题的决策过程，例如是否应该致力于垃圾回收；是否支持建设更多的风能和太阳能"发电厂"；公共资源是否应该用于减少二氧化碳排放；等等。而这需要公众理解科学论据、相信科学的价值的同时又对所有主张有适当的怀疑，并相信科学可以提供强有力的基于证据的论据来为决策提供信息。公众依赖媒体获取科学信息并非微不足道，关于这个有很多例子可以加以讨论，但在这里我主要探讨两个：其中一个具有全球性的重要性，另一个则与许多人息息相关。

气象学家几乎不会怀疑气候正在发生变化，并且人类活动对大气的输入是一个促成因素。然而，气候变化的幅度和速度、人类活动造成的变化的比例，以及人类行为的改变能够带来多大的改进显然都是不确定的。因此，一些科学家（反对一般共识）会争辩说，没有必要投入大量资源，也没有必要牺牲工业生产力和国际发展来减少温室气体排放。要理解这一点，就需要对 NOS 有一个复杂的理解，而不能将人类对气候变化的影响视为"仅仅是一种理论"——将它们视作只是一些科学家所提出但尚未得到"证实"的想法。

科学教育的一个关键问题是科学知识的地位。学生通常认为科学教授的是事实，他们认为的科学思想通常有两种形式（Lederman N G and Lederman J S，2014；Taber et al.，2015）。第一种形式通常被贴上"理论"（theories）的标签，但学生通常认为它只不过是科学家提出的猜想、假说、直觉等。在日常生活中，人们通常会说"这只是一个理论"（It is just a theory.），意思是这只是一个建议或想法。但在科学理论中，理论"不仅仅是"某人的想法，而是"对自然世界各方面的一致、全面、连贯和广泛证明的解释"（Qualifications and Curriculum Authority，2007）。学生们普遍认为理论仍"只是理论"是因为它们还没有经过充分的检验。一旦理论被"证明"（正如上面所阐述的，理论不是当代对 NOS 的理解所证明的术语），它就变成了另一种东西——通常被认为是具有事实地位的自然法则。但是，在科学中，定律并不是经过验证的理论：定律报告了在自然现象中观察到的多次重复的模式/关系，而不是解释性的方案。如果学生要理解并参与如气候变化的问题，他们需要了解科学知识的本质、起源和现状。科学家关于气候变化的知识具有理论性、不确定性和暂时性——它们必然如此，因为所有科学知识本质上都具有这种性质。

科学与宗教之间的关系是一个与世界上大部分学习者个人相关的领域。曾经有一群科学家，他们本身是无神论者，他们在一些国家发起了一场非常大规模的运动，试图说服公众相信科学本质上是无神论的，因为一些宗教领袖会否认有充分根据的科学思想，因此宗教是科学和理性的敌人。

需要对 NOS 有细致入微的理解，才能领会他们的论点都是基于一定的形而上学假设，这些假设为科学家关于科学应该是什么这个问题的个人见解提供了基本论据（Taber，2013），但其他同样活跃的、专业的科学家在科学工作中对科学的（形而上学的）理解会是不同的。其中，一些科学家会与信仰无神论的同事探讨如何从科学解释和科学实践中排除超自然原因，但他们仍然相信上帝作为造物主是（并以此补充）关于世界上科学解释背后的最终原因。

了解科学与更广泛社会之间相互作用的这一领域，还需要学习者区分宗教团体的立场，后者原则上接受科学，但期望使用经文解释世界上的实证经验。与此类似的还有所谓的"原教旨主义"（fundamentalist）的信仰立场，它们将经文视为自然世界的文字和技术阐释，而当科学与经文解释发生冲突时，经文解释必须优先于科学解释。正如一些科学家试图说服我们科学意味着对超自然现象的彻底否认一样，也有一些资金雄厚的宗教团体试图通过精心挑选和解释的"证据"来说服我们相信宗教的解释，以及科学理论的不正确性，以符合他们所偏好的世界观（例如博物馆呈现自然历史的另一种解释以适应年轻地球神创论）。

科学如何与宗教相关联是一个复杂且微妙的问题。研究表明，中学生通常对科学与宗教的关系（Taber et al.，2011），以及为什么不同的人可能在此类问题上持不同立场（Billingsley et al.，2013）等问题上缺少细致的想法。事实上，正式的科学哲学通常被认为过于抽象和理论化而无法被纳入学校科学教学中——毕竟，许多中学生在一视同仁的公平考试中将相关原则应用于简单明确的数据集上就已经够艰难了。

至此，这两个例子说明了我们为什么要理解科学知识的本质（它的现状大体上是可靠的，但总有一定的暂时性；它是如何通过研究项目和科学共同体内部的对话建构起来的）以及科学形而上学（对科学的理解如何被来自科学本身之外的价值观和信念所影响）对于人们理解诸如气候变化这样的社会性科学议题，以及考虑他们自己对科学的态度和参与（例如，与个人信仰背景有关）可能非常重要。

8.4　将科学本质教学作为满足天赋学生需求的策略

如上所述，传统上人们认为科学与数学共同促进了逻辑思维。而这忽略了同样重要的科学创造性（见本书第 1 章和第 2 章）。然而，即使就科学的逻辑要求而言，上面的例子也表明了在成人世界中，关于科学的理性决策涉及更细微和复杂的思维过程，这和对于学校科学的普通实验活动通常简单算法演绎思维就足够了是不同的。

现实生活中的议题和难题涉及复杂且混乱的知识，对于处理这些知识所需的思维方式有着大量的研究：它们有时被称为后形式思维（post-formal thinking）（Arlin，1975；Kramer，1983）——这是超越 Piaget（1970/1972）所提出的形式运算思维，而且在有些时候被认为充满智慧（Sternberg，2009）。不同的研究表明，这种思维发展有着共同的范式（Kuhn，1999），而且这种发展通常会持续到学校教育之外，因此即使是精英学校的大学生也往往还需要在这方面下功夫（Perry，1970）。幼童可能不会明确区分关于世界的知识和世界本身，而当他们第一次习得这种区分时，他们倾向于将想法简单地视为正确或错误——类似于在明确的关键实验测试的基础上接受或拒绝一个假设。

当面对不适合这种简单二元论的世界现实时，人们往往会转向更加相对主义的立场——所有观点都只是意见，如果我们不能判断对错，那么就没有依据在它们之间做出原则性的判断。从这样的观点来看，每个人都有权发表自己的意见，采取立场只是个人喜好的问题。在上文讨论的一个例子中，这将转化为将不同科学家就气候变化的争论解释为暗示科学不能告诉我们关于这个问题的真相（这在绝对意义上是正确的），因此科学不能指引我们（而这并不能得出这个推论），因为关于这个问题的每一个意见都同样有效/无效，值得/不值得我们考虑（这显然无助于解决我们面临的问题）。同样，如果学习者认为无神论是科学的先决条件（正如一些直言不讳的科学家所主张的那样），但也是一个人们可以根据喜好而置之不理的立场，那么他们也会认为其他（真正的）关于科学的价值观，如保持开放和持怀疑态度，在不符合时可以被忽略。

要超越这一点，需要学习者采取一种既具有一致性和原则性，又对批判性评述保持开放的个人价值体系（有点像科学知识本身），但这是一些学习者在学校生涯中永远无法达到的目标（Krathwohl et al.，1968）。有趣的是，Palmer 和 Marra（2004）在对美国大学生的研究中发现，学生从绝对主义者的阶段到相对主义者的阶段的转变恰恰是发生在自然科学研究的背景下，而不是在人文和社会科学研究中。也许这是因为学校科学早已倾向于将科学教学局限于与特定科学问题相关的某种当前典型模型、理论或解释，相比之下其他领域的课程反而是在更一般和普遍的基础上向学生展示不确定和替代观点。

当下，如果我们在学校课程中优先考虑科学教学的发展理由，认为科学教学的关键作用是支持年轻人的智力培养，那么我们可以从该分析中得出两个一般性结论。第一个结论是，融入 NOS 的科学教学能够有效地让学生发展高阶思维。它包含 NOS 的复杂性和细微差别，也包含科学思想发展的进程；它解释了为什么科学知识被（暂时地）接受，它们有什么限制；探索社会性科学议题，让学生在个人价值和立场的背景下重新审视科学知识（因此，例如，了解基因检测的能力和局限性是必要的，但不足以使准父母决定是否应该对未出生的婴儿进行大量的遗传病检测）。第二个结论是，对于大多数学龄学生来说，这些主题将非常具有挑战性，并且只有在教师提供大量帮助的情况下，他们才有可能顺利地参与其中。

然而，这些情境对大多数学生而言可能会展现出特别大的挑战性，因此如果没有老师的悉心支持，学生会失败并由此产生挫败感。但与此同时，也正是这种具备了足够复杂性和细微差别的活动，才能为天赋学生提供真正的挑战（参见第 1 章）。总结如下：

（1）关于 NOS 的教学能够满足面向全体学生的科学教学的公民理由；

（2）关于 NOS 的教学也能够满足科学教学的发展理由；

（3）如果不精心组织安排，NOS 活动的难度对许多学龄学生来说很大；

（4）在课堂上考虑 NOS 所固有的高度挑战会吸引天赋学生，并为他们提供真正的具有教育性的学习活动。

8.5　在学校科学课上教授科学本质的方法

本章的观点表明，我们应该在学校科学课中为所有学生提供更多与 NOS 有关的学习资料，但需要特别关注的是，这些资料能够为我们所充分利用以为天赋学生发展思维提供具有挑战性的学习机会。关于如何在学校科学课中纳入更多 NOS 教学有很多研究启示，例如使用更真实的探究式活动（Lawson，2010），或从科学史中选用反映了科学知识发展历程的复杂案例并进行细致入微的案例研究（Allchin，2013）。NOS 教学也有可能开发出能够有效地发展学生更复杂的科学思维的素材——也许诸如儿童哲学（Philosophy for Children）的课程已经为哲学通识提供了参考——例如，精心设计的儿童小说系列（Trickey and Topping，2004）。针对大多数学生的有效教学的关键问题则通常是老生常谈的问题，包括快速引入概念、提供相关情境、仔细搭建学习任务、定期强化等。

对于天赋学生来说，从科学哲学中引申出的主题可能极为有趣，因为他们通常已经在问"我们是怎么知道的？""我们能确定吗？""理论或模型总是适用吗？""我们如何判断科学家结论背后的隐性假设？"等等。因此，当其他许多同学可能还需要教师为他们提供强烈且更具体的动力以进入该领域时，天赋学生却已经准备好去理解上述的抽象问题。

此外，衔接此类抽象问题并不意味着要改变已被熟悉的课堂教学方式。教师当然可以为天赋学生设置更多的独立项目，例如准备演讲、课堂辩论、同伴辅导等（Taber and Riga，2016）。然而，就课堂活动而言，教授 NOS 看起来就像教授任何其他类型的科学主题。例如，本章作者为在科学方面具有天赋的学生组织了一项名为有能力的科学家共同探索新未知（Able Scientists Collectively Exploring New Demands，ASCEND）的课后充实项目。该项目的一个重点是 NOS 主题——科学划界问题；科学方法；科学解释的本质；科学规律的本质；科学的跨学科工作；社会性科学议题；科学模型的本质；科学类比（Taber，2007）。ASCEND 项目的某些方面旨在与普通学校的体验进行区分。因此，这些 14—15 岁的被选出的"代表"尽可能被视为成年的大学访客来对待，他们以会议的形式报名，项目还会提供点心。项目活动通常是扩展式小组协作，并将教学人员的干预减少到最小——特别是，这些活动旨在让人们对科学进行思考，而这在学习标准课程时是较少接触的。

然而，活动的实际形式反映了学校中常见的任务类型。例如，以前两个 ASCEND 活动为例："什么是科学？"和"科学有方法吗？"。"什么是科学？"

活动是一种卡片分类活动，要求一小部分学生就一系列活动是否算作科学达成一致：这是一个让许多科学哲学家所困扰的问题。这听起来很简单，但实际中并非如此，原因有以下两个。首先，大多数学龄学生从未真正考虑过科学划界问题，因此对于什么可以被视为一门科学，在他们概念中并没有明确的标准。因此，这项活动有助于使他们的隐性思维显性化。其次，进行卡片分类的单个学生可以简单地决定城市规划、园艺或潜水是否属于科学活动——但在一个小组中，他们必须提出并支持他们的推理。当然，这项活动的复杂之处在于，只要学生有一点想象力（天赋学生往往踊跃参与），就能够找到任何一个支持该活动是科学的理由。这是任何一组学生都可以参与的活动，尽管这种活动结构非常简单，但它却提供了将学生融入高阶思考和论证的机会。事实上，该活动早就被用于关于科学教师的另一个项目中，它是对话式活动的一个范例。这项活动的融入性在教师项目中的成效与在学生项目中一样出色。

在第二个例子中，我们问的问题是"科学有方法吗？"，这是对科学方法本质的一些科学哲学观点的教学尝试，但方式采用的是中学常用的那种结构式团体活动。学生们被要求完成一张表格，要求他们将科学方法的三种观点（标记为"归纳""证伪""范式转换"）和与之相关哲学家的名字、他们方法格言的描述和从这个角度理解科学进步的另一个描述的格言进行匹配。学生不需要具备先前的知识，但教师会为他们提供关于这三种观点的简要描述。这就是有时被称为 DART（与文本相关的直接活动）的活动。每个小组还会得到一个流程图作为反映方法表征形式的备用工具，任务同样是将这些方法与观点进行匹配。

由于这部分活动的高度结构化，即使主题非常抽象，它们也可以适用于能力范围更广的学生，而不仅仅是天赋学生。然而，后续任务要求学生小组接下来分析十个关于特定科学事件的历史短文，并以这些短文为证据，评估这三种观点对科学进展的描述。这项任务确实非常具有挑战性，因为通常情况下，历史短文不会为任何一种观点提供明确的支持，但通常包含可以被用于解释不同观点的内容元素。要完成此活动，学生必须使用抽象模型，并根据非常混乱的数据集对其进行评估。然而，即便如此，这项活动的本质——小组讨论以完成由教师提供的文本构成的任务——对大多数学校科学课而言也并不会显得格格不入。

8.6　结　　论

如果我们实际教授的只是一系列规范思想，而这些思想脱离了它们被视为科学知识的过程，我们就很难被认为是在教授科学。真正的科学教学必须与科学过程和产出相结合。我们有充分的理由将更多的 NOS 教学纳入课程。未来的科学家需要理解 NOS，NOS 活动能够满足最有能力的学生的智力需求，从而让他们真正地融入科学教学，更有可能投身科学研究和职业（经济理由）。虽然科学理论存在于学生生活的社会世界（文化理由）的方方面面，但真正的科学文化关注的是价值和过程，而不仅仅是学科知识。所以我们希望学生像学习科学知识一样重视科学态度的培养。在成为民主社会的参与成员（公民理由）方面，我们需要年轻人能够理解和批判科学证据和论证，这不仅包括科学知识，还意味着理解的过程。

　　然而，本章特别论证了发展理由，即 NOS 提供了那种为发展更高层次思维提供情境的微妙的复杂性。这对所有学习者都很重要，尽管基于 NOS 的活动可能需要细心教授和精心搭建，以便大多数学习者都能充分理解。科学课上的许多天赋学生发现课堂任务往往缺乏足够的挑战，这无法对他们产生真正教育意义，这些学生通常具备参与真正的 NOS 学习活动的能力，而不需要过度简化和结构密集的脚手架活动。为了培养这些天赋学生，重点在于在教学任务中将 NOS 主题嵌入复杂和混乱的语境，以及抛弃清晰明确的答案，而这也正是科学本身的特征。

参 考 文 献

Allchin, D. (2013). *Teaching the Nature of Science: Perspectives and resources*. Saint Paul, MN: SHiPS Educational Press.

Arlin, P. K. (1975). Cognitive development in adulthood: a fifth stage? *Developmental Psychology*, 11(5), 602-6.

Billingsley, B., Taber, K. S., Riga, F., and Newdick, H. (2013). Secondary school students'epistemic insight into the relationships between science and religion: a preliminary enquiry. *Research in Science Education*, 43, 1715-32. doi: 10. 1007/s11165-012-9317-y

Gilbert, G. N., and Mulkay, M. (1984). *Opening Pandora's Box: A sociological analysis of scientists' discourse*. Cambridge: Cambridge University Press.

Kramer, D. A. (1983). Post-formal operations? A need for further conceptualization. *Human Development*, 26, 91-105.

Krathwohl, D. R., Bloom, B. S., and Masia, B. B. (1968). The affective domain. In L. H. Clark (Ed.), *Strategies and Tactics in Secondary School Teaching: A book of readings*. New York: Macmillan, pp. 41-9.

Kuhn, D. (1999). A developmental model of critical thinking. *Educational Researcher*, 28(2), 16-46.

Kuhn, T. S. (1996). *The Structure of Scientific Revolutions* (3rd edn). Chicago: University of Chicago Press.

Lakatos, I. (1970). Falsification and the methodology of scientific research programmes. In I. Lakatos and A. Musgrove (Eds), *Criticism and the Growth of Knowledge*. Cambridge: Cambridge University Press, pp. 91-196.

Latour, B., and Woolgar, S. (1986). *Laboratory Life: The construction of scientific facts* (2nd edn). Princeton, NJ: Princeton University Press.

Lawson, A. E. (2010). *Teaching Inquiry Science in Middle and Secondary Schools*. Thousand Oaks, CA: Sage.

Lederman, N. G., and Lederman, J. S. (2014). Research on teaching and learning of nature of science. In N. G. Lederman and S. K. Abell (Eds), *Handbook of Research on Science Education* (Vol. 2). New York: Routledge, pp. 600-20.

Millar, R., and Osborne, J. (1998). *Beyond 2000: Science education for the future*. London: King's College.

Palmer, B., and Marra, R. M. (2004). College student epistemological perspectives across knowledge domains: a proposed grounded theory. *Higher Education*, 47(3), 311-35.

Perry, W. G. (1970). *Forms of Intellectual and Ethical Development in the College Years: A scheme*. New York: Holt, Rinehart and Winston.

Piaget, J. (1970/1972). *The Principles of Genetic Epistemology*. Trans. by W. Mays. London: Routledge and Kegan Paul.

Popper, K. R. (1934/1959). *The Logic of Scientific Discovery*. London: Hutchinson.

Qualifications and Curriculum Authority (2007). *Science: Programme of study for key stage 3 and attainment targets*. London: Qualifications and Curriculum Authority.

Schwab, J. J. (1962). The teaching of science as enquiry(The Inglis Lecture, 1961). In J. J. Schwab and P. F. Brandwein (Eds), *The Teaching of Science*. Cambridge, MA: Harvard University Press.

Snow, C. P. (1959/1998). The Rede Lecture, 1959: The two cultures. *The Two Cultures*. Cambridge: Cambridge University Press, pp. 1-51.

Sternberg, R. J. (2009). A balance theory of wisdom. In J. C. Kaufman and E. L. Grigorenko (Eds), *The Essential Sternberg: Essays on intelligence, psychology and education*. New York: Springer, pp. 353-75.

Taber, K. S. (2007). *Enriching School Science for the Gifted Learner*. London: Gatsby Science Enhancement Programme.

Taber, K. S. (2008). Towards a curricular model of the nature of science. *Science and Education*, 17(2-3), 179-218. doi: 10.1007/s11191-006-9056-4

Taber, K. S. (2013). Conceptual frameworks, metaphysical commitments and worldviews: the challenge of reflecting the relationships between science and religion in science education. In N. Mansour and R. Wegerif (Eds), *Science Education for Diversity: Theory and practice*. Dordrecht: Springer, pp. 151-77.

Taber, K. S. (2015). Prior Knowledge. In R. Gunstone (Ed.), *Encyclopedia of Science Education*. Berlin-Heidelberg: Springer-Verlag, pp. 785-6.

Taber, K. S., Billingsley, B., Riga, F., and Newdick, H. (2011). Secondary students' responses to perceptions of the relationship between science and religion: stances identified from an interview study. *Science Education*, 95(6), 1000-25. doi-10-1002/sce-20459

Taber, K. S., Billingsley, B., Riga, F., and Newdick, H. (2015). English secondary students'thinking about the status of scientific theories: consistent, comprehensive, coherent and extensively evidenced explanations of aspects of the natural world–or just 'an idea someone has'. *The Curriculum Journal*, pp. 370-403.

Taber, K. S., and Riga, F. (2016). From each according to her capabilities; to each according to her needs: fully inclusing the gifted in school science education. In S. Markic and S. Abels (Eds), *Inclusion in Science Education*. New York: Nova Science, pp. 195-219.

Toplis, R. (Ed.). (2011). *How Science Works: Exploring effective pedagogy and practice*. Oxford: Routledge.

Trickey, S., and Topping, K. J. (2004). 'Philosophy for children': a systematic review. *Research Papers in Education*, 19(3), 365-80. doi: 10.1080/0267152042000248016

第9章 有科学天赋的女性

塞曾·卡姆西-埃尔多安（Sezen Camci-Erdogan）   弗兰·里加（Fran Riga）

我女儿是一名优等生，选上了康涅狄格大学的一个生物学优选计划。但是，她在一个有 10 个学生的物理尖子班上遇到了困难。班上只有两个女生。当我跟老师（男性）沟通的时候，他却甩甩手告诉我说女生就是学不好物理的！我就想知道，难道他这种缺乏理解的态度就没有一点问题吗？

O'Keefe（引自 Reis，1987）

人们很早就认识到，包括物理科学技术在内的许多行业，有天赋的女性从业者人数占比都很低。深入了解这类现象的原因及其影响，对于有效地指导学生、帮助学生规划职业生涯以及适应社会，具有非常重要的意义。在这一章里，我们将考察几种开创性的或者里程碑式的模型，这些模型尝试解释女生为什么不倾向于选择物理学、计算机和工程学作为她们的职业。随后我们再看看研究文献中强调的、被认为在天赋学生群体中造成了性别差异的若干因素。最后，通过总结上述模型和因素，我们将评估过去约 25 年间取得的进步，并在现有研究证据的基础上提供一些建议。

在此之前我们需要解释一下，在学校科学教育的语境下，"天赋学生"（gifted learner）是什么意思。Taber（2007，p.7）将"天赋学生"定义为：能够"在学校普通科学课程要求的全部或某些方面达到极高水平"的学生，或者能够"以远超当前课程阶段要求的水平完成科学任务"的学生。他区分了优秀学生（able learner）和天赋学生，他认为优秀学生"能够以高水平完成当前科学课程的要求"，而天赋学生则表现出杰出的水准。他还推测说，优秀学生"在多数课上都很自信"，而天赋学生则未必——"天赋学生拥有杰出的能力，但只有在适当的机遇和鼓励下才能表现出来"（pp.7-8）。天赋学生似乎天生沉迷科学，或许是因为科学激发了他们天生的好奇心和想象力（Smutny and Von Fremd，2004）。

人们很早就认识到，从事科研工作的男女人数差距很大，其中又以物理学最为突出（Lubinski and Benbow，1992）。以工程学为例，Maccoby 和 Jackin（1974）的里程碑式的研究表明，如果把空间推理能力视作工程学资质的有效预测因子，那么可以推测，男性工程师的预期人数大约是女性的两倍。有趣的是，1996 年黑勒（Heller）和齐格勒（Ziegler）在德国写的一篇文章指出，"男性工程师的数量是女性的 30 倍"（Heller and Ziegler，1996，p.201）。尽管在几个发达国家开展的研究似乎表明，女性和男性在许多领域的成就和兴趣方面的差距正在缩小——例如在生物、化学和物理挑战班（challenging classes）中，聪明的女生和聪明的男生一样多（Campbell and Clewell，1999），但是这个趋势并不是一个全球性的现象（Else-Quest et al.，2013；Kerr and Kurpius，2004；Stake and Nickens，2005）。

　　关于这一点，也有研究显示，虽然确实有一些有天赋的女性能在科学上取得成功（尤其在学校学习阶段），但是她们中的大部分不会选择从事科学职业（Silverman，1993；Summers，2005），这就导致科学、数学和工程学等职业领域中，有天赋的女性人数相较男性而言仍然维持在较低水平。许多女性在科学上的天赋跟男性相同或者超过男性，但是她们在本科阶段没有选择学习科学专业，在相关职业领域有进一步追求的程度也低于男性。正如 Kerr 等所说：

　　　　有天赋的女生能够在高中取得非常好的成绩，但是高中成绩并不必然会在成年后转变为劳动力。职业选择仍然存在性别差异，因此，劳动力的薪酬差距似乎不会很快消失。

（Kerr et al.，2012，p.650）

　　Kerr 和 Kurpius（2004）也认为，同等数量的有天赋的女生和男生都曾计划从事物理、医药、法律及其他一度被男性主导的职业，但是计划和现实是两码事。他们用国家科学基金会（National Science Board，2000）的统计数据来支持他们的主张，这些数据指出，在 2000 年的美国，物理学和工程学的男性毕业生人数仍然是女性毕业生人数的两倍。Heilbronner（2013）认为，说科学、技术、工程和数学（STEM）领域的女性人数情况"更加微妙"似乎是有道理的——"因为在部分 STEM 领域（例如生物学）还是有不少女性的，但在其他领域（例如计算机科学）就很少见了"。

　　关于天赋学生的性别差异是否与能力、动力、跟社会期望相关的性别刻板印象等因素相关的研究表明，"有天赋的女生比男生更容易受到性别歧视的负面影响"（Camci，2011）。一项研究对比了六年级女生和男生的成绩、自我概念、对数学的兴趣和积极性（样本是同样数量的天赋学生和普通学生），发现自我概念、兴趣和积极性等方面的性别差异在天赋学生群体比在普通生群体更加普遍，尽管有天赋的女生和普通女生都表现出比男生更低水平的自我概念、兴趣和积极性

（Preckel et al.，2008）。

研究文献提出了一系列模型，可能有助于解释为什么在科学、数学和工程领域很少见到有天赋的女性从业者的身影。一些研究认为，有天赋的女性在科学领域人数占比较低的现象可能跟她们在语言领域（例如文学、语言、写作等）表现得比有天赋的男性更出色有关。另一些研究也佐证了这些发现，显示（天赋）男性在科学领域比女性表现得更好（Benbow et al.，2000；Lubinski and Benbow，1992；Olszewski-Kubilius and Lee，2011）。

为了完善科学人才建设、解决女性人数占比过低的问题，教师、导师和家长必须了解影响女性参与科学领域的关键因素（Heilbronner，2009）。女性在科学界人数占比过低不应被视为不可避免的现象——应该挑战这一现象，以期改变！

9.1　解释天赋学生性别差异的模型

9.1.1　模型一：成绩/表现的差异和认知能力模型

美国 2013 年学术能力测试（SAT）的数学考试结果显示，高中男生的数学成绩持续优于女生——这一趋势已经持续了 40 多年。此外，在最高分（790—800 分）的学生群体中，男女生的人数比例为 2.28∶1（Perry，2013）。基于这些统计数据，直到今天都有人支持传统模型，主张性别差异就是源于能力差异（因为男生在中学 STEM 科目的评估考试中的表现似乎一直优于女生）。不过，过去 20 多年间的许多研究，对这一观点提出了质疑。

但是在天赋学生群体中，情况则有所不同，这使得我们不能确定男女生成绩的总体趋势。有研究显示男生的成绩比女生好（Colangelo et al.，1996），另一些研究则显示女生成绩比男生好（Freeman，2004；Lubinski and Benbow，1992）。还有更多的研究显示，女生和男生的成绩相当或相近（Schober et al.，2004；Roznowski et al.，2000）。这些发现看起来印证了 Heilbronner（2013）关于"更微妙的"图景的论点，因此值得更仔细的研究。

最近在美国发表的报告表明，该国的情况可能正在发生变化，尤其是大学生的学科偏好方面的性别差异正在发生变化。如今在美国的大学里，选修数学和科学课程的女生人数比以往更多，而在高中，女生在大多数科目中的表现似乎都超过了男生，尤其是在语言方面（Goldin et al.，2006）。甚至连数学考试成绩的平均数和标准差，现在男生也只是略高于女生（Niederle and Vesterlund，2010，p.129）。不过，情况比乍看起来要复杂得多。Xie 和 Shauman（2003）报告说，在过去 20 年里，在高中数学课程中取得前 5%成绩的学生，其男女比例一直稳定在 1：2——Ellison 和 Swanson（2009）也证实了这一发现。除美国外，其他国家学生在数学成绩方面似乎也有类似趋势。

　　　　2003 年，国际学生评价项目（PISA）调查了参与国的 15 岁学生的数学素养，结果在几乎所有的参与国中都发现了偏向男性的性别差异。

　　　　　　　　　　　　　　　　　　　　　　　（Preckel et al.，2008，p.148）

　　尽管 Benbow 和 Stanley（1980）关于男性在数学推理能力上具有先天优势的论断在当今世界可能站不住脚，但是类似 2013 年 SAT 数学成绩的统计数据仍然很难解释。自 20 世纪 80 年代中期以来，人们开始认为应该这样解释成绩的性别差异：

　　　　女性对成功的期望较低，对于自己能带来成就的能力不太自信，更倾向于将失败归因于缺乏能力，却不倾向于将成功归因于能力，并且往往对失败表现出一种习得性无助的反应。

　　　　（Eccles，1987，pp.166-167；另参见 Betz and Hackett，1981；Dweck，

　　　　　　　　　　　　　　　　　　　1986；Parsons et al.，1976）

　　近来有研究显示，男性和女性对竞争的反应不同。这似乎提供了一些证据，表明性别差异可能不是由于女性缺乏能力（例如缺乏数学方面的能力），而是由于男性和女性对 "竞争性考试环境" 的反应不同（Niederle and Vesterlund，2010，p.130）。尼德勒（Niederle）和韦斯特隆德（Vesterlund）在哈佛商学院做了一个实验，他们发现，一旦保证女性在比赛赢家中拥有平等代表权，女性参赛者的比例就从 29%增加到 64%。这一发现与 Huguet 和 Regner（2007）的调查结论一致，他们在调查女生参与数学能力测试时发现，参加女子组比赛的女生，比参加男女混合组比赛的女生表现更好。Niederle 和 Vesterlund 认为，"数学考试成绩的性别差距可能夸大了男性对女性的数学优势"，并且给出了有待观察的评论，"有理由怀疑女性未能充分实现她们的潜力，又或者她们的潜力还未得到社会认可"（pp.130-131）。

9.1.2　模型二：Eccles 期望值模型

　　埃克尔斯（Eccles）关于学生承担任务的积极性、执行任务的过程以及任务完成度的研究，对于我们理解上一节中突显的性别差异，造成了很大冲击。Eccles的期望值模型被认为是最好的模型，通过强调选择问题，解释了女生为什么偏爱社会科学和生物学，而非物理学和工程学等问题（Eccles，1987；2011，p.154）。该模型专门考察教育和职业选择中的性别差异（Eccles，1987，1994；Wigfield and

Eccles，2000）。根据这个模型，与成就相关的选择直接受到以下因素的影响：①个人对任务成功的期望；②个人主观上赋予任务的价值。这个理论的支持者"认为个人的选择、坚持和表现，可以通过他们对自己将会在活动中表现得有多好的信念，以及他们对活动的重视程度来解释"（Wigfield and Eccles，2000，p.68）。

　　Eccles 的理论模型也适用于天赋学生（Eccles and Harold，1992）。Eccles 和哈罗德（Harold）比较了两项相隔约 50 年的纵向研究结果（分别开始于 20 世纪 20 年代和 70 年代），他们注意到，二者在教育追求方面的性别差异惊人地相似。女生在语言考试中的表现跟男生相当，同时男生在数学方面的表现比女生更好——"数学天赋在男生中更常见，也更极端"（p.5）。尽管这几年开展了大量研究，这个问题直至今天仍然存在——用 Eccles 的话说，"我发现特别有意思的现象是，直至今日我们仍然在研究为什么罕有女性从事 STEM 领域"（Eccles，2011，p.514）。

9.2　造成天赋学生群体中性别差异的因素

9.2.1　态度

　　多年来有很多研究者讨论过，为何在 STEM 科目上，有天赋的男生的表现普遍优于有天赋的女生。人们考察了学生对数学和科学学科的态度，因为人们怀疑，学生的态度不同可能不仅会导致偏好不同，而且会导致两性间的成绩差距。从 20 世纪 80 年代初开始，有研究表明，学生对科学的态度在 9 岁时就已经固定下来了（Harvey and Edwards，1980；Ormerod and Wood，1983；Taber，1991）。泰伯（Taber）研究了刚上中学的学生，结果表明当学生成长到 11 或 12 岁时，"男生和女生对科学抱有不同兴趣"，男生偏好跟机械相关的主题，而女生则喜欢与健康科学有关的主题（Taber，1991，p.250；1992）。此外，据记载，女生对科学的态度随着年龄增长而变得越来越消极，并且与男生的差距越来越大（Baram-Tsabari et al.，2006；Caleon and Subramaniam，2008；Ford et al.，2006）。

　　如果学生们对科学的态度在上中学以前就已固定，并且影响了学生们对科学的兴趣和科学课的成绩，那么就会有一个问题：学生们对科学的态度从何而来？许多研究所关注的都是学生们成长时所处的社会环境，以及社会强加在他们身上的性别角色。也就是说，这些研究认为，"某种社会化因素在 11 或 12 岁前阻碍了女生学习科学"（Hill et al.，1990，p.301）。虽然希尔（Hill）等的工作关注的是美国黑人女性，但是 Campbell 和 Connolly（1987）对参加数学和科学高级课程的白人（高加索人）女性、美国亚裔女性和男性进行的研究也得出了类似结论。在他俩的研究中，一些男性评价如下：

> 数学和科学工作量很大，而女生就是不愿意投入工作。女生没有逻辑。女生喜欢跟朋友一起干活。女生只关心她们的头发——只关心她们的外貌。女生就是不能掌握数字。女生似乎没有耐心。女生逃避抽象思维。女生只会顺从领导。女生喜欢人文学科，不喜欢科学。

（Campbell and Connolly，1987，p.217）

Adams（1996）讨论过 Hill 等的工作以及坎贝尔（Campbell）和康诺利（Connolly）的工作之后，准确地总结道："每天听着男同学说这样的话，肯定会让有天赋的女生心里不舒服，也无助于鼓励她们继续学习数学和科学！"（p.452）

9.2.2 父母和老师的影响

父母的影响和期望似乎会影响女生对于学习科学的选择（Dickens，1990；Manis et al.，1989；Callahan et al.，1996）。研究者发现，天赋少女们的自我概念与父母对她们成功和失败的期望之间存在很强的相关性（Dickens，1990）。此外，研究发现父母不鼓励女儿主修科学科目，除非她们真的很喜欢科学——只有这样父母才会鼓励她们学习科学（Callahan et al.，1996）。

研究发现，家长和老师会鼓励男生的某些行为——比如钻研、问问题、果敢的行为和活跃的行为——但是并不鼓励女生做出同样的行为（Luftig and Nichols，1991；Olszewski-Kubilius and Kulieke，1989；Silverman，1993）。Silverman（1993）进一步提出，科学领域有天赋的女性从业者人数占比过低，其根源在于社会期望和社会压力。Sart（2014）发现，在 490 位 18—24 岁的年轻人中，96%的人表示社会环境影响了他们对职业道路的选择。

相反，Summers（2005）对于"小女孩都被社会化为护士，小男孩都被社会化为桥梁建筑工"这一前提或假设的可信度表示怀疑。他认为，如果科学领域只是单纯没有女性，那么归咎于社会问题是合理的；但事实是越来越多女性进入这些行业，只不过后来"退出"了，这时，归咎于社会因素就显得不那么合理了。看来，我们需要进行更多研究，以确定科学领域部分有天赋的女性过早地离开她们所选择的职业的理由。这一点上不同国家之间或许存在文化差异，又或者如Heilbronner（2013）所言，她们在职业生涯早期选择离开的理由，可能跟自我效能感（self-efficacy）问题有关（后文会讨论这个问题）。

9.2.3 自我概念、兴趣爱好、积极性/自我印象/自尊心

在成为好女人、好母亲、好妻子等的社会期望和社会压力之下，也难怪有天

赋的女生常常对她们想要从事的职业感到困惑。此外，高风险测试（high-stakes testing）情境或许为对自身能力缺乏自信的年轻女性设置了更多障碍（Rebhorn and Miles，1999）。有天赋的女生常常会在科学课程中遇到第一个困难或问题时感到沮丧，并且因为这种无力感而断定自己无法在科学课程取得好成绩（Klein and Zehms，1996）。研究表明，有天赋的女生在青春期早期不仅自尊心下降了（AAUW，1991；Klein and Zehms，1996），而且也变得对自己的观点没有信心，不太自信，对批评的容忍度也在降低（Brown and Gilligan，1992）。大约 25 年前，Kramer（1991，p.359）对 10 名天赋少女的纵向研究警告说，"导致女生低估自身能力的自我感知会限制她们未来的抱负，并因此减少我们社会中一个重要群体的贡献度"。更近的一项德国研究对比了天赋学生和普通学生，发现"天赋学生在自我概念、兴趣爱好和积极性方面的性别差异比普通学生更大"（Preckel，2008，p.153），样本中有天赋的女生在数学方面的自我概念、兴趣爱好和积极性都处于比男生更低的水平。另外，女生似乎相信她们需要比男生更加努力，才能在数学课上取得好成绩（Lupart et al.，2004）。

　　一项针对美国本科女生学习科学和工程课程时可能面临的困难的研究指出，女生所面临的两个最重要的困难是"女性的自信心"（个人的障碍，individual obstacle）和"课堂氛围"（制度性障碍，institutional obstacle）（Fox et al.，2011）。有天赋的女性需要有机会与兴趣和能力相似的同伴互动，以克服她们的孤独感和低自尊（Watters and Diezmann，2003）。

　　尽管有迹象表明，男生和女生在 STEM 科目上的成绩差距似乎正在缩小（尤其在高中阶段），但正如 Summers（2005）所观察到的，与男生相比，女生往往过早地离开她们所选择的 STEM 领域。Kerr 和 Kurpius（2004）在亚利桑那州进行了一项干预研究，专门用来改善来自少数族裔和低收入背景的女生的职业前景——这些女生在数学和科学方面有潜在的天赋（亦即"有才华、冒风险的女生：高二学生的鼓励和培训项目"，The Talented At-Risk Girls：Encouragement and Training for Sophomores Project）。项目专注于"加强职业身份定位和职业探索，建立科学自我效能感和自尊心，降低她们所承担的风险"（p.85）。他们在 7 年间对 500 多名女生进行抽样调查，得到了非常不错的结果。被试的"自尊心、学校自我效能感和未来自我效能感都在 3—4 个月的跟踪调查期间有所提高"（Summers，2005）；女生倾向于调查更多关于职业的信息，并在选择一个非传统职业时更加坚定。

　　在这一点上，我们也考虑到，家人会对孩子的自我概念和成功造成影响。Reis 和 Hebert（2008）肯定了 Phillips（1987）的观点，说女性的科学/数学自我概念与家人的期望有关。Reis（1995）认为，家人的评论往往会对女性产生多年的负面影响，甚至持续到她们离家后。此外，根据 Ryan（1999）的研究，有天赋的女性会不得不在高学术成就和高性吸引力之间做出选择。因此，虽然家人会鼓励儿子学习科学和数学并锻炼领导才能，但却通常不会支持女儿对这些科目的兴趣，因为这被认为是不寻常的。

同龄人群体是人在中学阶段的另一个影响因素。Buescher 等（1987）认为，女性在中学阶段更可能隐藏自己的能力。在中学阶段，具有较高学术研究能力的女性不愿意为了在课业上取得更好的成绩"离开"她们的朋友。根据 Greene（2003）的研究，有才华的女性会隐藏自己的能力，扮演一个"公认"的女性角色，因为她们担心男性不喜欢她们，或者担心自己会显得没有女人味。女生的同辈压力要求她好好打扮自己，去谈恋爱，并尽快结婚。"浪漫文化"将她的注意力集中在她的吸引力而非智力上。她意识到，考取高分或者投身科研对于提高她在同龄人群体中的名誉没什么用；事实上，她的朋友甚至可能不知道她的专业是什么（Holland and Eisenhart，1990，转引自 Kerr and Kurpius，2004）。有文献提出，随着年龄的增长，女生对科学的兴趣小于男生（Catsambis，1995；Shymansky and Kyle，1988；Simpson and Oliver，1990；Weinburgh，1995）。

9.2.4　性别刻板印象/性别角色

经验证据表明，职业兴趣的性别刻板印象在二年级时就在少女群体之中建立起来了（Silverman，1986），并且态度和刻板印象是年轻女性对科学不感兴趣的原因（Farenga and Joyce，1998）。20 世纪 90 年代末的一组经验研究发现了所谓的"刻板印象威胁"效应（Brown and Josephs，1999；Steele，1997；Walsh et al.，1999）。刻板印象威胁效应指的是一个人对自己所属的社会群体的负面刻板印象，会导致强化该刻板印象的行为结果（Hyde and Kling，2001，p.374）。一项基于美国学生 GRE 和 SAT 考试结果的证据表明，当女性被告知男性在考试中表现更好，或者当她们预期男性表现更好时（比方说由于媒体对 SAT 考试结果的广泛宣传），女性的考试成绩会有所降低（Spencer et al.，1999）。

Fogliati 和 Bussey（2013）调查了澳大利亚一所大型大学的 54 名女生和 30 名男生（平均年龄 21.6 岁），发现"对女生的数学成绩的刻板印象威胁效应，导致女生们缺乏改进的动力，从而加剧了刻板印象"（p.310）。

Hyde 和 Kling（2001）列出了三个因素，他们认为这些因素很可能会妨碍那些（天赋）女性的表现，而这些女性应该成为榜样。

第一，个人不必相信某个负面的刻板印象是真的，因为这会影响他们的行为……。第二，刻板印象威胁会建立一个难以打破的相互强化系统……。第三，许多学术领域的现状很可能会助长刻板印象威胁。例如，一位女性研究者很可能成为团队中唯一的女性。

（p.375）

9.2.5　科学家的形象

有两项主要的研究被认为是研究年轻人心目中科学家形象的起点：第一项是 Mead 和 Métraux（1957）的研究，他们研究了美国高中生心目中的科学家形象；第二项是 Chambers（1983）的研究，他的数据来源于加拿大、美国和澳大利亚的小学生。作者研究了：①社会经济阶层、智力、性别和文化等因素如何影响高中生对科学家形象的感知；②儿童从几岁开始形成独特的科学家形象；③都有哪些刻板印象可能会在社会和个人心理层面改变对科学技术的态度；④任何科学家神话形象的最初迹象。

在上述两项研究中，有 7 个常常与科学家关联起来的刻板印象（图 9.1），在二年级儿童身上就已经表现得很明显了。此外，这些刻板印象随着年龄的增长而变得越来越明显，并且在高收入家庭的儿童中更为常见。有趣的是，在第二项研究中，仅有女性科学家形象全都是女生画的。在十年后一项对美国生物学和文科专业大学生的调查中，Rosenthal（1993）也报告说，很少有参与者会画女性科学家。

➡ 白大褂
➡ 眼镜
➡ 面部有毛发（包括大胡子、小胡子等）
➡ 科研的象征：科学仪器和实验设备
➡ 知识的象征：主要是书籍和文件柜
➡ 技术：科研过程
➡ 文字：公式、系统分类、"尤里卡"

图 9.1　在 Chambers（1983）的研究中，孩子们所画的科学家标准形象的 7 个特征

Odell 等（1993）进行了另一项研究，调查样本包括小学、初中、大学等各个年龄段的学生。跟 Chambers（1983）一样，他们进行了"画一个科学家"测试，结果发现相比起男生，女生在科学方面的自我印象更为贫乏。

Farenga 和 Joyce（1998）研究了 111 名 9—13 岁的高才儿童（男女各一半），调查男生和女生的科学相关态度与他们选择或不选择科学课程之间的关系。他们使用科学相关态度测试（Test of Science-Related Attitudes，TOSRA）（Fraser，1981）

来评估科学相关态度，该测试旨在测量中学生的 7 种不同态度。他们发现，高才女生有 3 个变量与她们所选择科学课程的数量之间存在明显相关性，这 3 种态度分别是：

"科学家的常态"（即评估被试关于科学家生活方式的信念，例如"科学家很可能跟你碰见的其他人没什么两样"）；

"科学课的乐趣"（即评估被试享受科学课堂的程度，例如"科学课很有趣"）；

"课外对科学的兴趣"（即评估被试参与校外科学活动的愿望，例如"我希望得到一本科学书或一件科学设备作为礼物"）。

这 3 个变量共同解释了为什么不同女生选择科学课程的门数差异达到了 43%。"科学家的常态"这一变量与性别角色的刻板印象特别相关，因为科学被感知为一个由男性主导的领域。此外，出版物和视频所展示的科学家形象大多都是男性，在教科书、漫画和电影中，科学家的角色也常由男性扮演（LaFollette，1981，1988，1990；Nelkin，1987；Fursich and Lester，1996；Steinke and Long，1996；Camci，2008）。这些证据似乎表明，女性对必修的科学课程的选择受到公认的科学家性别角色的消极影响——女性很可能相信，科研对她们来说并不是可行的职业选择。有人提出反对意见，认为需要进行更多的干预研究，同时研究诸如公共广播社（PBS，1995）的六部系列节目《发现女性》造成的影响——该系列节目旨在改变中学生看待科学的方式，增进公众对女性科学家所做贡献的了解（Steinke，1997）。

Camci-Erdogan（2013）在土耳其对七、八年级学生（$n=11$）进行研究，调查学生们对有天赋的女性科学家的态度和印象，结果显示，大部分有天赋的女生都展现出了积极态度，其中多数希望未来从事科研工作。然而，她们中大多数人想象的科学家都身穿白大褂，戴眼镜，在实验室里用试管和化学药剂做研究（图 9.2）。样本中的有天赋的女生大多（$n=8$）画了微笑的女科学家（图 9.3 和图 9.4）。令人鼓舞的是，根据对该样本进行的半结构化调查，超过一半被试表示认同这幅画，同时希望自己未来能成为科学家。

也许这项研究最引人注目的一点是，大多数（$n=9$）有天赋的女生想成为科学家，但不幸的是，她们表示社会上没有可以效仿的女性科学家榜样（Camci-Erdogan，2013）。因此很明显，有天赋的女生需要真正的榜样——需要相关职业领域的专业人士、能鼓励她们享受科学的导师。有天赋的女生需要与相应领域的导师建立联系，以达到更高的层次，并取得与男性同行类似的成功（Kerr and Kurpius，2004）。指导和实习为有天赋的女生提供了在结构化项目中体验合作的机会。在科学界，与导师合作是天赋学生的基本需求。有效的指导会激发和培养天赋学生的好奇心、自尊心、兴趣和积极性（Esprivalo-Harrell et al.，2004；Miller，2002；Tsuji and Ziegler，1990）。有了真正的导师，有天赋的女生既能察觉到她们的天赋，又能运用她们的天赋解决现实世界和科研实践中的问题（Subrahmanyan and Bozonie，1996）。如果导师是女性，她还可以做一个榜样，向聪明的女生展示发挥潜能的可能性。

图 9.2　一位男性科学家，穿着白大褂，戴眼镜，在实验室里，正在用试管和化学药剂做研究（七年级，13 岁）

图 9.3　一位女性科学家，正在实验室里用试管和化学药剂做研究（八年级，14 岁）

除了与导师合作外，教师、辅导员和父母应该帮助有天赋的女生认识自己的才能，并学会如何运用自己的才能在科学领域取得成功。因此，为了鼓励有科学天赋的女生，①从初中到大学都应该有导师提供有效的指导；②教师、辅导员和父母应该尽可能地给予支持。

图 9.4　男女科学家一起工作（七年级，13 岁）

现实世界无穷无尽的问题所带来的挑战，拨动了天赋学生对科学的好奇心，为他们带来了科研的动力、乐趣和积极态度（Watters and Diezmann，2003）。在学校科学课上，重要的是要让有天赋的女生将自己视作共同体的一份子，参与到塑造知识、实践、资源和发现的探究活动中（Watters，2004）。此外，在家参加非正式的科学活动、参观博物馆或者科学中心，也可以强化学生对科学的好奇心和积极性。父母可以帮助孩子在日常活动中认识科学，这可以提高孩子的科学意识和科学兴趣，并鼓励他们对科学抱有积极的态度（Farenga and Joyce，1998）。

9.3　结论：有科学天赋的女性的未来

正如我们在本章讨论的各项研究中所见，天赋儿童的性别差异在家庭生活的最初几年就出现了。到了与老师和社团打交道的学生时代，这些差异会越来越大，并在青春期达到高峰。研究表明，一些国家的女性经常隐藏自己的能力（尤其是科学和数学方面的能力），以满足朋友圈的期望，以及服从或满足文化和社会的规范——来自家庭的关于"典型女性"角色的信息，对女性造成了很大影响。

由于男性倾向于比女性承担更多风险，社会也鼓励他们冒险，因此在需要试错的科目上，尤其是在科学和数学方面，男性似乎比女性更成功。虽然有天赋的女性对科学抱有非常积极的态度，并渴望从事科研工作，但我们没有看到女性像男性那样参与科学工作。因此，有必要为有天赋的女性提供干预和指导，从早教阶段到后来的大学阶段都需要。为此，我们提出一些建议，以提高有天赋的女性对科学的兴趣，并使她们对科学的兴趣持续到职业选择阶段和整个职业生涯。

教师应该：

（1）了解有天赋的女性的特点，以及她们为何需要"掩饰"自己；

（2）充分差异化对待有天赋的女性的需求，亦即提供差异化的实践性和探究性的科学活动，尤其是日常科研活动，好让有天赋的女性认为科学研究是一种愉快的、可理解的体验；

（3）鼓励有天赋的女性参加科学展或者项目竞赛；

（4）鼓励参与课堂并敢于在课堂上冒险；

（5）让有天赋的女性接触不同的专业领域和专业人士（特别是女性专业人士）；

（6）为有天赋的女性提供动力，帮助她们进步；

（7）向有天赋的女性提供有关女性对科学的贡献的传记；

（8）邀请女性专业人士谈论不同的课题，聊聊科学界的女性；

（9）需要时提供咨询服务。

父母应该：

（1）对女儿和儿子抱有相同的期望；

（2）挑选无性别歧视的玩具、游戏、衣服等；

（3）鼓励有天赋的女性独立自主，避免对她们过度保护；

（4）提供非正式的科学活动，让孩子接触不同的有趣的科学主题和科学体验，例如看一些电视节目、纪录片、科学期刊，参观动物园、科学中心、博物馆、植物园等。

就业指导人员/辅导员应该：

（1）通过现实生活中的例子，谈谈科学和数学对未来职业规划的重要性；

（2）列举成功女性的例子，说明她们没有扮演传统的性别角色，也不符合刻板印象；

（3）让那些满意自己职业的女性为学生们提供指导；

（4）鼓励有天赋的女性重视自己的真实情况，相信自己的能力，而不是被别人的期望左右；

（5）鼓励有天赋的女性申请科学方面的奖学金；

（6）让女性有机会看看科学领域的女性的例子——独处、与家人相处或者与孩子相处等。

参 考 文 献

AAUW (Greenberg-Lake, the Analysis Group) (1991). *Shortchanging Girls, Shortchanging America* (A poll). Washington, DC: American Association of University Women (AAUW).

Adams, C. M. (1996). Gifted girls and science: revisiting the issues. *Prufrock Journal*, 7(4), 447-58. http://doi.org/10.1177/1932202X9600700404

Baram-Tsabari, A., Sethi, R. J., Bry, L., and Yarden, A. (2006). Using questions sent to an Ask-A-Scientist site to identify children's interests in science. *Science Education*, 90(6), 1050-72. http://doi.org/10.1002/sce.20163

Benbow, C. P., and Stanley, J. C. (1980). Sex differences in mathematical ability: fact or artifact? *Science*, 210(4475), 1262-4.

Benbow, C. P., Lubinski, D., Shea, D. L., and Eftekhari-Sanjani, H. (2000). Sex differences in mathematical reasoning ability at age 13: their status 20 years later. *Psychological Science*, 11, 474-80. http://doi.org/10.1111/1467-9280. 00291

Betz, N. E., and Hackett, G. (1981). The relationship of career-related self-efficacy expectations to perceived career options in college women and men. *Journal of Counseling Psychology*, 28(5), 399-410. http://doi.org/10.1037/0022-0167.28.5.399

Blickenstaff, J. C. (2005). Women and science careers: leaky pipeline or gender filter? *Gender and Education*, 17(4), 369-86.

Brown, L. M., and Gilligan, C. (1992). Meeting at the crossroads: women's psychology and girls' development. *British Journal of Educational Psychology*, 63, 362-4.

Brown, R. P., and Josephs, R. A. (1999). A burden of proof: stereotype relevance and gender differences in math performance. *Journal of Personality and Social Psychology*, 76, 246-57.

Buescher, T. M., Olszewski, P., and Higham, S. (1987). Influences on strategies adolescents use to cope with their own recognized talents. Retrieved from http://eric. ed. gov/?id=ED288285.

Caleon, I. S., and Subramaniam, R. (2008). Attitudes towards science of intellectually gifted and mainstream upper primary students in Singapore. *Journal of Research in Science Teaching*, 45(8), 940-54. http://doi.org/10.1002/tea.20250

Callahan, C. M., Adams, C. M., Bland, L. C., Moon, T. R., Moore, S. D., Peri, M., and McIntyre, J. A. (1996). Factors influencing recruitment, enrollment, and retention of students in special schools of mathematics, science, and technology. In K. Arnold, K. D. Noble and R. F. Subotnik (Eds),

Remarkable Women: Perspectives on female talent development. Cresskill, NJ: Hampton Press, pp. 243-60.

Camci, S. (2008). Comparison of students' perceptions and images of science and scientists among those who have participated the science fairs and those who have not(Bilim şenliğine katılan ve katılmayan öğrencilerin bilim ve bilim insanlarına yönelik ilgi ve imajlarının karşılaştırılması). Unpublished master's dissertation, Hacettepe University, Ankara.

Camci, S. (2011). Gender differences among gifted students. (Üstün zekali ve yeteneklilerde cinsiyet farklılığı). *Journal of Hasan Ali Yucel Faculty of Education*, 16(2), 105-17.

Camci-Erdogan, S. (2013). Gifted female students' scientific attitudes and images of scientists. (Üstün zekali kızların bilime yönelik tutumları ve belim insanı imajları). *Journal of Hasan Ali Yucel Faculty of Education*, 19(1), 125-42.

Campbell, P., and Clewell, A. (1999). *Participation of Females and Women in Math, Science, Engineering, and Technology.* Report to the National Science Foundation Annual Meeting of HRD Project Directors. Arlington: NSF.

Campbell, J. R., and Connolly, C. (1987). Deciphering the effects of socialization. *Journal of Educational Equity and Leadership*, 7(3), 208-22.

Catsambis, S. (1995). Gender, race, ethnicity, and science education in the middle grades. *Journal of Research in Science Teaching*, 32(3), 243-57. http://doi.org/10.1002/tea.3660320305

Chambers, D. W. (1983). Stereotypic images of the scientist: the draw-a-scientist test. *Science Education*, 67(2), 255-65. http://doi.org/10.1002/sce.3730670213

Colangelo, N., Assouline, S. G., Cole, V., Cutrona, C., and Maxey, J. E. (1996). Exceptional academic performance: perfect scores on the PLAN. *Gifted Child Quarterly*, 40(2), 102-10. http://doi.org/10.1177/001698629604000207

Dickens, M. N. (1990). Parental influences on the mathematics self-concept of high achieving adolescent girls. Unpublished doctoral dissertation, University of Virginia, Charlottesville.

Dweck, C. S. (1986). Motivational processes affecting learning. *American Psychologist*, 41(10), 1040-8. http://doi.org/10.1037/0003-066X.41.10.1040

Eccles, J. S. (1987). Gender roles and women's achievement-related decisions. *Psychology of Women Quarterly*, 11, 135-72.

Eccles, J. S. (1994). Understanding women's educational and occupational choices: applying the Eccles *et al.* model of achievement-related choices. *Psychology of Women Quarterly*, 18(4), 585-609. http://doi.org/10.1111/j.1471-6402.1994.tb01049.x

Eccles, J. S. (2011). Understanding women's achievement choices: looking back and looking forward.

Psychology of Women Quarterly, 35(3), 510-16.

Eccles, J. S., and Harold, R. D. (1992). Gender differences in educational and occupational patterns among the gifted. In N. Colangelo, S. G. Assouline, and D. L. Amronson(Eds), *Talent Development: Proceedings from the 1991 Henry B. and Jocelyn Wallace National Research Symposium on Talent Development*. Unionville, NY: Trillium, pp. 3-29.

Ellison, G., and Swanson, A. (2009). The gender gap in secondary school mathematics at high achievement levels: evidence from the American mathematics competitions(Working Paper No. 15238). National Bureau of Economic Research. Retrieved from http://www.nber.org/papers/ w15238.

Else-Quest, N. M., Mineo, C. C., and Higgins, A. (2013). Math and science attitudes and achievement at the intersection of gender and ethnicity. *Psychology of Women Quarterly*, 37(3), 293-309.

Esprivalo-Harrell, P., Walker, M., Hildreth-Combes, B., and Tyler-Wood, T. (2004). Mentoring BUGS: an integrated science and technology curriculum. *Journal of Computers in Mathematics and Science Teaching*, 23(4), 367-78.

Farenga, S. J., and Joyce, B. A. (1998). Science-related attitudes and science course selection: a study of high-ability boys and girls. *Roeper Review*, 20(4), 247-51. http://doi.org/10.1080/02783199809 553901

Fogliati, V. J., and Bussey, K. (2013). Stereotype threat reduces motivation to improve: effects of stereotype threat and feedback on women's intentions to improve mathematical ability. *Psychology of Women Quarterly*, 37(3), 310-24.

Ford, D. J., Brickhouse, N. W., Lottero-Perdue, P., and Kittleson, J. (2006). Elementary girls' science reading at home and school. *Science Education*, 90(2), 270-88. http://doi.org/10.1002/sce.20139

Fox, M. F., Sonnert, G., and Nikiforova, I. (2011). Programs for undergraduate women in science and engineering issues, problems, and solutions. *Gender and Society*, 25(5), 589-615. http://doi.org/10. 1177/0891243211416809

Fraser, B. J. (1981). *Test of Science-Related Attitude(TOSRA)*. Melbourne: Australian Council for Educational Research.

Freeman, J. (2004). Cultural influences on gifted achievement. *High Ability Studies*, 15(1), 7-23.

Fursich, E., and Lester, E. P. (1996). Science journalism under scrutiny: a textual analysis of 'Science Times'. *Critical Studies in Mass Communication*, 13, 24-43.

Goldin, C., Katz, L. F., and Kuziemko, I. (2006). The homecoming of American college women: the reversal of the college gender gap. *Journal of Economic Perspectives*, 20(4), 133-56.

Greene, M. (2003). Gifted adrift? Career counselling of the gifted and talented. *Roeper Review*, 25,

66-72.

Harvey, T. J., and Edwards, P. (1980). Children's expectations and realisations of science. *British Journal of Educational Psychology*, 50, 74-6.

Heilbronner, N. N. (2009). Pathways in STEM: factors affecting the retention and attrition of talented men and women from the STEM pipeline. Master's thesis. Available from ProQuest Dissertations and Theses database (UMI No. 304871257).

Heilbronner, N. N. (2013). The STEM pathway for women: what has changed? *Gifted Child Quarterly*, 57(1), 39-55.

Heller, K. A., and Ziegler, A. (1996). Gender differences in mathematics and the sciences: can attributional retraining improve the performance of gifted females? *Gifted Child Quarterly*, 40(4), 200-10.

Hill, O. W., Pettus, W. C., and Hedin, B. A. (1990). Three studies of factors affecting the attitudes of blacks and females towards the pursuit of science and science-related careers. *Journal of Research in Science Teaching*, 27(4), 289-314.

Holland, D. C., and Eisenhart, M. A. (1990). *Educated in Romance: Women, achievement, and college culture*. Chicago, IL: University of Chicago Press.

Huguet, P., and Regner, I. (2007). Stereotype threat among schoolgirls in quasi-ordinary classroom circumstances. *Journal of Educational Psychology*, 99(3), 545-60.

Hyde, J. S., and Kling, K. C. (2001). Women, motivation, and achievement. *Psychology of Women Quarterly*, 25, 364-78.

Kerr, B., and Kurpius, S. E. R. (2004). Encouraging talented girls in math and science: effects of a guidance intervention. *High Ability Studies*, 15(1), 85-102. http://doi.org/10.1080/13598130 42000225357

Kerr, B. A., Vuyk, M. A., and Rea, C. (2012). Gendered practices in the education of gifted girls and boys. *Psychology in the Schools*, 49(7), 647-55. http://doi. org/10. 1002/pits. 21627

Klein, A. G., and Zehms, D. (1996). Self-concept and gifted girls: a cross sectional study of intellectually gifted females in grades 3, 5, 8. *Roeper Review*, 19, 30-3.

Kramer, L. R. (1991). The social construction of ability perceptions: an ethnographic study of gifted adolescent girls. *Journal of Early Adolescence*, 11, 340-62.

LaFollette, M. C., 1981, Wizards, villains, and other scientists: the science content of television for children. Report presented to Action for Children's Television.

LaFollette, M. C. (1988). Eyes on the stars: images of women scientists in popular magazines. *Science, Technology, and Human Values*, 13, 262-75.

LaFollette, M. C. (1990). *Making Science Our Own: Public images of science*. Chicago: University of Chicago Press.

Lubinski, D., and Benbow, C. P. (1992). Gender differences in abilities and preferences among the gifted: implications for the maths-science pipeline. *Current Directions in Psychological Science*, 1, 60-6.

Luftig, R. L., and Nichols, M. L. (1991). An assessment of the social status and perceived personality and school traits of gifted students by non-gifted peers. *Roeper Review*, 13(3), 148-53.

Lupart, J. L., Cannon, E., and Telfer, J. O. (2004). Gender differences in adolescent academic achievement, interests, values, and life-role expectations. *High Ability Studies*, 15, 25-42.

Maccoby, E. E., and Jacklin, C. N. (1974). *The Psychology of Sex Differences*. Stanford, CA: Stanford University Press.

Manis, J. D., Thomas, N. G., Sloat, B. F., and Davis, C. G. (1989). *An Analysis of Factors Affecting Choice of Majors in Science, Mathematics, and Engineering at the University of Michigan. Research Report #23.* Ann Arbor, MI: University of Michigan Center for Education of Women Research Reports. Retrieved from http://eric. ed. gov/?id=ED356954.

Mead, M., and Métraux, R. (1957). Image of the scientist among high-school students a pilot study. *Science*, 126(3270), 384-90. http://doi.org/10.1126/science.126.3270.384

Miller, A. D. (2002). *Mentoring Students and Young People: A handbook of effective practice*. London: Kogan Press.

National Science Board (2000). *Science and Engineering Indicators-2000*(No. 2000(NSB-00-1)). Arlington, VA: National Science Foundation.

Nelkin, D. (1987). *Selling Science: How the press covers science and technology*. New York: WH Freeman.

Niederle, M., and Vesterlund, L. (2010). Explaining the gender gap in math test scores: the role of competition. *Journal of Economic Perspectives*, 24(2), 129-44. http://doi. org/10.1257/jep.24.2.129

Odell, M. R. I., Hewitt, P., Bowman, J., and Boone, W. J. (1993). Stereotypical images of scientists: a cross-age study. Presented at the 41st annual national meeting of the National Science Teachers Association, Kansas City, MO.

Olszewski-Kubilius, P. M., and Kulieke, M. J. (1989). Personality dimensions of gifted adolescents. In J. VanTassel-Baska and P. Olszewski-Kubilius(Eds), *Patterns of Influence on Gifted Learners: The home, the self, and the school*. New York: Teachers College Press, pp. 125-45.

Olszewski-Kubilius, P., and Lee, S. -Y. (2011). Gender and other group differences in performance on off-level tests: changes in the 21st century. *Gifted Child Quarterly*, 55(1), 54-73. http://doi.org/

10.1177/0016986210382574

Ormerod, M. B., and Wood, C. (1983). A comparative study of three methods of measuring the attitude to science of 10 to 11 year-old pupils. *European Journal of Science Education*, 5(1), 77-86.

Parsons, J. E., Ruble, D. N., Hodges, K. L., and Small, A. W. (1976). Cognitive-developmental factors in emerging sex differences in achievement-related expectancies. *Journal of Social Issues*, 32(3), 47-62. http://doi.org/10.1111/j.1540-4560.1976.tb02596.x

PBS(1995). Discovering women in science. *Discovering Women*. Public Broadcasting Service.

Perry, M. J. (2013). 2013 SAT test results show that a huge math gender gap persists with a 32-point advantage for high school boys, 26 September. Retrieved from https://www.aei.org/publication/2013-sat-test-results-show-that-a-huge-math-gender-gappersists-with-a-32-point-advantage-for-high-school-boys/

Phillips, D. A. (1987). Socialization of perceived academic competence among highly competent children. *Child Development*, 58(5), 1308-20. http://doi.org/10.2307/1130623

Preckel, F., Goetz, T., Pekrun, R., and Kleine, M. (2008). Gender differences in gifted and average-ability students: comparing girls' and boys' achievement, self-concept, interest, and motivation in mathematics. *Gifted Child Quarterly*, 52(2), 146-59.

Rebhorn, L. S., and Miles, D. D. (1999). High-stakes testing: barrier to gifted girls in mathematics and science? *School Science and Mathematics*, 99(6), 313-19. http://doi.org/10.1111/j.1949-8594.1999.tb17490.x

Reis, S. M. (1987). We can't change what we don't recognize: understanding the special needs of gifted females. *Gifted Child Quarterly*, 31(2), 83-9.

Reis, S. M. (1995). Talent ignored, talent diverted: the cultural context underlying giftedness in females. *Gifted Child Quarterly*, 39(3), 162-70. http://doi.org/10.1177/001698629503900306

Reis, S. M., and Hebert, T. P. (2008). Gender and giftedness. In S. Pfeiffer (Ed.), *Handbook of Giftedness in Children*. New York: Springer, pp. 271-93.

Rosenthal, D. B. (1993). Images of scientists: a comparison of biology and liberal studies majors. *School Science and Mathematics*, 93(4), 212-16.

Roznowski, M., Reith, J., and Hong, S. (2000). A further look at youth intellectual giftedness and its correlates: values, interests, performance, and behaviour. *Intelligence*, 28, 87-113.

Ryan, J. J. (1999). Behind the mask: exploring the need for specialized counselling for gifted females. *Gifted Child Today Magazine*, 22(5), 14-17.

Sart, G. (2014). Gender differences in choice of careers in science, technology, engineering, and mathematics (STEM): a case of Turkey. Presented at the 8th International Technology, Education and Development Conference (INTED2014), Valencia, Spain. Retrieved from http://library.iated. org/view/SART2014GEN.

Schober, B., Reinmann, R., and Wagner, P. (2004). Is research on gender-specific underachievement in gifted girls an obsolete topic? *High Ability Studies*, 15, 43-62.

Shymansky, J. A., and Kyle, W. C. (1988). Learning and the learner. *Science Education*, 72(3), 293-304.

Silverman, L. K. (1986). What happens in the gifted girl? In C. J. Maker (Ed.), *Critical Issues in Gifted Education: Defensible programs for the gifted*. Rockville, MD: Aspen, pp. 43-89.

Silverman, L. K. (1993). Social development, leadership, and gender. In L. K. Silverman (Ed.), *Counselling the Gifted and Talented*. Denver: Love, pp. 291-327.

Simpson, R. D., and Oliver, J. S. (1990). A summary of major influences on attitude toward and achievement in science among adolescent students. *Science Education*, 74(1), 1-18. http://doi.org/ 10.1002/sce.3730740102

Smutny, J. F., and Von Fremd, S. E. (2004). *Differentiating for the Young Child: Teaching strategies across the content areas, PreK-3*. Thousand Oaks, CA: Corwin.

Spencer, S. J., Steele, C. M., and Quinn, D. M. (1999). Stereotype threat and women's math performance. *Journal of Experimental Social Psychology*, 35, 4-28.

Stake, J. E., and Nickens, S. D. (2005). Adolescent girls' and boys' science peer relationships and perceptions of the possible self as scientist. *Sex Roles*, 52(1/2), 1-11. http://doi.org/10.1007/ s11199-005-1189-4

Steele, C. M. (1997). A threat in the air: how stereotypes shape intellectual identity and performance. *American Psychologist*, 52, 613-29.

Steinke, J. (1997). A portrait of a woman as a scientist: breaking down barriers created by gender-role stereotypes. *Public Understand Science*, 6, 409-28.

Steinke, J., and Long, M. (1996). A lab of her own? Portrayals of female characters on children's educational science programs. *Science Communication*, 18(2), 91-115.

Subrahmanyan, L., and Bozonie, H. (1996). Gender equity in middle school science teaching: being 'equitable' should be the goal. *Middle School Journal*, 27(5), 3-10.

Summers, L. H. (2005). Remarks at NBER conference on diversifying the science and engineering workforce. Speech presented at the National Bureau of Economic Research (NBER) conference, January. Cambridge, MA. Retrieved from http://www.harvard.edu/president/speeches/s ummers_ 2005/nber.php

Taber, K. S. (1991). Gender differences in science preferences on starting secondary school. *Research *in Science and Technological Education*, 9(2), 245-51. http://doi.org/10.1080/0263514910090210

Taber, K. S. (1992). Science-relatedness and gender-appropriateness of careers: some pupil perceptions. *Research in Science and Technological Education*, 10(1), 105-15. http://doi.org/10.1080/0263514920100109

Taber, K. S. (Ed.). (2007). *Science Education for Gifted Learners*. London: Routledge.

Tsuji, G., and Ziegler, S. (1990). What research says about increasing the numbers of female students taking math and science in secondary school. *Scope*, 4(4), 1-5.

Walsh, M., Hickey, C., and Duffy, J. (1999). Influence of item content and stereotype situation on gender differences in mathematical problem solving. *Sex Roles*, 41, 219-40.

Watters, J. J. (2004). In pursuit of excellence in science. *Australasian Journal of Gifted Education*, 13(2), 41-53.

Watters, J. J., and Diezmann, C. M. (2003). The gifted student in science: fulfilling potential. *Australian Science Teachers Journal*, 49(3), 46-53.

Weinburgh, M. (1995). Gender differences in student attitudes toward science: a meta-analysis of the literature from 1970 to 1991. *Journal of Research in Science Teaching*, 32(4), 387-98. http://doi.org/10.1002/tea.3660320407

Wigfield, A., and Eccles, J. S. (2000). Expectancy-value theory of achievement motivation. *Contemporary Educational Psychology*, 25, 68-81.

Xie, Y., and Shauman, K. A. (2003). *Women in Science: Career processes and outcomes*. Cambridge, MA: Harvard University Press.

第 10 章　日本社会中的科学天赋

隅田学（Manabu Sumida）

10.1　引　　言

当我们提起"天赋"一词，马上联想到的名词是"儿童"。"天赋"意味着先天性，不过在学校教育阶段，"有天赋的儿童"指的是那些与同龄儿童相比成绩特别好的特殊儿童。但是，"有天赋的成年人"指的是那些成年后在某个领域表现出非凡才华而得到认可的个人。这种对成年人天赋的认可，一般并不基于标准化测试或者智商测试，而是基于同行的认可，看的是你在这个领域做了多大贡献（Housand，2009）。同时我们也要考虑到，正如 Moltzen（2009）所指出的，每个杰出成年人的天赋发展过程都是独特的。因此，一个非常有才华的人或许无法得到公众认可，甚至可能由于碰巧不具备取得成功的必要条件而没有机会完成他们的工作。这意味着可能有许多有天赋的成年人，其潜力没有得到充分兑现，这是社会的一大损失。

从幼儿时期到高中阶段，校内外都为有天赋的儿童提供了许多科学课程（例如 Brandwein and Passow，1988；Johnsen and Kendrick，2005；McGinnis and Stefanich，2007；Taber，2007a，2007b；Sumida and Ohashi，2015；Sumida，2015）。比如在 20 世纪 90 年代，威廉与玛丽学院的天赋教育中心（Centre for Gifted Education）为一到八年级的天赋学生开发了原创的基于问题学习（problem-base learning，PBL）的科学小组（例如 Centre for Gifted Education，2007）。一项对 PBL 科学课程的纵向评估表明，在实施该课程的过程中，有天赋的儿童在科学实验研究设计技能方面的学校科学学习能力得到了显著和重要的提升（Feng et al.，2005）。Boyce 等（1997）的研究显示，基于问题的科学课程对教师和学生都有积极影响。虽说识别天赋的标准——例如智商、创造力和领导力——通常并不局限于特定领域，但是科学学习似乎是一个很合适的情境，能够让儿童在实践中展现自己的天赋，同时让教师在实践中发现学生的天赋。

　　不同于有天赋的儿童，有天赋的成年人的标准不是在高等教育课程中取得好成绩，而是在业界取得非凡成就，得到同行的认可。有时候，这种同行认可的形式是奖项。科学界最著名的奖项是由瑞典皇家科学院颁发的诺贝尔奖。诺贝尔奖之所以成为最著名的奖项，其中一个原因就是诺贝尔奖是第一个国际科学奖项（Larsson，2001）。Shavinina（2009）总结了诺贝尔奖得主的四种超认知能力：①特定的理智创造的感受；②特定的理智创造的信念和意图；③特定的偏好和理智的价值观；④直觉的加工过程。"特定的理智创造的感受"包括方向感、和谐感、美感和风格感，包括对"重要问题"、"好的"想法、"正确的"理论、优雅的解决方案，以及对"正确、错误或者遇到什么重要事情"的感觉。Sumida 和 Ohashi（2015）分析了 1901—2012 年的 163 位诺贝尔化学奖得主，提出 21 世纪的科研风格是"跨学科""国际化""合作"。一位 21 世纪的杰出科学家不会是一个遗世独立的天才，而会是一个通过跨学科、跨文化、跨国合作而进行创新的人。21 世纪科研和杰出科学家的这些特点在科学教育中没有得到足够的反映。也许更重要的是，人们对社会的可供性（affordance）——亦即允许人才实现其才华的一套包括体制和文化在内的结构化环境——考虑得太少了（Keating，2009）。

　　日本政府重视科学技术，提出过科学教育方面的倡议。历史上，日本在科研和科教方面都有优秀的表现。例如，在国际教育成就评估协会（International Association for the Evaluation of Educational Achievement，IEA）于 1970 年进行的第一次国际科研会议中，日本小学生和中学生在参与研究的小学（来自 16 个国家）和中学（来自 18 个国家）中有着最高的科学成绩。此外在 20 世纪后半叶，日本的科研水平迅速提高，社会面貌和生活质量大幅改善，赢得了全世界的关注。然而，日本目前没有正式的面向天赋儿童的教育系统（Sumida，2013），也没有识别有天赋的成年人的途径。本章尝试将科学天赋的概念拓展至日本社会的成年人。Sumida（2010）制作了一份原创量表，用以识别日本人的科学天赋。这份量表被修订过以适用于成年人。运用这份量表，本章将刻画成年人可能展现的天赋，并考察成年人的科学天赋、关于学习科学的价值观以及年收入之间的关系。

10.2　科学天赋以及它在人一生中的发展

　　目前有多种超越传统智商测试的鉴定天赋儿童的方法正在受到推广（Johnsen，2004）。用于确定学生是否具备参与学校天赋教育课程资格的标准就像一系列定义一样易于理解。但是，确定儿童是否"有天赋"的标准可能会随时间而改变，这取决于我们认为参加特殊课程需要什么条件，又会带来什么好处。在美国，"有天赋"的标准通常包括"心理能力""完成任务和表达自己的能力""成绩""创造力""领导力"（NAGC，2007）。

遴选天赋学生时一般不会只评估某个特定领域（例如科学）。有一些广为人知且声誉良好的遴选天赋儿童的工具，例如天赋学生识别量表（SIGS，2004）、天赋中小学学生遴选评估和 K—8-第二版（SAGES-2）（Johnsen and Corn，2001），它们涵盖了与科学相关的若干条目。有观点认为，有科学天赋的儿童具有的行为特征包括"想象力丰富""在表达想法时经常使用数字""通过提问展现好奇心""比显而易见的回答想得更远"（例如 Cooper et al.，2005；Matthews，2006；Alderman，2008）。

Taber（2007a）对英国正规中学的科学教育中的天赋教育进行了研究，提出了"有能力的科学学习者"的四组特征："对科学的好奇心""认知能力""元认知能力""领导力"。最近，Sumida（2010）开发了一个原创的行为量表，适用于在非西方科学课堂学习的日本小学生，其中包括 60 个条目，如"清晰地报告观察和实验的结果"以及"尝试以自己的方式做事，而不是按照给定的指示做事"。根据分析结果，他识别出三种类型的科学天赋："自发型""专家型""稳固型"（solid style）。

还有一些学者对在科学竞赛中获奖或者参加特殊科学课程的学生进行了纵向研究。例如，Subotnik 和 Steiner（1994）对西屋科学奖（Westinghouse Science Talent Search）的获奖者进行了纵向研究。研究表明，在总共 94 名获奖者中，有 49 名男性和 25 名女性后来投身于科学，并意识到需要给他们参与的研究共同体留下印象。此外许多人学会了他们各自实验室中的政治游戏。在最近的一项研究中，Nokelainen 等（2007）分析了三个年龄组（16—22 岁、23—29 岁和 30—54 岁）的学术奥赛选手（数学、物理和化学），发现有利的家庭氛围是长期学术产出的必要条件，即便对奥赛选手也是如此。Jones 等（2010）采访了 37 名科学家和工程师，以了解他们的经历，以及谁曾影响他们的职业生涯。他们指出，社会文化因素——包括老师或家人的非正式建议和指导——对于下决心从事科学和工程领域的职业而言很重要。Wai 等（2010）评估了 1467 名在 13 岁时被认定为具有数学天赋的人获得各种受教育机会的情况——例如参加学术竞赛、成为科研学徒、参加学术俱乐部、参加暑期课程和速成班。他们发现，一个人得到的受教育机会越多［亦即拥有更高的"科学、技术、工程和数学（STEM）剂量"］，到 33 岁时，这个人在 STEM 方面取得显著成就——例如获得博士学位、出版著作、获得专利或者确保从事学术职业——的可能性就越高。

Winner（1996）指出，大部分天赋儿童从未充分发展他们的潜能，有些甚至被淘汰了。她提出，在童年展现的天赋与未来的生活之间，存在四种可能关系，即"天赋儿童掉队了""天赋儿童成了专家""天赋儿童成了成人创作者""大器晚成者"。Sumida（2005）调查了被试对科学理解的发展变化——其调查跨度为一生，从幼儿园小朋友到 88 岁老人——并识别出发展变化过程中的若干年龄阶段。Baltes（1987）也提出，人一生中认知发展存在着两种智力：一种是即使在老年人身上也能保持的结晶的智力，另一种是随着年龄增长而下降的流动的智力。在科学天赋方面，儿童和成人之间也存在一些差异。

10.3　方　法　论

10.3.1　被试和方法

该研究的对象是总计 800 名 40—49 岁的日本成年人。根据职业领域的不同，被试被分为 5 组："一般事务/监督""生产/司法事务""管理/规划""销售/营销""研究/开发"，每组 160 人。所有被试均为全职雇员，其中有 706 位男性和 94 位女性。

调查是在线进行的，使用的是雅虎日本的数据库。该数据库有大约 25 万名注册会员，可以通过验证每个被试的身份来确保抽样的可靠性。为了避免互联网研究的常见问题，例如重复回答和冒名顶替，我们让所有注册监督员建立空白账户以确认个人身份。同时，日本有 80%的互联网用户会访问雅虎日本，我们在雅虎日本网站上招募监督员，可以减少监督员偏差，确保抽样具有高度代表性。成年人的问卷数据回收率大约是 50%。此次调查成年人能有这么高的回应率，得益于监督员对数据库的细心维护。

10.3.2　问卷

Sternberg（2007）指出，辨别天赋儿童的过程往往忽略了儿童成长的文化背景。在非西方国家，对展现科学天赋的行为特征进行的研究很少（Phillipson and McCann，2007）。Sumida（2010）设计了一份量表，用于识别日本小学生展现出科学学习天赋的特征，并验证了量表中各个条目的有效性和可靠性。在本研究中，我们修订了该量表，以向成年人询问他们在小学时的行为特征。

量表的各个条目大致按照日本学校科学教育使用的 4 个评估标准来分类："对自然现象的兴趣、积极性和态度""科学思维""观察和实验的技能和表达能力""对自然现象的认识和理解"。在天赋行为量表上的 60 个条目里，每一个条目都会被赋予一个分数：1 经常；2 有时；3 很少；4 从不。

这项调查还询问了被试关于学习科学的价值观，以及被试的年收入。关于学习科学的价值观的条目包括：①"学习科学对工作有用"；②"学习科学开发了我的潜能"；③"学习科学是进入好高中/好大学和找到好工作的条件"；④"父母鼓励我学习科学"；⑤"学习科学能满足我的求知欲"；⑥"学习科学提供了可靠的常识"；⑦"学习科学开发了逻辑思维能力和创造性思维能力"；⑧"学习科学有助于交到好朋友和培养良好的思维习惯"；⑨"学习科学培养了找到解决问题办法的能力"；⑩"学习科学给我的生活带来了乐趣"。被试被要求对每个条目进行评估：1 非常同意；2 同意；3 不同意；4 非常不同意。

问卷最后会询问被试的年收入区间，区间增量为一百万日元（约一万美元）。被试的年收入分布如图 10.1 所示。

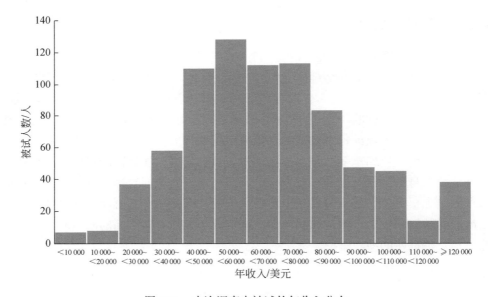

图 10.1　本次调查中被试的年收入分布

10.4　调　查　结　果

10.4.1　对科学天赋的行为量表进行因子分析

我们对回收的问卷做了因子分析，通过主因子分析提取出 4 个因子，然后斜交旋转，剔除因子负荷低的项目后（绝对值小于 0.40），再做一次因子分析。结果如表 10.1 所示。

表 10.1　对科学天赋的行为量表做因子分析的结果（采用斜交旋转因子模型）

条目	负荷
因子一：决策能力	
以多种方式解决问题	0.769
反思自己的思考过程	0.729
用逻辑考察自己的想法	0.724
尝试用自己的方式做事，而非听从指示	0.691
用逻辑和演绎的方式推理	0.677
令人信服的推理	0.649
因子二：知识获取能力	
知道许多科学术语	0.945
对自己的科学知识和科学理解抱有自信	0.854
能很快理解科学课的内容	0.795
对什么是"科学"有概念	0.793
很了解最新的科学话题	0.777
科学课上学到的知识能记住很久	0.717
因子三：环境觉知能力	
愿意照顾和培育生物	0.717
在养动物或者种植物的时候会考虑它们的生态属性	0.716
喜欢收集动物、植物或者岩石	0.707
很擅长收集动物、植物或者岩石	0.689
根据性质将动物、植物或者岩石分类	0.605
理解日常生活中的自然现象	0.539
因子四：信息加工能力	
为观察和实验绘制准确的草图	0.661
用图表和图画有效地表达自己的想法	0.620
用图表恰当地总结观察和实验的结果	0.607
清晰地报告观察和实验的结果	0.471
将科学观点创造性地运用于建模	0.431
熟练使用计算机	0.417

注：每个因子列举了 6 个高因子负荷的条目。

因子一在"以多种方式解决问题"和"反思自己的思考过程"等条目上有负载，所以记作"决策能力"。因子二在"知道许多科学术语"和"对自己的科学知识和科学理解抱有自信"等条目上有负载，所以记作"知识获取能力"。因子三在"愿意照顾和培育生物"和"在养动物或者种植物的时候会考虑它们的生态属性"等条目上有负载，所以记作"环境觉知能力"。因子四在"为观察和实验绘制准确的草图"和"用图表和图画有效地表达自己的想法"等条目上有负载，所以记作"信息加工能力"。

随后我们计算出表 10.1 中 4 个因子中每个因子的 6 个条目的平均值，分别记为"决策能力"子量表分数、"知识获取能力"子量表分数、"环境觉知能力"子量表分数和"信息加工能力"子量表分数。为了研究这些分数的内在一致性，我们计算了克隆巴赫 α 系数（Cronbach's alpha coefficient），得出因子一的系数 $\alpha=0.885$，因子二的系数 $\alpha=0.931$，因子三的系数 $\alpha=0.873$，因子四的系数 $\alpha=0.889$。因此，4 个因子的内在一致性均是高度可靠的。

10.4.2　成年人的科学天赋类型划分

接下来我们使用"组内联结法"（within groups linkage）对 4 个子量表——决策能力、知识获取能力、环境觉知能力以及信息加工能力的分数做聚类分析。根据系统聚类分析（hierarchical cluster analysis）中的"重标距离聚类系统树"（rescaled distance cluster combine dendrogram），我们导出了两个聚类：366 名成年人在聚类Ⅰ，434 名成年人在聚类Ⅱ。数据分析使用的是 SPSS-PASW Statistics ver.17.0。

然后，我们以识别到的两个聚类为自变量，以 4 个因子——决策能力、知识获取能力、环境觉知能力以及信息加工能力为因变量，进行方差分析，在所有情况下都发现了明显的差异。因此，在 Tukey 的 HSD 检验的基础上，我们进行了多重比较。结果显示，对于所有 4 种科学能力，聚类Ⅰ都小于聚类Ⅱ（α 水平 1%）。图 10.2 中给出了两个聚类的每个子量表得分的平均值。看来在日本，存在两个科学天赋水平有明显差异的人群。

10.4.3　成年人的科学天赋类型和对于学习科学的价值观

图 10.3 展示了聚类Ⅰ和聚类Ⅱ对于学习科学的价值观的认同的得分。我们通过方差分析检验（ANOVA test）分析了两个水平的科学天赋组别在有关学习科学的价值观方面的 10 个条目的普遍性，发现两个不同水平组别在主效应上存在显著差异。科学天赋较高的一组更加认同科学学习，较低的一组对所有价值观的认同程度都更低。交互效应也很显著。聚类Ⅰ和聚类Ⅱ的重复测量结果分别如表 10.2

和表 10.3 所示。

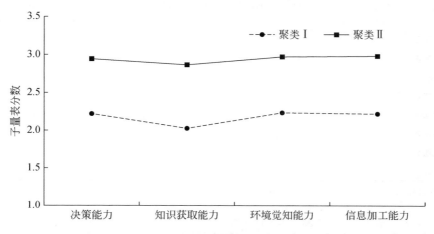

图 10.2　科学天赋的两种不同水平

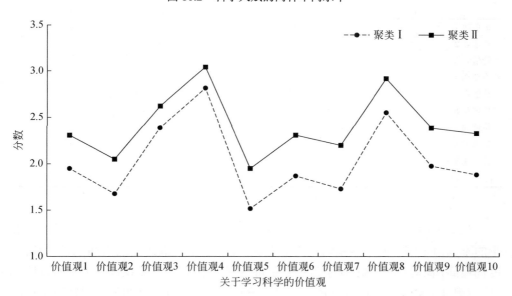

图 10.3　对于学习科学的两种不同水平的认同

表 10.2　重复测量学习科学的价值观的测量结果（聚类 I 组别）

	价值观 1	价值观 2	价值观 3	价值观 4	价值观 5	价值观 6	价值观 7	价值观 8	价值观 9	价值观 10
价值观 1		—	++	++	—		—	++		
价值观 2			++	++	—	++		++	++	++

续表

	价值观1	价值观2	价值观3	价值观4	价值观5	价值观6	价值观7	价值观8	价值观9	价值观10
价值观3					−−	−−	−−	++	−−	−−
价值观4					−−	−−			−−	
价值观5						++	++	++	++	++
价值观6								−−		
价值观7								++	++	++
价值观8										
价值观9										
价值观10										

注：++: << （$p<0.01$）；−−: >> （$p<0.01$）

表 10.3　重复测量学习科学的价值观的测量结果（聚类Ⅱ组别）

	价值观1	价值观2	价值观3	价值观4	价值观5	价值观6	价值观7	价值观8	价值观9	价值观10
价值观1		−−	++	++	−−			++		
价值观2			++	++		++	++	++	++	++
价值观3				++	−−			++		−−
价值观4					−−					
价值观5						++	++	++	++	++
价值观6							−	++		
价值观7								++	++	+
价值观8									−−	
价值观9										
价值观10										

注：++: << （$p<0.01$）；−−: >> （$p<0.01$）；+: < （$p<0.05$）；−: > （$p<0.05$）

　　从图 10.3、表 10.2 和表 10.3 可以看出，成年人的反应模式并不因科学天赋水平的不同而不同。两个组别对"价值观 5（学习科学能满足我的求知欲）"的认同度都最高，而对"价值观 3（学习科学是进入好高中/好大学和找到好工作的条件）""价值观 4（父母鼓励我学习科学）""价值观 8（学习科学有助于交到好朋友和培养良好的思维习惯）"抱有较低的认同度。

10.4.4　成年人的科学天赋类型和从事的职业领域

　　表 10.4 是科学天赋的两个聚类组别以及他们从事的职业领域的矩阵。我们通过 χ^2 检验分析了两种水平的科学天赋的每个组别在五个职业领域的分布情况，发

现两个组别在五个职业领域之间存在显著差异（$\chi^2[4]=13.82$，$p<0.01$）。残差分析显示，与聚类Ⅰ相比，科学天赋水平较低的组别（聚类Ⅱ）在"一般事务/监督"领域人数更多，而聚类Ⅰ似乎有更多人从事"研究/开发"领域的工作，尽管两个聚类在该领域内并没有显著差异。

表 10.4　科学天赋的两个聚类组别和五个职业领域

组别	人数/人				
	一般事务/监督 $N=160$	生产/司法事务 $N=160$	管理/规划 $N=160$	销售/营销 $N=160$	研究/开发 $N=160$
聚类Ⅰ	55	83	69	76	83
$N=366$	(15.0)	(22.7)	(18.8)	(20.8)	(22.7)
聚类Ⅱ	105	77	91	84	77
$N=434$	(24.2)	(17.7)	(21.0)	(19.4)	(17.7)

注：括号中为百分数。

10.4.5　科学天赋类型和年收入

受试者依照收入分为三个组：①低于 40 000 美元，②40 000—80 000 美元，③高于 80 000 美元。表 10.5 是科学天赋类型的两个组别和三个年收入组的矩阵。

我们用 χ^2 检验分析了三个年收入组中科学天赋类型的两个组别的流行率，发现三个年收入组之间的天赋类型存在显著差异（$\chi^2[2]=10.95$，$p<0.01$）。残差分析显示，最高收入组（高于 80 000 美元）有更多成年人处于科学天赋的较高水平（聚类Ⅰ），而最低收入组（低于 40 000 美元）的人数较少。在中等收入组，两个聚类之间没有发现明显的差异。

表 10.5　科学天赋的两个聚类组别和三个年收入组

组别	人数/人		
	低于 40 000 美元	40 000—80 000 美元	高于 80 000 美元
聚类Ⅰ	39	205	122
$N=366$	(10.7)	(56.0)	(33.3)
聚类Ⅱ	71	258	105
$N=434$	(16.4)	(59.4)	(24.2)

注：括号中为百分数。

10.5　讨　论

在这项研究中，我们从 40—49 岁的成年人中提取了"决策能力""知识获取能力""环境觉知能力""信息加工能力" 4 种科学能力。天赋行为量表原本是面向小学生的量表，此次调查所使用的是它的修订版（Sumida，2010）。隅田（Sumida）对日本小学生使用这个量表，并根据因子分析的结果，提取出 3 种科学学习能力："一般科学能力""关于自然事物的科学能力""科学的创造力"。不难想到，小学生的科学学习能力，与更广阔社会上的成年人的科学学习能力是不一样的。本章所报告的结果表明，最适合培养成年人天赋的科学教育模式，与在教育小学生时取得成功的模式不一样。

在一些国家，鉴别有天赋儿童的工作通常在幼儿园阶段就开始了，之后从小学到高中都沿用相同的鉴别标准。Subotnik 等（2011）建立了一个跨多个不同领域的表现轨迹模型，模型显示，只有少数特定领域（男童高音）的能力高峰期出现在年少时。Walberg 等（1981）调查了不同领域的 221 位杰出人士并得出结论：童年特质和成长环境只为成年后的杰出表现提供了可能的线索或迹象，而非确定的预示物。Jacobsen（1999）观察到，有天赋的成年人并非总是有机会表现他们所拥有的素质。有人建议，在制定发展天赋科学教育的方针时，我们应该充分了解一般人所拥有的科学天赋的性质，并重新考虑在幼儿时期鉴别或筛选天赋儿童的意义。先前的研究指出，对青壮年或者老人进行干预，不仅有助于保持他们的能力，还可以提高他们的能力（Birren，2009）。这项研究尝试运用针对科学的行为量表，揭示科学天赋的社会结构。研究结果表明，说日本只有一种类型的科学天赋，这是刻板印象。事实上，日本社会存在两种常见的科学天赋特征。有科学天赋的人的社会阶层似乎具有如下特征：认同学习科学的价值、从事特定职业领域以及生活标准较高。Vialle（1994）注意到，天才基因研究（Genetic Studies of Genius）的受试者的天赋水平，与他们父亲的职业地位之间有很高的相关性（跟母亲的关系则不明显）。科学教育应反映社会文化背景以及儿童都是未来的公民这一事实，同时也应适合于不同年龄段的人，并尊重个体差异。

过去数十年间，移民在日本人口中的占比翻了一番，日本人经历了从去国外做生意和旅游，到看到自己的国家部分地"国际化"的转变。也就是说，日本正在从一个官方宣称的同质社会，逐渐转变为一个多元文化社会。大众承认、维护且赞颂日本的文化多样性，甚至由此产生了复杂的政治局势（Graburn et al.，2008）。正如 DeCoker 和 Bjork（2013）所指出的，在关于日本教育的讨论中，多样性主题在"新"趋势中一直很突出，其中关于社会再生产、社会分化、多元文化、阶级和残疾等话题的"新"观点、"新"视角也陆续出现在我们眼前。与此同时，日本出现的新形式的社会不平等提出了新的问题：教育应该如何应对这种变化，同时保持强有力的连续性要素和标准化要素。

　　本章的研究结果意味着，成年人的科学能力对日本社会中的每个人都起着非常重要的作用。高质量的科学教育对每个人的意义和重要性都在稳步增长——尤其在技科学社会（technoscience society）对基本科学素养的需求正在不断提高。后现代天赋科学教育不应该只起到遴选精英或者剥削聪明人的功能，而应该在一个健康、平衡的社会中鼓励具备科学素养的公民学习科学，促进社会富有创造力的可持续的发展。

参 考 文 献

Alderman, T. (2008). *Meeting the Needs of Your Most Able Pupils: Science*. London: Routledge.

Baltes, P. B. (1987). Theoretical propositions of life-span developmental psychology: on the dynamics between growth and decline. *Developmental Psychology*, 23(5), 611-26.

Birren, J. E. (2009). Gifts and talents of elderly people: the persimmon's promise. In F. D. Horowitz, R. F. Subotnik and D. J. Matthews (Eds), *The Development of Giftedness and Talent Across the Life Span*. Washington, DC: American Psychological Association, pp. 171-85.

Boyce, K. L., VanTassel-Baska, J., Burruss, J. D., Sher, B. T., and Johnson, D. T. (1997). A problem-based curriculum: parallel learning opportunities for students and teachers. *Journal for the Education of the Gifted*, 20, 363-79.

Brandwein, P. F., and Passow, A. H. (Eds) (1988). *Gifted Young in Science: Potential through performance*. Washington, DC: National Science Teachers Association.

Centre for Gifted Education (2007). *Acid, Acid Everywhere: Exploring chemical ecological, and transportation systems* (2nd edn). Dubuque, IA: Kendall/Hunt.

Cooper, C. R., Baum, S. M., and Neu, T. W. (2005). Developing scientific talent in students with special needs. In K. Johnsen, and J. Kendrick(Eds), *Science Education for Gifted Students*. Waco, TX: Prufrock Press, pp. 63-78.

DeCoker, G., and Bjork, C. (Eds) (2013). *Japanese Education in an Era of Globalization*. New York: Teachers College Press.

Feng, A. X., VanTassel-Baska, J., Quek, C., Bai, W., and O'Neill, B. (2005). A longitudinal assessment of gifted students' learning using the integrated curriculum model(ICM): impacts and perceptions of the William and Mary language arts and science curriculum. *Roeper Review*, 27(2), 78-83.

Graburn, N. H. H., Ertl, J., and Tierney, R. K. (Eds) (2008). *Multiculturalism in the New Japan*. New York: Berghahn.

Housand, A. M. (2009). Adult, gifted. In B. Kerr (Ed.), *Encyclopedia of Giftedness, Creativity, and*

Talent. London: Sage, pp. 28-31.

Jacobsen, M. -E. (1999). *The Gifted Adult: A revolutionary guide for liberating everyday genius*. New York: Random House.

Johnsen, K. (Ed.) (2004). *Identifying Gifted Students*. Waco, TX: Prufrock Press.

Johnsen, K., and Corn, A. (2001). *SAGES-2*(Screening assessment for gifted elementary and middle school students, 2nd edn). Austin, TX: Pro-Ed.

Johnsen, K., and Kendrick, J. (Eds)(2005). *Science Education for Gifted Students*. Waco, TX: Prufrock Press.

Jones, G., Taylor, A., and Forrester, J. H. (2010). Developing a scientist: a retrospective look. *International Journal of Science Education*, 33(12), 1653-73.

Keating, D. P. (2009). Developmental science and giftedness: An integrated life-span framework. In F. D. Horowitz, R. F. Subotnik and D. J. Matthews(Eds), *The Development of Giftedness and Talent Across the Life Span*. Washington, DC: American Psychological Association, pp. 189-208.

Larsson, U. (2001). *Culture of Creativity: The centennial exhibition of the Nobel Prize*. Cambridge: Science History.

Matthews, M. S. (2006). *Encouraging Your Child's Science Talent*. Waco, TX: Profrock Press.

McGinnis, J. R., and Stefanich, G. P. (2007). Special needs and talents in science learning. In S. K. Abell and N. G. Lederman(Eds), *Handbook of Research on Science Education*. New Jersey: Lawrence Erlbaum Association, pp. 287-317.

Moltzen, R. (2009). Talent development across the lifespan. In L. V. Shavinina(Ed.), *International Handbook on Giftedness*. New York: Springer, pp. 353-79.

NAGC (National Association for Gifted Children) (2007). *State of the States in Gifted Education 2006-2007*. Washington, DC: National Association for Gifted Children.

Nokelainen, P., Tirri, K., Campbell, J. R., and Walberg, H. (2007). Factors that contribute to or hinder academic productivity: comparing two groups of most and least successful Olympians. *Research and Educational Evaluation*, 13(6), 483-500.

Phillipson, S. N., and McCann, M. (Eds)(2007). *Conceptions of Giftedness: Sociocultural perspectives*. New Jersey: Lawrence Erlbaum Associates.

Shavinina, L. V. (2009). Scientific talent: the case of Nobel Laureates. In L. V. Shavinina (Ed.), *International Handbook on Giftedness*. New York: Springer, pp. 649-69.

SIGS (Scales for Identifying Gifted Students) (2004). Waco, TX: Prufrock Press.

Sternberg, R. J. (2007). Cultural dimensions of giftedness and talent. *Roeper Review*, 29(3), 160-5.

Subotnik, R. F., and Steiner, C. L. (1994). Adult manifestations of adolescent talent in science: a longitudinal study of 1983 Westinghouse Science Talent Search winners. In R. F. Subotnik and K. D. Arnold (Eds), *Beyond Terman: Contemporary longitudinal studies of giftedness and talent*. New Jersey: Ablex, pp. 52-76.

Subotnik, R. F., Olszewski-Kubilius, P., and Worrell, F. C. (2011). Rethinking giftedness and gifted education: a proposed direction forward based on psychological science. *Psychological Science in the Public Interest*, 12(1), 3-54.

Sumida, M. (2005). The public understanding of pendulum motion: from 5 to 88 years. In M. R. Matthews, C. F. Gauld and A. Stinner (Eds), *The Pendulum: Scientific, historical, philosophical and educational perspectives*. Dordrecht: Springer, pp. 465-84.

Sumida, M. (2010). Identifying twice-exceptional children and three gifted styles in the Japanese primary science classroom. *International Journal of Science Education*, 32(15), 2097-111.

Sumida, M. (2013). Emerging trends in Japan in education of the gifted: a focus on science education. *Journal for the Education of the Gifted*, 36(3), 277-89.

Sumida, M. (2015). Kids science academy: talent development in STEM from the early childhood years. In M. S. Khine (Ed.), *Science Education in East Asia: Pedagogical innovations and research-informed practices*. Switzerland: Springer, pp. 269-95.

Sumida, M., and Ohashi, A. (2015). Chemistry education for gifted learners. In J. Garcia-Martinez and E. Serrano-Torregrosa(Eds), *Chemistry Education: Best practices, opportunities and trends*. Weinheim: Wiley-VCH, pp. 469-87.

Taber, K. S. (2007a). *Enriching School Science for the Gifted Learner*. London: Gatsby Science Enhancement Programme.

Taber, K. S. (Ed.) (2007b). *Science Education for Gifted Learners*. London: Routledge.

Vialle, W. (1994). 'Termanal' science? The work of Lewis Terman revised. *Roeper Review*, 17(1), 32-8.

Wai, J., Lubinski, D., Benbow, C. P., and Steiger, J. H. (2010). Accomplishment in science, technology, engineering, and mathematics (STEM) and its relation to STEM educational dose: a 25-year longitudinal study. *Journal of Educational Psychology*, 104(4), 860-71.

Walberg, H. J., Tsai, S. -L., Weinstein, T., Gabriel, C. L., Rasher, S. P., Rosecrans, T., Rovai, E., Ide., J., Trujillo, M., and Vukosavich, P. (1981). Childhood traits and environmental conditions of highly eminent adults. *Gifted Child Quarterly*, 25(3), 103-7.

Winner, E. (1996). *Gifted Children: Myths and realities*. New York: Basic Books.

第11章 为来自多元背景的不同学生创造空间和位置

尼亚姆·斯塔克（Niamh Stack）　玛格丽特·萨瑟兰（Margaret Sutherland）

托马斯·安奈林·史密斯（Thomas Aneurin Smith）

弗丽达·D. 通加拉扎（Frida D. Tungaraza）

　　人一生的发展都发生在生物心理学意义上的活跃的、不断变化的人类有机体与其直接外部环境之中的人、物和符号之间愈发复杂的相互作用过程中。

（Bronfenbrenner，2005，p.6）

　　作为教师、教育工作者、心理学家、政策制定者和科研工作者，我们都十分关注这些问题：个人的发展是怎么发生的？教育在其中扮演什么角色？以及我们每个人在这个过程中可以做些什么来帮助学生？——更具体地说，本章中提到的学生指的是有科学天赋的学生（gifted learners in science）。在尝试解决什么使人类之为人类的问题时，布朗芬布伦纳（Bronfenbrenner）在其生物生态学模型中强调"互动中的行动"（Weisner，2008，p.260）。这种对动态互动的强调贯穿了本章的思路，并为我们的观点提供了框架。在本章中，我们将论证，学习并不发生在真空之中，而是发生在学生、教育者、父母、社区、学生直接接触到的更广泛的文化和地理环境以及他们所处的历史时期等要素之间的相互作用的基础上的，包括天赋学生也不例外。从国际视角审视天赋科学教育，有两个关键挑战值得我们注意：第一，科学教育和天赋教育，两个领域之间明显缺乏互动和整合；第二，天赋教育往往没有考虑学生来自多种多样的不同背景。本书对这些问题提供了必要和及时的回应。在本章中，我们将具体关注解决第二个挑战。我们将借鉴布朗芬布伦纳的论点，包括他认为发展必须考虑"跨越世代，贯通历史，包括过去和现在"（Bronfenbrenner，2005，p.3）这一观点。我们将透过第三世界（非洲、中美洲和拉丁美洲国家，以及亚洲大部分地区被统称为第三世界）的视角审视天赋学生的科学教育，说明时间和历史如何产生重大影响，让我们获得或者失去为有科学天赋的学生创造空间和位置的机会。

这些讨论将表明，即使在一个国家内部——以坦桑尼亚为例——也存在着明显的背景差异，比如城市和农村之间的差异，这些差异影响着教育方法、机会和志向。在论证教育体系中的文化多样性的必要性时，我们的意思并不是说，不同学生的背景差异太大，以至于无法相互借鉴。恰恰相反，我们将论证，如果我们要从有意义的国际视角来看待为有科学天赋的学生提供适当挑战的复杂性，就必须进行比较、探索、审查和批判性判断，而这些讨论将在全球化的世界中加强对我们本地背景的理解。我们将论证，我们应为天赋学生提供具有包容性的、与其文化和背景相关的科学教育方法，让所有学生（包括天赋学生）都能在没有社会或经济障碍的情况下接受挑战，让所有天赋得到重视和承认。我们并不认为做到这一切会很轻松，实现过程必定会有许多挑战需要克服，但我们认为这是一个值得考虑的重要观点。

11.1　发展中国家天赋学生的科学教育

所谓"天赋"，以及围绕个人学习风格和学习需求的多样性而建立的教学法，主要是围绕发达国家教育发展的叙事而构建的，这些叙事已经开始被引入发展中国家（Bailey et al.，2012）。例如，坦桑尼亚的一些政策文件就体现出这样的信念：所有学生都应该有机会培养他们的天赋和才能。1995 年，坦桑尼亚教育和文化部发布了一项教育和培训政策，其中包括一项筛选天赋儿童的行动：

> 也有证据表明，一些儿童特别有天赋，并且会在不同的年龄段表现出来：有的很早，有的稍晚，还有一些特别晚。众所周知，坦桑尼亚的学校以及世界上大多数学校系统都不是为了安置和帮助这些儿童而设计的，但是，为了孩子们自己的利益，也为了整个社会的利益，挖掘和培养这类人才是一种应该做的教育实践。因此，政府应发展一种机制，以鉴别和培育天赋儿童。

（Ministry of Education and Culture，1995，p.21）

这一声明表明，人们清楚地认识到个人学习需求的多样性，但同时也承认，对于如何培养天赋学生，世界上大多数学校系统都还没有明确可靠的方案，因此不能轻易引进别国经验。2009 年，坦桑尼亚制定了《2009—2017 年国家全纳教育战略》，其核心是两个关键目标：第一，教学应满足学生的不同需求；第二，应向所有学生提供教育支持（Ministry of Education and Vocational Training，2009，p.3）。

然而，尽管制定了这些政策目标，除了明显的例外（Manyowa and Ncube，2013；Ngara，2002；Ngara and Porath，2004，2007）之外，一般发展中国家的天赋教育对天赋学生的特殊需求及其概念化的研究非常少，更不用说针对特定学科领域（如科学）的研究。这意味着我们很难评估这些政策的实施是否成功，或者他们在实践中采用了何种天赋概念。有些研究考虑了在西方社会的天赋学生课程中人数占比较低的族裔群体（Chan，2004；Ford，2005），但这些研究仍然植根于欧美文化。

如今我们处在一个主要由西方科学构建的世界之中，对于科学教育和发展教育中涉及的本土知识的重要性，不同人有不同看法，并且这些不同看法已经形成了一种张力（Storey，2000）。在西方研究中，科学知识被视为可复制的、客观的、条理清晰的、科学的（Ellen and Harris，2000），于是本土知识则往往被视为老旧的、过时的。这些对科学知识和本土知识的两极化观点是无益的，麦克法兰（McFarlane）认为，只要知识仍然是向发展中国家输出的东西，那么我们就必须寻求一种：

> 学习的观念，这种观念必须对不同群体之间的权力关系进行批判性的反思，必须能够想象来自不同背景的人们学习的可能性，并且不能参照历史上的殖民模式，或者当代的援助模式。
>
> （McFarlane，2006，p.1416）

如果我们赞同文化多样性，并且认同天赋学生的需求应被有意义地、适当地满足，那么这一呼吁将与天赋科学教育产生共鸣。

11.2　历史、时间和背景的重要性

非洲的殖民历史给国家教育系统留下了遗产，深刻影响了当代与高能力和差异化的个人学习需求有关的教学法。尽管正式的欧式教育开始向非洲殖民地传播是在 19 世纪末"争夺非洲"期间，但在更早的 16 世纪，在基督教传入非洲的同时，传教士就已经开始引入西式教育，特别是在英属非洲地区（Bolt and Bezemer，2009）。当欧洲大国之间的竞争加剧，尤其是 19 世纪末 20 世纪初英国和法国争霸时，正规教育被用作帝国建设的工具。

虽然欧式教育体系的转移和输入在整个非洲大陆都是很典型的，但这种经验在不同国家之间，既不是单一的，也不是一成不变的，甚至在一个国家内部也是如此。在所有撒哈拉以南的非洲国家，教育机会和教育投资存在着相当大的差异，因此对该地区不能一概而论（Lewin，2009）。虽然英国人通常比法国人更积极地提供基础初等教育，但英国人以实用主义态度管理殖民地，即所谓"间接统治"，

这使得殖民地保留了许多传统社会结构和习俗，当地许多传统做法——包括教育方式在内——在一定程度上是被容忍的。不过与此同时，英国人希望避免出现受教育的本土精英，因此并不鼓励超过小学水平的教育。有证据表明，这些早期历史对后殖民时代的教育体系产生了深远影响（Bolt and Bezemer，2009）。这种影响不仅体现在受教育机会方面，也体现在对于如何培育儿童、什么是能力、重视什么知识和技能，以及什么是有效的教学实践等问题的看法方面（Punch and Tisdall，2012）。

　　殖民历史对培育天赋学生的影响并没有很好的记录，但在精英主义部分地受鼓励、部分地被摒弃的国家，我们似乎可以合理假设，本土所需的东西和天赋指向的东西（特别是在"非学术"领域）可能是相互排斥的，这大大降低了当地人对天赋教育的认同度，进而降低了我们提供适当帮助的可能性。虽然本土和地方教育形式在殖民教育制度之前就已存在，并在殖民时代与之并存，但是发展中国家的正规普及教育往往倾向于优先发展重视学科、技能和志向的教学法，而这些要素与当地的现实或潜在的未来就业机会关系不大，尤其是在农村地区（Jeffrey，2010；Punch，2004；Smith，2013）。与学习的个人化相关、以帮助个人从事白领工作和技术工种为目标的教学法，与发展中国家当代的后殖民主义教育体系有关。这种教育体系源于西方的教育结构，它对天赋和才华做了狭隘的概念化。这种对学术能力的强调，朝向白领工作的教育引导，以及认为当地知识和工作业已过时的观念，在许多方面都存在问题，并在一定程度上导致了一些发展中国家的土地管理危机和粮食生产危机（Ellison，2014）。

　　殖民时代的教育在大多数情况下都非常成功地传播了"西方"的教育方式，非洲大陆的许多当代教育体系仍然带有殖民时代的特征，即它们通常具有高度选择性和精英主义色彩（如坦桑尼亚的小升中），遵循特定的培养模式，并且更重要的是往往与当地的现实和知识没有什么关系（Crossley and Tikly，2004）。鉴于这些特点，人们可能会认为，如果这种选拔方式能成功鉴别"最优秀最聪明的人"，那么非洲大陆就能很好地为有天赋的人口服务。然而，这种选拔方式以特定方式概念化了"天赋"，对当地知识和以"其他"方式概念化的"天赋"不甚信任。

　　发达国家对有天赋的个体的鉴别以及对天赋的概念化，历来都与高智商联系在一起。事实上，学校系统是基于正态分布曲线而建立的，这在如今的发达国家仍占主导地位（Smith，2006）。对智商的研究可以追溯到 20 世纪初，但这个概念是有问题的，而且往往伴随着争议。Terman（1916）宣称，他的量表可以准确测定智力禀赋，可以用一个数字代表一个人所拥有的智力水平。根据这一观点，天赋的存在可以通过在测试中得高分清晰而容易地得到证明。历史上，智商测试有一种与种族有关的隐秘用途，智力和种族相关的观点在当时是可接受的，比如这段话："在西南部的西班牙-印第安家庭和墨西哥家庭中，同时也在黑人家庭中。他们的迟钝似乎是种族性的，或者至少是他们家族所固有的"（Terman，1916，pp.6-7）。

这些关于种族的公开声明，是智商概念遗产的一部分，不过发达国家的当代天赋学生教育仍被批评缺乏有色人种、少数族裔和低社会经济背景儿童的参与（Worrell，2009），而鉴别程序、社会种族主义和不平等则被指责为导致这些现象的原因。这些论点提出了两个重要观点：第一，天赋教育的"解决方案"尚未找到，世界任何地方的天赋教育都不完美；第二，有鉴于此，盲目引进任何这些有时管用、但往往本质上不完美的教学法，而不对它们到底是加强还是搞乱了教育予以必要的关注，都将是愚蠢的做法。

11.3　参与式的草根培养与科学教育

在教育培养的理论和实践中，当代思维倾向于优先考虑从草根层次和当地知识中产生的参与式方法（Smith，2011）。在差异化学习方面，包括对天赋学生的教学，优先考虑当地知识和实践可能会让我们产生疑问——这些概念在当地是如何被感知的（Ngara and Porath，2004，2007），差异化学习在多大程度上可以让年轻人为当地和国家的现实做好准备。如果有人认为坦桑尼亚不存在专注当地知识的参与性实践，那他就错了。正如 Barrett（2007）所说明的，坦桑尼亚小学课程包含了部分与当地未来职业相关的知识，包括为当地商人解决数学问题的数学教育，以及侧重于营养和疾病预防的科学教育，而且当地教师往往热衷于让孩子们掌握与他们目前环境相关的技能。坦桑尼亚的小学科学课程规定，从四年级到七年级都要上"健康和传染病预防"的课，六年级要上"食品卫生和质量"的课，这门课的目标是使学生们能够理解适当营养的价值，并向学生们解释营养不良的影响。

然而，这些对科学和数学等核心科目（最终要进行正式考试）的"本地化调整"能否代表"当地"形式的教育知识，并为天赋学生提供足够的挑战，值得商榷。同样，虽然有些作者认为教育制度和教学法必须尝试代表或体现当地"文化"（Lindsay，1989），但在这个意义上界定"文化"可能有大问题。对本土/本地知识运动的主要批评之一是，早期支持者倾向于将地方文化或民族文化本质化和同质化——例如，说存在某种"坦桑尼亚的"甚至"非洲的"教育教学形式。坦桑尼亚是一个由 120 多个民族组成的国家，每个民族都可能有独特的教育理念，因此也有不同的"天赋"概念和"才能"概念。富裕的坦桑尼亚城市人和农村人之间的生活差距相当大，对于什么是合适的"当地"教学法，不同阶层、不同族群之间很可能存在分歧。例如，在坦桑尼亚西部的鲁克瓦地区（Rukwa）有一些村庄，村里共同生活着苏库马（Sukuma）和菲帕（Fipa）两个民族，他们对什么是需要教会儿童的有价值的技能和做法，可以有不同的定义。苏库马过去是以畜牧为业的部落，他们实行一夫多妻制，拥有庞大的家庭，近期才移民至该地区。他们通常占村庄总人口的 30%左右。菲帕是鲁克瓦地区人口最多的民族，他们主要从事农业，因此往往不太富裕，而且家庭规模通常都小得多。在苏库马家庭中，与畜牧和放牛相关的技能受到高度重视，年轻男子通常很小就开始放牛。在菲帕家庭中，被重视的做法则更具多样性，同时也更重视与农业相关的技能（Smith，2012）。因此，由于历史、经济和社会文化等方面的原因，两个民族对于什么是对年轻人有价值的"才能"的观念也是不同的。关于"当地"教育的争论也可能被认为是过于相对主义的观点，因为他们忽视了这样一个事实：即使是生活在相对偏远地区的群体，也同样生活在一个全球化的世界之中，而在这样一个世界里，大量的国际影响渗透到了学校和个人的广义教育之中。例如，虽然在坦桑尼亚不是所有的人都能接触到电视、收音机或互联网，但那些能接触到的人就可能从世界的其他地方了解到特殊的"才能"。在音乐和表演艺术领域尤其如此，坦桑尼亚人——尤其是年轻人——已经模仿并发展出了流行音乐的一些最新风格——比如 Bongo Flava。Bongo Flava 将流行全球的各种嘻哈要素与雷鬼（reggae）、节奏蓝调（R&B）、非洲节奏（afrobeat）、舞厅（dancehall）和坦桑尼亚传统风格（如 taarab 和 dansi）结合起来，形成一种既受全球影响又具有当地特色的独特音乐风格。

　　后殖民时代的教育学文献通过"批判性多元文化"的概念，在一定程度上帮助解决了这些摩擦（Crossley and Tikley，2004），这些研究成果或许表明，必须避免对论及差异化学习时的坦桑尼亚"当地"概念以及天赋和才能的含义作简单理解；其实，在一个全球化的世界里，识别什么是"当地的"，本身就非常困难（Smith，2013）。在坦桑尼亚，年轻人关于有价值的天赋和才能的观念，相互之间可能存在竞争和平行。虽然许多人认为学校教的知识过于"理论"，从而不重视年轻人在这类型学习和相关教学实践方面的才能，但在罕见的情况下——在他们可能会在外地接受教育的情况下（例如，当他们获得奖学金或者富有亲戚资助的情况下）——这种才能就被认为是非常有价值的（Smith，2013，2014）。虽然这看起来有点矛盾，但人们认识到，教学方法和在特定领域"有天赋"的概念必须匹配于作为其语境的年轻人的未来。

　　地方参与决定适当的教育教学方法，也是近来的前沿课题。然而，这种参与也必须被批判性地看待。在学校教育方面，撒哈拉以南非洲地区的参与方式与家庭收入密切相关（Lewin，2009）；同样，参与草根计划的方式也是由收入决定的

（尽管不一定线性相关）（Mercer，1999，2002）。因此，在坦桑尼亚，年轻人对课内课外活动的参与也很可能是由家庭收入决定的，收入对于年轻人是否参与针对不同学生（包括那些被认为是"有天赋、有才能的"学生）的项目有重要影响。在坦桑尼亚，来自贫困家庭的儿童在参与课外活动（如运动）以发展自己的才能方面受到了家庭环境的限制。一些儿童在放学回家后，需要从事家庭劳动，如耕作、养牛、捕鱼等。这本身就是参与课外活动的另一种形式，尽管人们一般不这样认为。因此，了解当地人对参与（involvement）、课业能力和培养学生等的概念化是如何交叉的，对在更广泛的国际范围内讨论天赋学生培养的议程，具有重大意义。

11.4　在全球范围内回应有科学天赋的学生的不同需求

当代教育理论和实践的发展已认识到有必要支持各种各样学生的需要，其中包括那些能力很强的学生；事实上，将这种做法正式纳入政策和课程的，大部分都是发达国家，正如对天赋的研究几乎完全集中在高收入国家（Bailey et al.，2012）。虽然其中有一些新进展，但它们延续的是 20 世纪 60 年代以来西方英语国家的教育实践的趋势，强调个人的学习需求和非公开的惩戒方式——二者都被说成是"好的"教学（Barrett，2007）。以学生为中心的主导思想，搭配上伯恩斯坦（Bernstein）能力教学模式，这种"好的"教育常常被二分地对比于"坏的"教育，亦即低收入国家中以"成绩"为主导、以教师为中心的教学模式（Barrett，2007）。

虽然撒哈拉以南非洲地区的当代教育发展在很大程度上受到了国际体系——即期望和承诺为所有人提供教育——的影响，但也有证据表明，普及初等教育的努力也产生了短暂的影响：因为班级规模迅速扩大，教学质量在事实上降低了（Lewin，2009）。Lewin（2009）认为，至少在官方数据中，撒哈拉以南非洲地区已经基本实现了初等教育的高入学率，因此有必要关注有意义的教学质量。在坦桑尼亚，各年级的辍学率和毕业率已经有一段时间不见改善，教学质量指标也没有随着入学率的提高而提高（Sifuna，2007）。高入学率掩盖了这样一个事实，即许多儿童未能达到可接受的成绩水平，留级和超龄的人数很多，总而言之，入学质量参差不齐，破坏了千年发展目标和达喀尔全民教育目标的精神（Lewin，2009；UN，2000；UNESCO，2008）。尽管坦桑尼亚的儿童留级率很高，但是小学课程并没有特意进行分级（所有儿童都接受相同的课程，没有考虑他们的认知发展），这很可能会增加那些超龄或成绩不佳的儿童失败和辍学的可能性，同时也无法为那些能力强的儿童提供获得认可、加速学习或者接受挑战的机会。虽然这些问题大都与资源限制密切相关，但也有证据表明，这种资源限制并不意味着能力教学法和差异化学习就一定不可能（Barrett，2007）。事实上，部分坦桑尼亚教师在授课时非常灵活，善于识别不同能力的学生并适应他们的需要，还经常将包容性的建构主义原则应用于整个班级的教学，并借鉴独特的"坦桑尼亚"教学传统（Barrett，2007）。例如，坦桑尼亚农村、城市和沿海地区的教师将管理校园周围的种植区作为一种科学教学方法，同时也将当地的植物、土壤类型和农业实践的技能和知识融入其中（Smith，2012，2014）。在 Smith（2012，2013，2014）对农村学校的研究中有一个案例，教师广泛使用学校的土地来示范种植与当地农业经济高度相关的特定类型的水果作物，而学生则学习与果树及其他树木（可用作建筑材料）在典型土壤、气候和天气条件下如何生长有关的当地实践。这样的教学似乎将当地实践中固有的技能、知识和才能，以及学生在家接受的传统教学，与关于土壤、天气和植物学的更抽象的"科学的"或"理论的"知识结合了起来。他们还意识到不同的才能概念，其中包括"阅读"不同类型土壤的容量和适用性的才能，以及使用当地技术种植和培育农作物的才能。

因此，目前的证据表明，应对不同的能力并实行能力模式教学法，在低收入国家是完全可能的、可行的。来自发达国家的证据也表明，天赋学生在混合班级中也能取得好成绩，拥有任何能力的学生都能从具有挑战性的学习机会以及与不同能力的人的社会互动中受益（Bailey et al.，2012），这表明在熟练和博学的教育者手中，这种教学实践能够，并且确实地在大班教学和资源有限的情况下发挥了作用。然而，围绕不同能力的教学以及科学教育中受重视的能力的跨文化交流，仍然存在重大障碍。由于"天赋学生"教育议程主要来自发达国家，"天赋"概念在这些社会中根深蒂固，可以无问题地使用（Bailey et al.，2012）。但是，这个术语在不同的文化和社会背景下可能有相当不同的含义。事实上，这种不同可能阻碍而非促进跨文化背景的交流（Sutherland，2012）。有证据表明，坦桑尼亚中小学里典型的科学课程和环境教育经常受到当地人的批评，因为它建立在西方科学的理论模型之上（Smith，2013）。例如，当年轻人在中学学到气候变化和环境变化时，老师会根据学生能否清晰表达环境系统的抽象化、理论化构造，或者根据学生能否清晰表达与环保有关的价值观，来鉴定他们在该学科上的天赋如何。其中包括二氧化碳的释放如何消耗臭氧层、水循环如何运作、二者如何被森林退化的过程所改变、应如何保护森林和野生动物等内容（Smith，2013）。当地成年人，尤其是农村的成年人，通常不重视这种意义上的天赋。相反，许多当地人认为这种才能的学习和表达太过"理论化"，这主要是因为，虽然宽泛地说这些理念都与当地环境相关，但它们几乎没有实际意义（Smith，2013，2014）。在农村，人们通常更看重掌握实用的技能或者将"理论"知识应用于农业生产、贸易或畜牧的能力。因此，如果一个学生在课堂上被老师认定为"有天赋"，那么除非他的家庭有能力且有意愿投资该生深造以兑现这些"抽象的"科学才能（对大多数农村家庭来说，这是存疑的），否则这种才能不太可能在社群中得到高度评价。在极端案例中，通过学校的科学教育向学生传授的价值观，如防止森林破坏或减少对渔业的依赖，会与社群的营生相冲突（Smith，2014）。因此在坦桑尼亚，教学生职业技能以用于未来营生会得到更高的评价，而天赋和才能是以个人在农牧业或其他当地生意的持续成功来衡量的（Smith，2013，2014）。

因此，转变国际天赋教育议程的思维模式以容纳其他可能的定义和教学实践，以及发展中国家的教育工作者和决策者开始正式采用适应不同学习需求的能力模式教学法，二者的理由同样充分。这里有一个重点是要考虑尺度：对这些概念的理解或许是不同的，但它们之间也是相互联系的，跨越了区域、国家和当地地理环境。同样，对差异化学习和差异化能力的关注也挑战了在国际层面上对教育进行工具主义的监测的观念。正如 Al-Samarrai 和 Reilly（2008）所说，定量地和实证地捕捉"能力"要素，要比提高入学率难得多，然而到目前为止，像联合国这样的国际机构仍然在很大程度上依赖于简单地用入学率来衡量国家教育的"进步"。

11.5 结论以及对天赋学生科学教育实践的启示

> 为了使智力、情感、社会、道德等各方面得到发展，儿童所需要的东西都是一样的，那就是：参与愈发复杂的活动。
>
> （Bronfenbrenner，2005，p.9）

在 Bronfenbrenner 关于人类发展的生物生态学模型中，"复杂活动"并不局限于正规教育语境，而是强调和重视家庭和社区内所有形式的非正式教育。为了支持学生向"愈发复杂的活动"迈进，我们必须首先了解他们已经掌握了哪些知识、技能和经验。承认学生在学习环境方面的差异，并制定支持他们的教学方法，必须成为天赋学生科学教育的优先事项。这一点不仅针对学生在能力上的差异，也包括知识、经验和背景方面的差异。如果天赋学生科学教育的教学方法未能考虑当地的知识和文化，从而不重视年轻人在当地实践中获得的能力，那么这种教学方法将无法为他们提供在社区内提升这些技能并付诸实践的机会。

与重视实践知识的教学方法相一致的是，史密斯（Smith）在坦桑尼亚学校的研究（Smith，2012，2013，2014）表明，天赋和才能是空间的和物质的实践，它们体现在技能知识中，而非抽象知识中。同样重要的是，这些技能的学习既发生在家中，也发生在学校，因此在坦桑尼亚，地方农业实践的人才培养不单单是学校教育的功劳，而是家庭、当地成人和学校教学共同努力的结果。然而，坦桑尼亚案例的有趣之处在于，这些基于实践的地方教学方法与科学教学（特别是环境问题的教学）的整合，是在当前坦桑尼亚国家课程标准之外进行的，该课程标准既没有特别要求这类活动（Smith，2012），也没有认识到这类活动所表达的基于技能的才能概念。地方科学知识为日常生活中方方面面的决策提供了信息，因此，地方科学知识似乎为发展中社区在直接影响他们的领域提供了能动性（Chambers，2001）。然而，地方科学知识并不比西方科学知识更铁板一块，而且从本质上讲，无论是西方科学知识还是地方科学知识，都不能独立掌握答案。我们应该回到Bronfenbrenner 的论点，"行动就在互动中"。

重要的是要了解天赋教育的背景，要认识到即使在一国之内，学生碰到的地方科学知识也会有很大不同。同样，当地文化允许儿童享有多少发言权和自主权，社区之内和社区之间也存在差异。我们认为，当地环境和学生自身的能动性和自主性，与任何正规天赋学生科学教育课程的性质及其推行，都有助于构建天赋学生的学习经验。20 世纪 90 年代儿童社会学的研究表明，把年轻人理解为社会行动者是重要的，他们不只是在吸收知识和技能，更在教育选择和身份选择方面拥有能动性和自主性（Konstantoni，2012；Punch and Tisdall，2012）。年轻人有能力迅速调整他们的身份（Van Blerk，2005），并能有策略地宣称和表演不同的身份，以迎合不同空间和场所对他们的期望和规范（Holloway et al.，2000；Smith，2014）。因此，我们必须记住，有科学天赋的学生并不只是被动地接受学校贴给他们的标签，他们也可以通过表演不同的身份来主动推翻这些标签——例如在不同的环境下，时而表达知识，时而假装无知。但是同样地，这种表达与否的"选择"（可能与他们所处环境的文化规范有关），也会对年轻人的自主能动性造成影响。

因此，旨在满足天赋学生的需求的，特别是想要应对 21 世纪的全球挑战的科学教育必须考虑这些问题。继续提供根植于狭隘的"天赋"概念的、发源于发达国家的课程和教学实践的天赋学生课程，可能会产生一种特殊的"天赋"科学家，这种科学家很可能会忽略地方科学知识共同体所拥有的丰富遗产和信息，而这些遗产和信息又可能为我们的全球问题（如食品安全问题）提供解决方案。Barrett（2007）发现，在坦桑尼亚的学校课堂实践中，将辩论作为学习手段是一种根深蒂固的传统，它发源于独特的坦桑尼亚文化传统。这些辩论传统或许与公共学习或群体学习的观念有关，它同样可能重视与社会合作和协商有关的才能，而不持一种"个人"才能的观念。如果将这些辩论传统批判性地应用于科学学习，那么它或许可以让坦桑尼亚的学生通过协作性和批判性的辩论活动讨论实施科学理念（例如各种形式的环境保护）对当地社群营生的社会经济影响。这就是 Bailey 等

（2012）所说的"社会思维"，即培养社会技能，使知识转化为当地的社会现实。这样的教学传统在坦桑尼亚已经存在，并且对于地方教学方法与其他"西方"式的科学学习及科学知识的整合非常有价值。它还将为有科学天赋的学生提供富有挑战性的教育机会，在学习过程中赋予他们宝贵的自主性和能动性。这只是一个例子，说明了如何利用当地的教学方法和教学传统来解决发展中国家天赋学生科学教育的关键问题和关键挑战，同时说明了将我们对天赋教育的理解拓展到西方和发达国家以外地区的价值。

<h1 style="text-align:center">参 考 文 献</h1>

Al-Samarrai, S., and Reilly, B. (2008). Education, employment and earnings of secondary school and university leavers in Tanzania: evidence from a tracer study. *Journal of International Development*, 44(2), 258-88.

Bailey, R., Pearce, G., Smith, C., Sutherland, M., Stack, N., Winstanley, C., and Dickenson, M. (2012). Improving the educational achievement of gifted and talented students: a systematic review. *Talent Development and Excellence*, 4(1), 33-48.

Barrett, A. M. (2007). Beyond the polarisation of pedagogies: models of classroom practice in Tanzanian primary schools. *Comparative Education*, 43(2), 273-94.

Bolt, J., and Bezemer, D. (2009). Understanding long-run African growth: colonial institutions or colonial education? *The Journal of Development Studies*, 45(1), 24-54.

Bronfenbrenner, U. (2005) *Making Human Beings Human: Bioecological perspectives on human development*. London: Sage.

Chan, D. W. (2004). Multiple intelligences of Chinese gifted students in Hong Kong: perspectives from students, parents, teachers and peers. *Roeper Review*, 27, 18-24.

Chambers, R. (2001). The World Development Report: concepts, content and chapter 12. *Journal of International Devlopment*, 13, 299-306.

Crossley, M., and Tikley, L. (2004). Postcolonial perspectives and comparative and international research in education: a critical introduction, *Comparative Education*, 40(2), 147-56.

Ellen, R., and Harris, H. (2000). Introduction. In R. Ellen, P. Parkes and A. Bicker (Eds), *Indigenous Environmental Knowledge and Its Transformations*, Amsterdam: Harwood Academic.

Ellison, M. (2014). Can a reality show really deliver aid to Africa? *The Toronto Star*, 20 January. Retrieved from: http: //www. thestar. com.

Ford, D. (2005). Intelligence testing and cultural diversity: pitfalls and promises. *National Research Center on the Gifted and Talented News Letter*, Winter, 3-9.

Holloway, S. J., Valentine, G., and Bingham, N. (2000). Institutionalising technologies: masculinities, femininities, and the heterosexual economy of the IT classroom. *Environment and Planning A*, 32, 617-33.

Jeffrey, C. (2010). Timepass: youth, class, and time among unemployed young men in India. *American Ethnologist*, 37(3), 465-81.

Konstantoni, K. (2012). Children's peer relationships and social identities: exploring cases of young children's agency and complex interdependencies from the minority world. *Children's Geographies*, 10(3), 337-46.

Lewin, K. M. (2009). Access to education in sub-Saharan Africa: patterns, problems and possibilities, *Comparative Education*, 45(2), 151-74.

Lindsay, B. (1989). Redefining the educational and cultural milieu of Tanzanian teachers: a case study in development or dependency? *Comparative Education*, 25(1), 87-96.

Manyowa, A. F., and Ncube, M. V. (2013). A consideration of education programs for gifted primary school pupils in Masvingo, Zimbabwe. *International Journal of Development and Sustainability*, 2(2), 617-28.

McFarlane, C. (2006). Crossing borders: development, learning and the north-south divide. *Third World Quarterly*, 27(8), 1413-37.

Mercer, C. (1999). Reconceptualizing state-society relations in Tanzania: are NGOs 'making a difference'?, *Area*, 31(3), 247-58.

Mercer, C. (2002). The discourse of *Maendeleo* and the politics of women's participation on Mount Kilimanjaro. *Development and Change*, 33, 101-27.

Ministry of Education and Culture(1995). *The Education and Training Policy*. United Republic of Tanzania, Ministry of Education and Vocational Training.

Ministry of Education and Vocational Training(2009). *National Strategy on Inclusive Education 2009–2017*. United Republic of Tanzania, Ministry of Education and Vocational Training.

Ngara, C. (2002). Teachers' perceptions of giftedness and talent among primary school children, *Zimbabwe Journal of Educational Research*, 14, 217-27.

Ngara, C., and Porath, M. (2004). Shona culture of Zimbabwe's views of giftedness. *High Ability Studies*, 15, 189-209.

Ngara, C., and Porath, M. (2007). Ndebele culture of Zimbabwe's views of giftedness. *High Ability Studies*, 18(2), 191-208.

Punch, S. (2004). The impact of primary education on school-to-work transitions for young people in rural Bolivia. *Youth and Society*, 36(2), 163-82.

Punch, S., and Tisdall, E. K. M. (2012). Exploring children and young people's relationships across majority and minority worlds. *Children's Geographies*, 10(3), 241-8.

Sifuna, D. N. (2007). The challenge of increasing access and improving quality: an analysis of universal primary education interventions in Kenya and Tanzania since the 1970s. *International Review of Education*, 53(5-6), 687-99.

Smith, C. M. M. (2006). *Including the Gifted and Talented: Making inclusion work for more gifted and able learners.* London: Routledge.

Smith, T. A. (2011). Local knowledge in development(geography), *Geography Compass*, 5(8), 595-609.

Smith, T. A. (2012). At the crux of development? Local knowledge, participation, empowerment and environmental education in Tanzania. Unpublished PhD Thesis, University of Glasgow.

Smith, T. A. (2013). The dominant/marginal lives of young Tanzanians: spaces of knowing at the intersection of children's geographies and development geographies. *Geoforum*, 48, 10-23.

Smith, T. A. (2014). The student is not the fisherman: temporal displacement of young people's identities in Tanzania. *Social and Cultural Geography*, doi:10.1080/14649365.2014.926562

Storey, A. (2000). Post-development theory: romanticism and Pontius Pilate politics. *Development*, 43(4), 40-6.

Sutherland, M. (2012). Paradigmatic shift or tinkering at the edges? *High Ability Studies*, 23(1), 109-11.

Terman, L. M. (1916). *The Measurement of Intelligence: An explanation of and a complete guide for the use of the Stanford revision and extension of the Binet-Simon Intelligence Scale.* Boston: Houghton Mifflin.

UN(2000). *Millenium Summit Declaration.* New York: United Nations.

UNESCO(2008). *EFA Global Monitoring Report.* Oxford: Oxford University Press.

Van Blerk, L. (2005). Negotiating spatial identities: mobile perspectives on street life in Uganda. *Children's Geographies*, 3(1), 5-21.

Weisner, T. S. (2008). The Urie Bronfenbrenner top 19: looking back at his bioecological perspective, *Mind, Culture and Activity*, 15(3), 258-62. doi: 10.1080/10749030802186785

Worrell, F. C. (2009). What does gifted mean? Personal and social identity perspectives on giftedness in adolescence. In F. D. Horowitz, R. F. Subotnik and D. J. Matthews(Eds), *The Development of Giftedness and Talent Across the Life Span.* Washington, DC: American Psychological Association. doi: 10.1037/11867-008, pp. 131-52.

第 12 章　培养更多有科学天赋的学生：在基于问题探究的教学活动中，教师需要做什么

吉莉恩·基德曼（Gillian Kidman）

12.1　引　言

大多数科学教师会同意，探究式教学是一种非常有效的科学教学方式。学生通过科学探究过程建立他们的科学理解和探究技能，在这个过程中，他们在原有知识与新的观点和证据之间建立联系。科学探究——尤其是开放式探究——长期以来一直被认为是培养更多有科学天赋的学生的重要手段（Park and Oliver，2009；Yuan-Yan et al.，2010）。Windschitl（2003）描述了 4 种科学探究类型：①检验已知事实的证实体验，也叫作"食谱实验室"（cook book lab）；②结构化探究，教师为学生指定问题和操作步骤，引导学生发现一个未知的答案；③指导性探究，教师允许学生使用自己的方法去研究一个给定的问题；④开放式探究，学生自己提出问题并独立地进行研究（p.114）——但教师在其中扮演什么角色？在对天赋学生进行探究式教学时，教师所扮演的角色是否会有所不同？

教师很少有时间去查阅教育学研究期刊以获得关于怎样上课的指导。相反，教师往往会根据其他教师的经验（Asay and Orgill，2010）和简短的职业发展报告来决定怎么上课。阿塞（Asay）和奥吉尔（Orgill）引用了一长串作者的观点指出，我们需要描述日常教学活动中的探究课实际上是怎么上的，搞清楚这一点对职前教师和在职教师都有好处。因此，本章的目标是研究与探究式课堂有关的国际文献，并利用这些文献构造一个理论模型，然后根据实际的课堂观察和教师访谈对模型进行检验和修改。我们只考虑那些明确讨论了教师的角色和行为的文献。

具体而言，本章构造并完善了两个教学模型，根据对 9 个班级的观察和对 9 名教师的访谈探索理论模型由哪些部分构成。本章特别关注教师在主流课堂上对天赋学生使用探究式教学法时所扮演的角色。

12.2　理论模型的背景信息

我们考察了科学教育的研究期刊、政策文件和书籍，以便对探究式教学法的内涵达成共识，其目的是建立一个关于教师角色和探究式教学法的理论模型。根据芬克尔（Finkel）和他的同事（Finkel et al.，2009）的说法，教师采用探究式教学法以：

（1）在提出观点和进行解释之前，让学生参与初步探索；

（2）聆听学生自己提出的问题；

（3）将开放式研究作为教学设计的一部分；运用活动来探索和发展观点，而非简单地展示过去提出的观点；

（4）支持学生提出新知识。

但是教师要如何做到这一点？在这些教学法中，教师又扮演什么角色？回答这些问题的文献并不多。只有四篇论文提供了清晰的文献分析，并描述了教师在采用与上文 Finkel 等所概述的探究式教学法时所扮演的角色。

Wells（2001）将探究的过程描述为，学生需要完成三个独立活动——研究、解释和展示。Asay 和 Orgill（2010）的研究提供了更多的细节，他们提出，学生最初需要参与两个同步进行的活动——提出问题和采集证据，而一旦找到了证据，学生需要对证据进行分析，在各个证据之间建立联系。学生需要交流他们的研究项目和发现，类似于韦尔斯（Wells）所说的"展示"活动。Wells、Asay 和 Orgill 对探究过程的描述都与 Zubrowski（2007）的描述相似，后者将探究过程描述为三个阶段——探索、证据采集和意义构建（sense-making），外加两个过渡阶段。有趣的是，祖布罗夫斯基（Zubrowski）并不认为交流所探究的项目是必须的，而 Wells、Asay 和 Orgill 都认为交流必不可少。Poon 等（2012）向我们展示了一个教学框架，即"PIE 模式"（P 代表"准备研究"，I 代表"研究"，E 代表"解释"）。他们写道，"我们观察的所有课堂都明显体现出 PIE 模式"（p.318）。像 Zubrowski 的描述一样，PIE 框架以"解释"结束——学生解释他们的发现，教师带学生讨论相关的概念。对超出教学范围的探究进行交流并不是该框架的构成部分。

在 Wells（2001）、Zubrowski（2007）、Asay 和 Orgill（2010）、Poon 等（2012）的丰富描述的基础上，我们构建了一个理论模型（图 12.1）。该模型包含 5 个构成部分：基本部分是 3 个阶段（探索、证据采集和意义构建），Wells、Zubrowski、Asay 和 Orgill 以及 Poon 等都认为它们对探究课的教学至关重要，但如果没有 Zubrowski 所强调的两个过渡阶段，它们也无法对学生的学习产生充分影响。这 5 个部分是连续的，但也是通过学生提问、采集证据以及最重要却经常被遗忘的分析、建立联系和交流发现三者而联系在一起的。

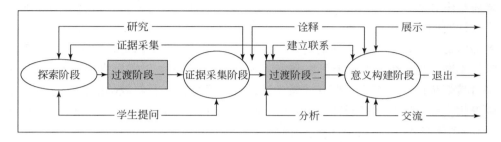

图 12.1　探究式教学的理论模型

随后，我们将会在 9 位教师的课堂实践中考察这个理论模型，这 9 位教师在指导学生做开放性探究式学习方面都很有经验。基于文献描述，结合课堂观察和教师访谈，我们为理论模型的 5 个构成部分分别建立了教学模型，其中两个将在本章的剩余部分介绍。这两个教学模型是关于两个过渡阶段的——即图 12.1 理论模型中的阴影区域所代表的阶段。正是在这两个阶段，教师需要改变他们对天赋学生的教学。

12.3　课堂数据的背景信息

课堂数据由探究式课堂的教师访谈、课堂观察以及课堂录像构成。这些课堂来自澳大利亚昆士兰的 3 所学校里的 9 个不同的科学班。在一个学年中，我们对每个班级连续三次探究课进行录像（因此有 81 节课录了像）。我们对这些录像进行了分析，以确定教师的角色以及是否实践了探究式教学法，并在之后的教师访谈中用录像刺激教师回忆。Stigler 等（2000）认为，使用录像来分析教学能够对复杂的教学活动进行详细的检查，而课堂样本提供关于教学的种种信息，包括教学条件、班级、学生年龄、课堂主题等，这些都可以分析。Pirie（1996）认为，视频刺激回忆是研究课堂事件的最不侵扰、最包容的方式，它允许教师再次体验教学过程中的某一情节，在回顾中准确描述他的思考过程和行动（Calderhead，1981）。表 12.1 展示了参与研究的课堂的细节。

表 12.1　参与研究的课堂

学校	班级	探索的科学主题
小学 1	3 个六年级班（11 岁）	昆虫、摩擦、声音
高中 1	3 个九年级班（理科班）（14 岁）	飞行、消化、催化
高中 2	3 个十一年级班（生物班）（16 岁）	宇宙、DNA、生理学

所有班级都有被学校或正规测试认定的天赋学生。在澳大利亚，天赋学生与普通学生分班教学的情况十分罕见。教师在学年的第一、第二和第三学期各挑选了 3 课时的课程。对于每一组 3 课时课程，我们都做了以下工作：①预先跟任课老师做访谈，以确定这门课的目标（20—30 分钟）；②对课堂进行录像（每次课时长不同，但都在 1 小时上下）；③课后汇报（10 分钟），以确定直接的课堂反应；④对教师角色和是否实践探究式教学法进行录像分析（看看教师的行动是否与理论操作模型一致）；⑤跟教师做访谈，刺激教师回忆录像课的方方面面（1—2 小时）；⑥重新考虑我们的理论操作模型。

12.4　揭示过渡阶段的教学模型

通过课堂观察和教师访谈，我们完善了理论模型，并确认了其中的 5 个构成部分：探索阶段、过渡阶段一、证据采集阶段、过渡阶段二以及意义构建阶段。

12.4.1　探索阶段

对所有的学生来说，这个阶段是建立探究体验的目的和过程的重要阶段。对学生原有知识的质疑和探索吸引了学生的注意力。除非该班学生有探究式学习的经验，否则在大多数情况下，探究什么问题是由教师和学生共同商议决定的。在十一年级的生物课上，这种讨论往往由天赋学生主导，但在六年级和九年级的课堂上则不然。年轻的天赋学生似乎不想在同学面前展示自己的爱好或博学。虽然教师总想听听天赋学生的想法，但很少能够得偿所愿。在共同构建研究问题之后，教师需要同时扮演两个角色：一是将学生划分为小组并分配各小组成员的角色，二是分发材料。所有教师都允许天赋学生选择他们的搭档——"我不用担心他们。我需要注意的是那些较差学生的行为和想法，这样他们才会真的做事。"当学生们正在努力"回答"研究问题时，老师需要对每个小组和个人进行检查。教师需要与每个小组公开互动，向学生提问并了解学生的想法，而不能只是在班里来回踱步观察。教师和有天赋学生小组的问题和回答明显不同。正是通过这些提问时间，教师允许天赋学生偏离课堂主题，进行更具学术挑战性的探究。

对于年龄较小的孩子，教师认为有必要不断向全班介绍其他小组的成功经验，以作为保持全班专注于任务的一种手段——"我不会嘲弄某些小组，而只会公平地强调他们的成功。平庸的孩子需要知道他们和聪明的孩子一样有贡献。"有一个环节教师每节课会进行多达 5 次，在这个环节里，教师会让学生完成任务、检查进度、注意资源用量并保持工作场所的整洁。似乎学生年龄越小，教师需要重复这个环节的次数就越多。对于高年级学生，虽然仍然需要检查他们的进度，并可能需要提供关于合理使用资源和材料的建议，但他们不太需要老师不断地把他们重新引导到任务上。然而在一个案例中，一位九年级教师确实对一位天赋学生感到棘手，因为她多次看到该生没有控制好变量，导致不断偏离任务。"对于她，我不得不不断放慢她的思维模式。她总会在研究到一半的时候又开始新的研究。这很奇怪，但也很有趣"，这位女生的老师说。

　　学生们完成证据采集后，教师需要指导他们放下所有资源和材料，否则就可能搞得乱七八糟。清理工作区是学生的责任——教师很少做这件事。天赋学生似乎都不愿意停止研究和清理工作区，因为他们都非常投入。其他学生也尝试逃避清理工作，但似乎更多地出于懒惰。教师是这个过程的指挥者，并在学生们归还材料和清理实验台时，向全班提问。清理时段并不是学生们闲聊的时间。有经验的探究课教师会利用这段时间向全班同学提问，同学们会在清理工作区的同时做出回应。对于较弱的学生来说，这种讨论对于巩固观点非常重要；不过天赋学生并不需要这种巩固，因为他们积极性不同。清理时间往往临近下课，因此教师必须利用这段时间在教室内建立讨论，并在全班整理好材料后将讨论继续进行下去。这种做法维持了学生的思考活动，确保课堂能持续进行。我们发现，天赋学生经常不参加这种课堂讨论。有 4 位教师表示他们并不介意天赋学生不参与讨论：

　　　　由于他们头脑中有各种各样的信息，往往超过其他学生，所以他们不需要我再提什么简单的问题，他们自己就能通过思考梳理出证据的意义，随后再把想法告诉我。

（十一年级生物老师）

　　教师往往会在讨论时使用学生提出的问题，通过让学生们认识到进一步收集证据的必要性，使全班慢慢转变到过渡阶段一。

12.4.2　过渡阶段一

　　图 12.2 提供了一个教学模型，说明教师需要在课上做什么，以让学生从探索性的观察转为证据采集。阴影部分指明了教师在指导天赋学生时所扮演的不同角色。

　　对天赋学生来说，这个阶段的有趣之处在于发掘一个问题，并让这个问题能够利用现有资源和可控变量来进行探究。只有当学生找到一个可供检验的问题或假设，并且理解自己一次只能控制一个变量时，探究性研究项目才会没那么容易崩溃。天赋学生比他们的同学更懂得发掘问题，可是许多问题过于困难，无法在学校实验室解决。本研究中的教师需要补充相应的科学知识和设备，以便充分开发天赋学生提出的问题。有一个九年级班级就发生了这种事，一位天赋学生提出了一个这种难题，他想要测试鸟类翅膀的强度：

> 这位男生［教师在观看课堂录像的刺激性回忆过程中指着学生］想探索鸟类翅膀的强度。他写道"鸟的翼长、翼展和质量处于某个特定比例关系时，它们就能飞得很快"。我们在措辞上下功夫，提出了"飞行速度受鸟类的翼展和体重之间的固定比例影响"的假说。
>
> （九年级教师）

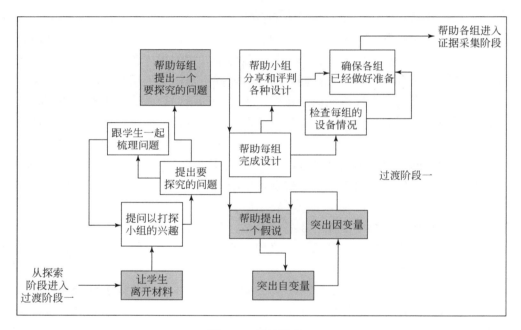

图 12.2　过渡阶段一

阴影区域对天赋学生而言至关重要

　　对该生来说不走运的是，他接触鸟类的机会非常有限，所以不可能采集到原始数据。学生和老师也都没有在互联网上找到合适的二手数据以继续学生的研究。教师们都组织了全班进行关于变量的头脑风暴会议。

　　尽管教师说明了自变量和因变量两个概念的区别，大部分学生仍然感觉吃力。六年级和九年级的老师都以"我可以改变的东西"和"我不会改变的东西"来引入自变量和因变量的概念。这让学生们普遍感到困惑，而天赋学生虽然能在讨论中正确使用这两个术语，但是一旦他们需要在实践中完成多项任务，就会要么停止使用这两个术语，要么将它们混为一谈。不过，有一位十一年级生物老师通过探讨自变量是定类变量、定序变量还是定距或定比变量的方式，在天赋学生身上取得了更好的效果：

> 我告诉全班同学这三个范畴。我不把它作为最重要的点，但我坚持让聪明学生正确使用这些术语。这样一来，他们很快就学会了这三个变量类型，知道了这些都是自变量，然后他们就起飞了。

所有教师都会同意，普通学生需要鼓励，以激励他们提出可检验的问题，并在设计调查实验时恰当地考虑变量。不过，对于天赋学生，教师必须提高课堂的智力要求。天赋学生不喜欢对自己设计的调查实验感到困惑，他们需要感觉到自己能控制自己的学习。只要他们能解决自己的困惑，他们就很乐意延长学习时间。然而，普通学生"对他们的学习更不屑一顾，似乎满足于在即将被遗忘的困惑的缠绕下离开教室和课堂"（九年级教师）：

> 期盼还是沮丧？我需要让那些聪明人保持平衡。我希望每个人在上完课后都能确信自己的假设或问题和变量是正确的，这样当我们进入下一课时才会有一种兴奋感。天赋学生迫不及待地想得到一个结果。有时得到结果比生成数据更令人热切期待。我需要让他们慢下来，让他们抱着开放的心态满怀热情地进入数据阶段。

12.4.3 证据采集阶段

显然，对学生来说，开放性探究最令人愉快的方面——其实对教师的学习来说亦然——就在于证据采集。在所有的课堂上，教师都需要澄清任务的目的。这提醒了学生他们要做什么以及为什么要做，并让教师能够检查学生是否熟悉他们的方法。有趣的是，九年级老师和十一年级老师认为有必要反复检查学生是否记录了他们的证据——特别是对于天赋学生，他们往往会忘记这一点。一位有经验的十一年级生物老师解释说：

> 聪明的学生在过去的科学实践中游刃有余，他们能记住他们所获得的数据，或者仅仅是潦草地写下数据。现在我让他们做一些更合理的事情，他们很难改变自己的做法。不过，我们正在取得进展。他们逐渐开始会有意义地记录数据，因为他们不这样做就会变得很沮丧，而这一点儿也不好！

低年级学生（六年级）会主动记录证据。这体现出小学教师和中学教师在教学方法上的微妙差异，也许在普通学生和天赋学生之间也存在这种差异。教师需要坚持要求天赋学生不要只依赖记忆。小学教师更倾向于让学生控制他们的研究项目，相比之下，高中教师则认为需要不断引导学生完成他们的项目。

似乎有些高中生希望每件事都能得到指导，他们自己不会想到要记录证据，除非老师叫他们这么做。高中老师也倾向于花很多时间在那些工作出色、全情投入的学生小组上。这些小组通常由天赋学生和高于平均水平（但还称不上有天赋）的同学一起工作。在接受采访时，一位教师解释说"我觉得看天赋学生做研究很有趣，因为我猜不到他们会得出怎样的答案……而我知道其他学生会怎么做研究，所以除了保障他们的安全和辅导他们使用设备之外，我对他们的研究就没什么兴趣了"。（九年级教师）

12.4.4　过渡阶段二

理论模型的第四部分是过渡阶段二（图 12.3），我们需要更仔细地考察这个阶段中的教师角色和天赋学生。过渡阶段二发生在证据采集阶段和意义构建阶段之间。

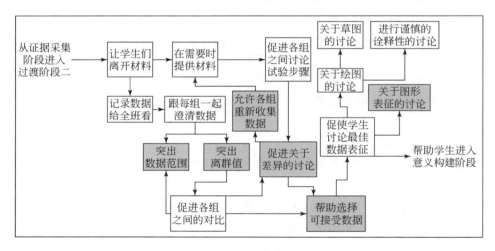

图 12.3　过渡阶段二

阴影区域对天赋学生而言至关重要

对天赋学生来说，第二个过渡阶段的关键是仔细考虑数据，特别是要考虑异常值，要讨论如何保留和排除异常值。考虑数据中的异常值和不一致，对于学生充分理解数据并能在最后的意义构建阶段将这些数据转化为证据，是至关重要的。异常值的出现对于一对有天赋的十一年级学生搭档来说是一个大问题。这两位学生就读于一所精英男校，对自身期望很高。当他们的研究结果与其他小组明显不同时，他们陷入一种防御性心理："我们是按要求做的。肯定是你们混淆了产量，或者把它（DNA）称错了。"当教师要求男生们重新考虑他们从各种水果中提取

DNA 的方法时，才发现原来是男生们忘记了称量天平，也没有保持所有变量不变——他们最初的水果样品大约只有通常的一半重。老师没有忽视这些错误数据，也没有让这些男生去其他小组获取更可靠的数据，而是为这些学生修改了任务，让他们讨论实验方法错误带来的影响。为了满足学生"把事情做好"的需求，教师允许学生在他们课下重新进行研究。男生们重新做了研究，取得了合理的结果，并报告了 DNA 的产量，随后还报告了在科研过程中小心谨慎的重要性以及实验方法中容易犯错的地方。后来，这些男生因为这项成果，获得了州政府颁发的学生科学奖。

观察老师们如何管理学生得到的数据是非常意思的事情。教师总是指引学生们在适当时候分享他们的数据，计算平均值，并绘制图表来研究数据间的关系。老师们就如何展示数据向天赋学生提出了进一步建议。学生不只标注平均值，还要标注他们的原始数据，包括所有异常值，并利用由此产生的散点和值域来帮助他们理解数据：

> 对大多数孩子来说，这太难理解了。让他们标注平均值并进行有见地的比较就已经很困难了。不过，聪明的孩子可以更进一步，他们能根据原始数据点的散布或重叠，说出两个或多个平均值是否相同。我们在 Excel 电子表格上制图有困难，你也知道，散点图和条形图是合一的，所以我们只能在电脑上打印出来后用手画。我对 ICT（信息与交流技术）技能不感兴趣，更关注怎样诠释数据。
>
> （九年级教师）

12.4.5　意义构建阶段

意义构建阶段有两个关键部分：将证据和问题/假说关联起来，以及向其他人交流研究结果。报告和交流是对天赋学生的挑战。他们主动深入课题研究，学到很多东西的同时，也为不能把研究报告压缩在老师规定的字数内而感到沮丧。他们也有一个潜藏心底的愿望，那就是提出没有证据的发现。教师每次都不得不不断提醒天赋学生，他们每提出一项主张都需要得到至少两项证据的支持。这与普通学生形成鲜明对比，普通学生：

> 只做他们不得不做的事。一旦他们得到一个答案，那就这样了。他们会停下来。就像他们被训练成只要得到一个答案就不要再继续下去了一样。我必须不断提示他们："这个答案看起来真实吗？它符合逻辑吗？"与那些聪明孩子完全不同。我必须不断约束他们！！
>
> （十一年级教师）

12.5 结 论

针对研究问题，基于文献分析、课堂观察以及教师对课堂的刺激性回忆而构建的理论模型显示，教师的提问对所有学生都至关重要，但天赋学生实际上更喜欢在提问前启动自己的思考。教师可以退后一步，让天赋学生按照自己的想法和计划去探索和处理问题，这会将他们引向成功。

构造一个表征澳大利亚主流课堂的探究式教学的理论模型是可能的。这个模型的某些方面对主流学生是通用的，但教师确实需要修改他们的教学法以指导六年级、九年级和十一年级的天赋学生。目前还没有任何研究针对该年龄段或针对天赋学生的教师技能与探究式教学法。许多已发表的研究以基于课本的教学框架描述了探究式教学法的主要方面，但这些研究没有以图示的方式逐步说明教师的角色和行动，也没有考虑天赋学生的情况有所不同。本章所述的研究对包含天赋学生的探究式教学法的研究作出了重大贡献。它尝试将探究的理论概念与澳大利亚主流学校教师的实际课堂教学行动联系起来。本研究特别强调了天赋学生和普通学生参与探究式课程的方式之间的相似之处和不同之处。根据我在当前研究中的体会，为了提出一个完整和有效的教学模型，以描述适合所有学生类型的探究式教学法，研究者和教师还有很多的工作要做。

本章所述研究与天赋学生群体有关：①它以课堂观察的研究传统为基础，突出了教师的行动；②关注多个课堂的探究式教学方法——重点研究了教师的角色，尤其针对天赋学生和普通学生混班的情况；③探索了将探究式教学纳入科学课程这种科教专家所提出的全球性建议。

参 考 文 献

Asay, L. D., and Orgill, M. (2010). Analysis of essential features of inquiry found in articles published in *The Science Teacher*, 1998–2007. *Journal of Science Teacher Education*, 21, 57-79.

Calderhead, J. (1981). Stimulated recall: a method for research on teaching. *British Journal of Educational Psychology*, 51, 211-17.

Finkel, A., Pentland, P., Hubber, P., Blake, D., and Tytler, R. (2009). STELR: improving science retention rates in Australian secondary schools. *Teaching Science*, 55(3), 28-33.

Park, S. and Oliver, J. S. (2009). The translation of teachers' understanding of gifted students into instructional strategies for teaching science. *Journal of Science Teacher Education*, 20(4), 333-51.

Pirie, S. (1996). Classroom video-recording: when, why and how does it offer a valuable data source for qualitative research? Paper presented at the Annual Meeting of the North American Chapter of the International Group for Psychology of Mathematics Education, Panama City, Florida. ERIC Reproduction Service No. 401 128.

Poon, C. -L., Lee, Y. -J., Tan, A. L., and Lim, S. S. L. (2012). Knowing inquiry as practice and theory: developing a pedagogical framework with elementary school teachers. *Research in Science Education*, 42(2), 303-27.

Stigler, J. W., Gallimore, R. and Hiebert, J. (2000). Using video surveys to compare classrooms and teaching across cultures: examples and lessons from the TIMSS video studies. *Educational Psychologist*, 35(2), 87-100.

Wells, G. (2001). Action, talk, and text: learning and teaching through inquiry. Teachers College Press. Available at: http://people.ucsc.edu/~gwells/Files/Papers_Folder/ATT.theory.pdf, accessed June 2015 [article online, based on Chapters 1 and 10 of this book].

Windschitl, M. (2003). Inquiry projects in science teacher education: What can investigative experiences reveal about teacher thinking and eventual classroom practice? *Science Education*, 87(1), 112-143.

Yuen-Yan C., Hui, D., Dickinson, A. R., Chu, D., Cheng, D. K. -W., Cheung, E., Wing-Hung Ki, Wing-Hong Lau, Wong, J., Lo, E. W. C. and Luk, K. -M. (2010). Engineering Outreach: a successful initiative with gifted students in science and technology in Hong Kong. *IEEE Transactions on Education*. 53(1), 158-71.

Zubrowski, B. (2007). An observational and planning tool for professional development in science education. *Journal of Science Teacher Education*, 18, 861-84.

第13章　美国科学奥林匹克竞赛的经验：竞争与合作的互动

露西·库尔巴戈（Lucy Kulbago）　　布里奇特·K. 马尔维（Bridget K. Mulvey）
阿齐兹·阿拉姆里（Aziz Alamri）

13.1　引　　言

在一个星期六的清晨，当大多数学生还在睡觉的时候，科学奥林匹克竞赛的学生已经起床了。他们满怀兴奋和期待地前往学校参加科学测试，而且仅仅是出于兴趣。当学生参加学术竞赛时，他们甚至可以从空气中感受到能量。学生和成人都对学术竞赛充满了希望和期待。在最后一刻对弹射器进行调整能提高弹丸击中的精准度吗？我在学习表中记录的新小行星会让我在天文学考试中取得更好的成绩吗？我记得带护目镜和 pH 试纸了吗？我今天会看到我在另一所学校的朋友吗？这些学生对科学很兴奋——他们很兴奋地学习科学，并与同样热爱科学的其他学生一起测试自己的技能。他们是志同道合的同龄人组成的更大社区的一部分，这是一个属于他们的社区，他们可以展示在科学、技术、工程和数学（STEM）方面的才能。

在科学奥林匹克竞赛中，学生们面临的挑战是所学习学科知识的深度要远远超过学校科学课程标准。一般的学生，特别是天赋学生，需要有机会通过解决具有挑战性的问题来发展他们的才能。同伴间的比较这一附加成分有助于学生衡量自己的理解水平和相对于他人的表现。科学奥林匹克等学术竞赛为天赋学生提供了一个机会，让他们在解决具有挑战性的问题和提高竞赛成绩的同时，获得新知识并应用所学知识。科学奥林匹克是美国的一项全国性学术科学竞赛，30 多年来一直为科学天赋学生提供具有竞争性的环境，同时也促进了团队成员之间的合作，培养了团队之间的友谊。

竞争与合作之间的相互作用是科学奥林匹克竞赛体验的基础，视角包括同一团队的学生之间的互动以及不同团队的学生间的互动。在培养学生 STEM 方面才能的过程中，学生对科学的热情可以被激发（Forrester，2010；McGee-Brown，2006；Oliver and Venville，2011；Wirt，2011）。学生还可以发展社会和生活技能，这有助于学生追求 STEM 大学专业和职业（Forrester，2010；McGee-Brown，2006；Wirt，2011）。即使学生没有选择 STEM 专业或职业，他们也会与 STEM 学科保持长期的积极联系（Forrester，2010；Wirt，2011）。

由于天赋学生占了科学奥林匹克竞赛参赛者的一大部分，所以我们需要考虑"天赋"的含义。当一个学生在早期被认定为"有天赋"时，它往往与其未来的潜力联系在一起。与之而来，随着学生的进步，他们往往会将表现或成就与同一领域的其他优秀学生进行比较（Subotnik et al.，2011）。天赋成就和人才发展取决于努力和坚持等技能（Subotnik et al.，2011）。天赋学生身边也需要能够提供支持的成年人为他们才能的培养提供积极的反馈和模板（Bloom and Sosniak，1981；Ozturk and Debelak，2008）。想要获胜的欲望可以激励天赋学生，这为他们提供了额外的动力去努力学习，从而提高成绩（Bloom and Sosniak，1981；Franken and Brown，1995；Ozturk and Debelak，2008；Tassi and Schneider，1997）。学生的才能可以通过竞争性的课外活动得到发展，这些活动也为他们提供了一个能够与具备类似能力的人进行比较的机会（Bicknell，2008；Bloom and Sosniak，1981；Tassi and Schneider，1997；Udvari，2000）。学生在一个团队中一起学习并在连续几年的学术竞赛中竞争，从而使得他们的才能得到进一步培养（Bicknell，2008）。

13.2 什么是科学奥林匹克竞赛？

科学奥林匹克竞赛是一项针对世界各国幼儿园（K）至中学（K-12）年级（包括 5—18 岁）学生的课外学术科学竞赛。甚至有多个国家的国际科学奥林匹克竞赛集中于某一特定学科。美国虽然参加这些国际比赛，但它们通常只针对小部分的精英学生。更多的是来自 50 个州的美国学生在地方、地区、州和国家比赛中比拼。

本研究着重关注在美国的六至十二年级（即 11—18 岁）学生的经验。学生来自初中和高中阶段，竞赛团队最多由 15 名学生组成，他们在 23 个不同的项目中竞争。这些活动涵盖许多科学学科，包括：生命科学，物理科学和化学，地球和空间科学，技术和工程，以及科学探究和科学的本质。这些活动包括学科知识、科学过程、工程设计和/或应用。对于某些活动，学生需要回答基于学科知识的问题，并将这些知识应用于基于过程的问题。例如，解剖学活动需要身体系统知识，用于回答识别图中各部分的问题。其他活动，如实验设计活动，则完全是基于表现的活动。学生根据问题的表述，设计并开展实验来解决这个问题，然后交流结果。工程项目涉及学生在比赛前建造、测试和完善一个仪器，然后在比赛中进行测试。例如造桥，其目标是使桥梁的载重量与其自身重量的效率比达到最大化。

数学和技术整合一直是美国国家科学标准（US national science standards）的一部分（例如，National Research Council，1996），而最新的美国国家科学标准增加了对工程和科学实践的实质性强调（NGSS Lead States，2013）。大多数正规的K-12 科学课程中还没有出现这些重点（Kimmel et al.，2006），但它们在科学奥林匹克竞赛中却很普遍。所有这些竞赛的活动都与国家和州的科学标准相一致甚至超越了国家和州的科学标准，以挑战学生超越特定年级要求的理解和能力。这可能包括大学水平的内容和/或主题，如昆虫学和流行病学。

每个科学奥林匹克竞赛参赛团队最多可以带 15 名成员参加比赛。团队成员通常与不同的伙伴合作参加 23 个项目。初中队的范围是六至九年级（即 11—15 岁），高中队的范围是九至十二年级（即 14—18 岁）。每个学生通常参加三或四个不同的活动，并且在每个活动中与不同的学生配对。合作伙伴共同解决活动中的问题或难题；他们可以一起获得最高的绶带或奖牌。每项活动的表现都会产生一个团队总分。然后，各队根据其累计的项目得分进行排名。每支队伍由一名主教练管理，并由其他几名助理教练为其提供支持。初中团队一般由许多成年教练支持，他们可能是科学教师、参赛学生的家长、过去的队员或其他社区成员。这些教练通常在特定的活动中与学生一起工作，帮助学生学习内容以及学习应试策略。高中团队一般由几个教练管理，而学生则负责学习内容和准备比赛。

最低级别赛事是地方性赛事，由当地学校组织，并向任何地区的团队开放。这个级别是非正式的，不会影响州或国家比赛的晋级。每所学校都会被分配到一个区域，该区域的任何队伍都可以参加区域比赛。这些通常都是在当地大学举行，由与参赛团队没有直接附属关系的区域主管负责。每所学校最多可以带两支队伍参赛。区域比赛中得分最高的队伍将晋级国家比赛。每所学校只能有一支队伍晋级。然后，该州的前一或前两支队伍将晋级美国全国比赛。

13.3　竞争与合作的相互作用

科学奥林匹克竞赛的体系依赖于团队成员之间的合作以及他们与其他团队的竞争。这种合作与竞争的相互作用所形成的框架能够支持高阶学习和天赋学生的发展。竞争性的课外活动展示了学生的才能，并让他们的成就得到认可，同时也为他们提供了一个机会，将他们的能力水平与其他能力相似的人进行比较，并通过团队合作加强合作学习（Bloom and Sosniak，1981；Udvari，2000）。合作与竞争的结合和相互作用为学生提供了一种积极的体验。

社会互赖理论（Johnson D and Johnson R，1989）将组内合作与组间竞争结合起来，以促进学生之间积极的相互依赖。与单独的合作或竞争相比，这是一种更积极的体验。小组内合作的积极相互依赖所需的特征包括：实现小组目标的个人责任，沟通和资源交换，基于成就的内在和外在动力。在小组之间，支持性特征包括：有获胜机会的信念，项目团队的匹配与其他团队的匹配的排名比较，清晰明确的良好体育精神和公平竞争所要具备的要素（Johnson D and Johnson R，1989）。社会相互依赖关系贯穿于学生的科学奥林匹克竞赛经历中，社会互赖理论为本研究的数据收集和分析提供了依据。

13.4　研　究　内　容

这是一项探究性的定性研究，旨在了解初中和高中学生以及支持他们的成年人如何看待参与美国科学奥林匹克竞赛项目的成效。学生和成年人的经历可以帮助我们更好地了解这个项目的优势以及项目为学生带来的短期和长期的成效。根据这项研究和已有研究中出现的主题，我们构建了一个美国科学奥林匹克竞赛经验及其成效的概念模型。

本章的第一作者在这次调查之前已有 8 年的中学科学奥林匹克竞赛教练和家长经验。这种个人经历促使她从研究的角度来探索科学奥林匹克竞赛。在俄亥俄州东北部的两次邀请赛上，本章的第一作者从多所学校中挑选了具有不同角色、年龄和多年项目经验的参与者。成年人参与者也包括在内，以提供关于学生成果的另一个视角。最终的 26 名参与者包括 9 名初中生和 6 名高中生（均是自认为有天赋的学生）、2 名非教练的家长、4 名同时也是家长的教练、3 名同时也是科学教师的教练和 2 名管理人员。参赛学生的家长可以担任活动教练，或以非教练的身份支持参赛团队，如开车送学生去训练和比赛。管理人员也可以通过多种方式支持参赛团队和教练，例如资金分配、场地和交通分配。

本章的第一作者对比赛期间学生之间（student-to-student）以及学生与教练（student-to-coach）的互动进行了非正式的观察记录，并对每位参赛者进行了一次大约 20 分钟的灵活和响应积极的半结构式访谈。前期的观察结果为采访问题的设计提供了参考。访谈记录和观察笔记的编码由至少两名研究人员独立完成。所有的研究人员都对最初的编码进行了讨论，以确定编码的主题，随后，对全部数据集进行对照检查。通过讨论，编码的主题得到了完善，同时也解决了编码的差异问题。这些主题随后与已有研究（Forrester，2010；McGee-Brown，2006；Wirt，2011）进行比较，以确定他们的共同点。最后，我们将这些主题组织在一个概念模型中，以说明参加科学奥林匹克竞赛的经历和成效。

13.5 结 果

我们确定了与参与科学奥林匹克竞赛学生相关的主题：合作、竞争、学习、才能培养、社会和生活技能发展以及 STEM 生涯。科学奥林匹克竞赛的竞争性体现为，学生们在相同的规则和指引下参加相同的项目，彼此之间互相比较和竞争。随后会根据这些学生的表现将他们进行排名，最终表现最好的学生将被授予奖牌和绶带以表彰他们的成就。在合作方面，学生在准备和研究他们的项目时与伙伴合作，他们的个人活动表现有助于团队的整体得分。学习新的科学内容和科学实践是体验的基础，学生们谈到他们学习科学的热情正在觉醒。科学奥林匹克竞赛为这种不断发展的热情提供了一个出口，但这并没有限制他们对知识深度和挑战性问题的渴望。这些挑战培养了学生在解决问题、装置设计和科学内容知识应用方面的才能。培养特定领域的科学实践技能，有助于提高天赋学生的才能（Udvari，2000）。社会和生活技能的发展包括沟通、组织和时间管理，这些都是 21 世纪所有学生必不可少的技能（McComas，2014）。总的来说，通过竞争和合作，科学奥林匹克竞赛为学生提供了深入理解科学内容和发展解决问题和工程才能的机会。同时还可以培养学生的社会和生活技能，以帮助他们在任何情况下都可以与他人合作。这些经验可以引导学生走向 STEM 生涯和未来选择 STEM 职业。

13.5.1 团队内部的竞争与合作

教练们指出，当一个团队的学生人数超过了允许参加比赛的最大人数，或超过 15 名学生时，团队内部就会出现竞争因素，因为每个团队只能派一组伙伴参加其中任意一个项目。一位教练说："当我看到我们自己团队内部出现竞争时，这有时确实让我感到不安……因为我想强调与其他人分享信息的重要性。我真的不鼓励他们彼此之间的竞争。"这位教练通过鼓励团队合作，抵消了团队中一些固有的竞争。学生们发现这种竞争可以激励他们，促使他们更加努力投入，因为他们必须在团队中赢得自己的位置。即使在有更多内部竞争的大型团队中，这种竞争通常也是在合作和支持的团队环境中进行的。

当学生们谈论在科学奥林匹克竞赛中他们喜爱的经历时，他们经常提到身为团队一员，与朋友们在一起有许多乐趣。在活动中与伙伴一起合作的方式通常也会让学生觉得比单独参加活动更舒适。高中生更倾向于把他们在团队中担任的角色作为他们履行职责的动力。一位女高中生解释说："我觉得我必须履行我的那部分义务。"初中和高中学生都喜欢成为团队的一员，这能让他们在学习科学的同时建立友谊。

13.5.2　团队之间的竞争与合作

学生们描述了他们如何努力在自己的项目中取得好成绩。他们希望通过获得绶带和奖牌，以及/或教练和家长对他们努力工作的赞美来获得认可。竞争让学生能够与从事同一项目的同龄人比较自己的能力，这对有天赋的学习者很重要。一名男性高中生说：

> 我认为最重要的就是能够与其他所有和我一样努力的学生进行对比。我试图表明我可以做一些更高水平的事情。当我做得好时，这对我来说非常有意义。

与自己以前的表现相比较，也能够促使学生为下一次比赛投入更多精力，这一点从这位男中学生的表述中可以看出：[比赛]更多的是要努力提高自己和自己的分数。

在比赛中，来自不同团队的学生和教练会建立友谊，这有时会持续数年，并且各个团队可以真正地欣赏另一个团队的成就。当被问及比赛中的激励因素时，一名男中学生说："在我所做的事情上做到最好的期望和团队之间的友谊精神比我参加过的任何其他事情都要重要。"他很重视与其他团队的学生建立友谊，这是他在其他课外活动中基本没有的经历。在比赛期间，各队之间也相互合作。例如，一个团队向另一个团队提供物资和建议。教练们经常在比赛期间进行交流，分享想法和资源。教练们的相互支持和合作也可以为学生创造积极的体验。

学生从团队内部和团队之间的竞争与合作的相互作用中获得了个人成果，这些成果与其他主题重叠并对他们产生影响。这些个人成果被归类为学习、才能培养、社会和生活技能发展以及 STEM 生涯，下文将详细介绍。

13.5.3　学习

学生和教练都谈到了他们有多么喜欢学习科学，并将科学奥林匹克竞赛视为理想的充实学习机会，这适用于所有学习者，而天赋学习者尤甚。活动所涉及的科学内容往往超过了学校科学课通常所涉及的内容，而许多学生都对这种机会感到开心。在回答是什么促使他准备活动的这个问题时，一名男中学生回答说："我对知识和学习的热爱。我真的觉得所有的信息和阅读都很有趣。"同样地，一名男性高中生解释说：

　　　　就在几天前，我的一些正在 [高级实践课（advanced placement）*] 学习物理的高年级朋友在谈论他们在静电和磁力方面的学习内容。我觉得这很有趣，因为我在学校里还没有达到那个水平，但我完全知道他们在说什么。我甚至可以在一些事情上给他们一点帮助，这真的有点让他们吃惊，因为我在学校里几乎还不可能学到这些东西。但通过科学奥林匹克竞赛，我提高了我更感兴趣的内容的理解水平。（*美国的高级实践课程为高中生提供了获得大学课程学分的可能性，这取决于他们在该科目的高级实践考试中是否获得足够高的分数。）

　　这个学生认识到，他在科学奥林匹克竞赛中所学到的东西已经超出了他目前所在年级的科学课程水平。他对高阶内容出人意料的理解极大地增加了他的自豪感。

　　许多学生对探索工程和设计的技术都感到很兴奋，每次比赛后他们都会仔细检查他们的设计，以提高他们的表现。在一次比赛中，中学生们设计的捕鼠车遗漏了一些捕捉目标。学生们开始思考遗漏的原因。在接下来的比赛中，他们更加仔细地准备这辆车，他们更加清楚要使轮胎转动多少圈才能达到既定距离。学生们因此提高了他们的成绩，这次的个人胜利激励他们进一步提升自己，为未来的比赛做出更多的改进。学生们将书本上的知识运用到了实际情况中。一些学生描述在团队练习和比赛中，他们的兴奋之情给周围的人带来了活力，这使学生们都纷纷期待着周末的科学比赛。

13.5.4　才能培养

　　随着学生学习和应用科学内容和实践，他们的 STEM 才能得到了发展。有天赋的学生通常会寻找方法，来以有意义的方式将他们的才能与同龄人进行比较。当学生为科学奥林匹克竞赛学习时，他们知道其他学生也为他们的比赛做了准备，这为天赋学生提供了一种将他们的天赋和努力与同龄人进行比较的方式。一名高中男生表示，比赛最精彩的部分是奖项："你想看看其他学校的表现；你也想看看你的表现。"这种与其他团队的比较支持了学生对自己才能的自我评估。当我们问及一位教练关于学生处于竞争环境中的好处时，他说："他们可以和其他学生一起衡量自己，我认为这是真正的好处。在科学奥林匹克的不同层面上的竞争可以激发他们的兴趣。"

　　科学奥林匹克竞赛涉及的学科知识的水平往往比学生在学校科学中所学的要高得多。一位中学教师和总教练反映：

　　　　他们只是一群喜欢学习的孩子。这不一定是他们在课程中做的事

情,……这不是我们正在处理的初中材料。这是高中的材料。这是非常
复杂的东西。因此,我们真的看到了这些孩子的能力。

科学奥林匹克竞赛被视为为学生提供了一个突破极限的机会,超越了学校对
他们的期望,从而鼓励学生的天赋发展。

从事科学的专业人员有时会在比赛中担任教练或赛事主管,这影响了学生对
科学家在不同领域所做工作的理解。学生们还喜欢教练在活动准备期间给予的个
性化关注。这种关注集中在学生的个人需求上,而不是班级的标准需求。所有这
些方面的结合为学生提供了发展他们在科学和工程方面的才能的机会,并唤起了
他们在大学里继续学习的热情。

13.5.5 社会和生活技能发展

才能发展主要涉及同行对比,而社会和生活技能的发展则主要涉及学生在团
队内和团队间的社会互动。学生们通过与伙伴或小组合作来发展社会技能。团队
成员可以共同提升组织、时间管理和责任等生活技能。一位家长说,参加科学奥
林匹克竞赛"不仅仅是学习一门学科,也是学习个人责任,自学,与其他学生和
队友打交道……他们必须有良好的体育精神,诚实并愿意帮助其他团队"。学生们
也认识到体育精神的重要性,认为它是传达对他人尊重的一种方式。项目中的成
年人参与者注意到,学生在社交和生活技能方面的自信心与他们的能力表现一样
都得到了增强。一些活动要求学生口头解释他们的设备是如何工作的,或与活动
评委进行口头交流,这加强了他们与同伴和成年人的口头交流能力。学生们学会
了如何处理失望的情绪,并将其转化为自我提高的机会。当学生的表现不尽如人
意时,他们通常会寻找方法在下一次比赛作出改进。社会和生活技能的加强可以
为学生未来的 STEM 兴趣和职业做准备。

13.5.6 STEM 生涯

许多学生加入科学奥林匹克是因为他们对 STEM 感兴趣。然而,一些学生认
为是参加科学奥林匹克竞赛唤醒了他们对科学的热情。一位女高中生说:

> 我永远不会意识到我有多喜爱[生物];我永远不会意识到我对它有
> 多大的热情。就像它是与世界联系的一种方式。如果没有[科学奥林匹
> 克竞赛],我想我无法以同样的方式看待这个世界。

通过科学奥林匹克竞赛,学生们探索了传统学校科学以外的各种科学和工程
学科,包括解剖学、遗传学、遥感、机器人、流行病学和工程。一位女高中生解
释说,"因为科学奥林匹克竞赛,现在我知道我将进入工程领域……我开始建造东

西，并因此不断进步……我参加所有的建造活动……所以这可能为我选择了职业道路"。科学奥林匹克竞赛唤醒了她对科学的热情，也引导这位女高中生走向 STEM 职业生涯：

> 实际上，我原本正在考虑成为一名芭蕾舞者，这是我喜欢做的事情。但自从我参加科学奥林匹克竞赛以来，我意识到科学是多么有趣和有吸引力。这真的激励了我。我现在想成为一名化学工程师，也可能入读医学院，成为一名医生。

一位资深教练回顾了他以前的学生所走的 STEM 职业道路：

> 我曾经的一个学生就在不久前获得了约翰斯·霍普金斯大学的学位……现在正准备去医学院继续深造。另一个学生从医学院毕业，现在在自然博物馆工作。我的第一批学生中的一位在加利福尼亚大学伯克利分校工作。他是一位天文学家。我还有几个学生是美国宇航局的工程师，以及一些就读于麻省理工学院。这让我感到非常自豪。

参与科学奥林匹克竞赛扩大了学生对 STEM 领域的接触，这也超出了大多数中学和高中科学课程的范围。该竞赛鼓励学生在早期就对 STEM 更加认真，甚至改变了一些学生对未来职业的想法。

对于上述每个主题，学生和提供支持的成年人参与者都强调了科学奥林匹克竞赛经验的不同方面。所有学生都享受于自己赢得奖牌和绶带的表现。初中生大多反映了他们在团队内部和团队之间与朋友相处的乐趣。他们喜欢活动的挑战性，因为作为团队的一员，也可以在比赛中与伙伴一起竞争。高中生提到了对科学和工程学科的探索，以及对未来大学专业和职业道路的展望。这些学生还更多地谈到了人才培养和与同龄人比较的好处。成年人往往会反思学生多年来的发展，认为成长会影响学生的长期未来，包括人才发展、社会技能发展和生活技能发展。

通过将本研究中不同人群的观点与其他同样关于科学奥林匹克竞赛的研究结果相结合（Forrester，2010；McGee-Brown，2006；Wirt，2011），我们开发了一个关于学生科学奥林匹克竞赛经验和成果的概念模型（图 13.1）。在科学奥林匹克竞赛的盒子里是竞争与合作之间的相互作用，这是科学奥林匹克竞赛经历的基础。这种相互作用表现于同一团队的学生之间的互动和不同团队的学生之间的互动。团队作为一个支持系统，鼓励学生挑战自己的极限。这种结构也有助于激励学生，因为他们要对团队负责。进一步的动力来自于团队内部和团队之间的竞争。然而，团队之间也可以有合作的因素。有时，团队会在比赛中共享资源，以确保学生能够参与竞争。总的来说，比赛有一种促进所有学生积极体验的氛围。

竞争和合作的要素相互重叠，相互影响。它们促进了外方格中显示的预期结果。学习、才能发展、社会和生活技能发展以及 STEM 生涯的成效可以相互支持和促进。它们还能进一步激励学生在团队内部和团队之间进行竞争和合作。事实上，科学奥林匹克竞赛模型的各个组成部分既影响着其他部分，也会受其他部分的影响。

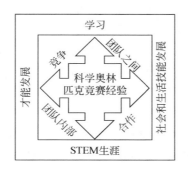

图 13.1　美国科学奥林匹克竞赛经验和成果的概念模型

　　尽管学生学习和准备比赛的最初动机与竞争密切相关，但进步和/或提前完成的结果仍会激发出学生想要做得更好的动机。这促进了学生的才能发展，但它也不止于此。学生们与同样喜欢科学的人共同度过了一段时光。他们一起努力，享受休息时间，交朋友，建立起共同体，建立起继续前进的动力，并进一步建立起对科学的兴趣。学生们有机会了解对他们来说陌生的学科。他们会发现自己的兴趣所在，而科学奥林匹克竞赛加强了他们对该学科的体验和联系。特别是，学生可以通过他们的设备的设计和测试过程来发展工程技能。最新的美国国家科学标准（NGSS Lead States，2013）也在呼吁这种工程技能的发展。科学奥林匹克竞赛提供了一条在大多数正规 K-12 学校中无法获得的途径。尽管许多参加科学奥林匹克竞赛的学生可能会在大学里学习 STEM 学科，但参加科学奥林匹克竞赛的经验帮助许多人在更早的时候就对自己的未来计划更加确定。而其他学生至少也能通过该项目发现他们对 STEM 和 STEM 职业的兴趣。

　　在提高学科知识理解的同时，学生意识到社会和生活技能是在比赛中取得好成绩的必要条件。团队内部和团队之间的互动为学生提供了一个提高社交和生活技能的框架。学生与教练、伙伴和赛事裁判的有效互动需要沟通技巧。通过对队友的支持，以及在颁奖过程中队与队之间的支持，鼓励团队内部形成良好的体育精神。时间管理和组织对学生做好准备并为比赛提供必要的物资至关重要。这种复杂的相互作用有助于唤醒学生的激情，并发展学生的 STEM 才能。

13.6 建 议

科学奥林匹克项目符合对天赋学生进行培养的建议。它可以为天赋学生提供另一种机会，超越传统 K-12 学校环境所提供的常见的机会。该项目利用竞争与合作相结合的力量，在挑战学生的同时又支持学生。本章描述了美国科学奥林匹克竞赛的特点。鉴于该项目对天赋学生的潜在价值，我们建议目前没有类似科学奥林匹克竞赛项目的国家的科学教育工作者考虑实施类似项目的可能性。

本研究对于竞赛项目的学生和成年人的遴选工作提供了一定的启示。由于科学奥林匹克竞赛是一个自愿性项目，所以想要参与的学校需要同时选择教练和学生。在选择成年人作为教练时，强调学生技能发展的长期效益是需要重点考虑的。对学生来说，直接和短期的经验和效益可以吸引他们参与。我们建议教练在与潜在的学生参与者交谈时，着重强调项目的团队合作和社交方面。此外，高中教练可以通过强调学校科学课程中未涵盖的 STEM 学科知识和问题解决的导向来说服学生参与项目。自己与学校内外的其他人进行比较这个潜在因素也可能会鼓励高中生参与。

用一位参加科学奥林匹克竞赛学生的话来说，"如果这能代替我的第四阶段的科学课，我就会爱上科学"。科学奥林匹克竞赛可以点燃 STEM 的火花，并让它继续燃烧。

参 考 文 献

Bicknell, B. (2008). Gifted students and the role of mathematics competitions. *Australian Primary Mathematics Classroom*, 13(4), 16-20.

Bloom, B., and Sosniak, L. (1981). Talent development vs schooling. *Educational Leadership*, November, 86-94.

Franken, R., and Brown, D. (1995). Why do people like competition? The motivation for winning, putting forth effort, improving one's performance, performing well, being instrumental, and expressing forceful/aggressive behavior. *Personality and Individual Differences*, 19, 175-84.

Forrester, J. H. (2010). Competitive science events: gender, interest, science self-efficacy, and academic major choice. Doctoral dissertation. Retrieved from http://repository.lib.ncsu.edu/ir/bitstream/1840.16/6073/1/etd.pdf.

Johnson, D., and Johnson, R. (1989). *Cooperation and Competition: Theory and research*. Edina, MN: Interaction.

Kimmel, H., Carpinelli, J., Burr-Alexander, L., and Rockland, R. (2006). Bringing engineering into K–12 schools: a problem looking for solutions? In Proceedings of the 2006 ASEE Annual Conference, June.

McComas, W. F. (2014). 21st-century skills. In W. F. McComas(Ed.), *The Language of Science Education*. Rotterdam: Sense, p. 1.

McGee-Brown, M. (2006). *Science Olympiad: The role of competition in collaborative science inquiry*. Retrieved from http: //www.soinc.org/sites/default/files/uploaded_files/NSFcompres.pdf.

National Research Council (1996). *National Science Education Standards*. Washington, DC: National Academy Press.

NGSS Lead States(2013). *Next Generation Science Standards*. Retrieved from http://www.nextgenscience.org/msets1-engineering-design.

Oliver, M., and Venville, G. (2011). An exploratory case study of Olympiad students'attitudes toward and passion for science. *International Journal of Science Education*, 33(16), 2295-322.

Ozturk, M. and Debelak, C. (2008). Affective benefits from academic competitions for middle school gifted students. *Gifted Child Today*, 31(2), 48-53.

Subotnik, R. F., Olszewski-Kubilius, P., and Worrell, F. C. (2011). Rethinking giftedness and gifted education: a proposed direction forward based on psychological science. *Psychological Science in the Public Interest*, 12(1), 3-54.

Tassi, F., and Schneider, B. (1997). Task-oriented versus other-referenced competition: differential implications for children's peer relations. *Journal of Applied Social Psychology*, 27, 1557-80.

Udvari, S. (2000). Competition and the adjustment of gifted children: a matter of motivation. *Roeper Review*, 22(4), 212-17.

Wirt, J. L. (2011). An analysis of Science Olympiad participants' perceptions regarding their experience with the science and engineering academic competition. Doctoral dissertation. Retrieved from http://scholarship.shu.edu/cgi/viewcontent.cgi?article=1014&context=dissertations.

第14章　奖学金得主的经验：新西兰物理科学奖学金获得者的感悟

珍妮·霍斯利（Jenny Horsley）　　阿兹拉·莫伊德（Azra Moeed）

学习动机（motivation to learn）和学习（learning）是学术成就和教育成功的重要因素。学习上的成功会带来进一步学习以及未来成功的动力。高成就的学生会设定具有挑战性的目标，并为实现这些目标而坚定地努力。当这些高成就的学生体验到成功时，他们也认识到自己拥有必要的学习能力，这相应地增加了他们学习的内驱力（Meece，1991；Pintrich and Schunk，2002）。动机强烈地影响着学习中理解的深入，这往往会让学生产生对某一学科的学术兴趣以及带来教育的成功（Entwistle，2005；Moeed，2015）。能力和挑战水平的平衡对高成就学生的内驱动力至关重要（Scager et al.，2014）。有证据表明，学生的参与度取决于许多因素，包括：任务所提供的挑战、更高阶的学习、学科内容的性质和背景、相关性和意义、选择（Sak and Eristi，2012）。

本章主要讨论有天赋的和有才能的新西兰中学理科学生对他们参加的一个或多个理科奖学金考试的动机的看法。新西兰学历资格认证局（NZQA）的奖学金考试由学生自愿选择参加，它有很高的声望。如果学生在这些考试中取得成功，他们将获得奖金奖励。这些学生常见于十三年级，也就是他们上学的最后一年，但正如本研究发现的那样，有一些学生在十一或十二年级时就参加了奖学金考试并取得了成功。本章的内容来自两个研究项目：第一个项目探索了参与研究的理科学生所认为的有助于他们在奖学金考试中取得成功的动机因素、个人素质以及所需支持；第二个项目是对一名在九至十三年级期间加速完成中学学业的天赋学生进行的纵向案例研究。这位学生在上学期间共获得了 10 项奖学金，其中包括 2 项数学奖学金、4 项科学奖学金以及 4 项英语和社会科学奖学金。

研究表明，学术成功与学习动机的属性之间有一定的关系（McClure et al.，2011）。本研究分析了与动机有关的各种属性，包括：能力、努力、毅力、兴趣、热情和运气。Weiner（2010）从三个维度对动机属性进行分类：因素源（个人，内部或外部）、可控性和稳定性。比如能力是内部的、不可控的、稳定的，而运气是外部的、不可控的、不稳定的。努力、兴趣和毅力可以被认为是内部的，并且可以由个人控制。将韦纳（Weiner）理论应用于学生对某一主题或任务的兴趣和热情的研究表明，这些属性可以被认为是内部的或外部的，以及可控的或不可控的。

在新西兰，天赋是一个情境化的概念，这反映于满足有天赋和才能的学生的学习需求的一系列方法（Ministry of Education，2002）。此外，利益相关者（家长、教师、学生和学校董事会）在界定或鉴别有天赋和才能的学生方面并没有共同的方法。因此，天赋和才能的定义和标准涵盖了一系列广泛的能力，包括智力和学术能力、文化能力、创造能力以及领导能力和艺术方面的能力（Ministry of Education，2009）。学者们区分了天赋和才能，并认为天赋与与生俱来的能力有关，而才能则表现为通过系统发展而获得的技能（Gagné，2005；Horsley，2010）。本定性研究探索了学生对成功获得科学奖学金的看法以及对这些成功有积极影响的课堂实践。NZQA 奖学金的获得是学生表现出高学术能力的重要表现。

14.1　针对有天赋和才能的学生的加速和充实学习项目

学校系统为有天赋和才能的学生提供了两种类型的学习项目：加速课程（acceleration）和充实课程（enrichment）（Ministry of Education，2009；Taber，2007）。这些学生的教育结果可以通过参与加速课程和诸如高级和充实课程这样的教育机会得到提升（McClarty，2015）。有相当多的研究呼吁在学校教育中对天赋学生加速培养（Colangelo et al.，2004；Wardman and Hattie，2012）。这种加速有多种形式，包括比大多数其他学生在更短的时间内完成中学教育。加速可以是单一科目的，也可以是所有科目的。许多新西兰高中声称他们有"加速"项目，然而，有证据表明，他们的学生却很少在高中四年后进入大学，许多学生或许在十二年级结束时就能够满足大学入学要求，但他们中的大多数也只是停留于当前的课程以及选修一些额外的科目。

一项研究将超过 800 项元分析进行了综合分析，其中有 50 000 项关于加速学习与学术成就之间的相关性，其统计效应高达 0.88，这表明在 135 个纳入考虑的因素中，加速学习对学生成就的贡献最大（Hattie，2009）。类似地，McClarty（2015）发现，接受了学校加速课程的学生比非加速课程的学生有更好的表现，而且当"加速与高阶学习相结合"时，天赋学生受益最大（p.3）。加速学习在学生的社交和情感方面也产生了积极效果（Gross，2006）。同样地，没有证据证明加速学习对学生的社交和情感发展有显著的负面影响（McClarty，2015；Steenburgen-Hu and Moon，2011）。相反，无聊和孤独似乎才是未能参加加速学习的有天赋和才能学生的普遍感受（Gross，2006；Wardman and Hattie，2012）。虽然先前有研究表明教师并不赞成加速学习，但最近的研究表明，越来越多的教师开始支持加速学习贯穿整个学年的学习（Wardman，2009；Wardman and Hattie，2012）。

　　加速学习对男生的科学、技术、工程、数学（STEM）的职业结果有更积极的影响（Park et al.，2013），而有天赋的女生也能够从加速学习中受益，但她们更倾向于从事医学或法律方面的职业，而不是 STEM 的职业（McClarty，2015）。在新西兰，一些中学似乎使用了加速课程来满足有天赋和才能的学生的需求（Horsley，2009）。

　　充实课程具有更广泛的基础，其基础是对于有能力的学生需要更广泛经验的信念，而加速课程则将学生扩展到他们的年龄段之外。为天赋学生提供的课程很少针对特定学生的能力和天赋进行个性化设计（Education Review Office，2008）。Kaul 等（2015）研究了参加三年或三年以上暑期充实课程对来自低社会经济背景的天赋学生的影响，他们发现这段经历对学生的社会、情感和动机的结果有积极影响，并让学生有更好的学术成就和职业前景。然而，在 Hattie（2009）的综合分析中，充实课程在 135 个因素中排名第 68 位，统计效应为 0.39，这比加速课程要低得多。总的来说，新西兰对有天赋和才能的学生的研究比较有限（Riley et al.，2004）。

　　虽然新西兰的学校在解决有天赋和才能的学生的需求上被寄予厚望，但只有19%的小学和13%的中学为这些学生提供了支持（Education Review Office，2008）。本研究中的学生提供了天赋和才能的一个方面的证据——高学术能力，通过获得至少一项 NZQA 科学奖学金来证明——这使他们跻身全国前 3%的学生之列。大多数学生会在最后一年（十三年级）参加这项考试，但该系统允许天赋学生加快进度，在十三年级之前就参加奖学金考试。参加本研究的一部分学生来自十一年级和十二年级，包括 56 名男生和 60 名女生，他们在物理、化学、生物或地球和空间科学方面获得了一项或多项 NZQA 奖学金。

　　新西兰的中学使用一系列方法来识别和满足有能力的学生的需求。例如，在一些学校，学生在入学时参加标准化测试，学校将测试结果与小学的数据相结合，用以确定向哪些学生提供加速或充实课程（下文展开的案例分析中的学校就是一个例子）。然而，这种做法在小学或中学都不常见。

　　2005 年，奖学金推荐小组（scholarship reference group）建议新西兰政府重新设计 NZQA 奖学金。该奖学金被认为能够激励学生追求卓越，其目标群体是正在攻读三级国家教育成就证书（NCEA）的大约 3% 的学生。这一比例与许多人认为的"有天赋和才能"的学习者的水平一致（Horsley，2010）。2014 年，在 8237 名学习化学的学生中，2.87%（n=236）的学生获得了奖学金（New Zealand Qualifications Authority，2015）。

14.2 学生对成功获得奖学金的看法

本章这部分内容的来源主要有两个：第一个是由成功获得一个或多个科学科目奖学金的学生填写的在线问卷。学生（n=116）通过选择四个选项之一来回答，以确定每个动机因素的影响。这些选项是：

- 1 完全没有影响
- 2 这对我的成功结果有一点影响
- 3 这对我的成功结果有一些影响
- 4 这是我取得成功的一个重要因素

此外，学生以书面的形式来解释他们对每个问题的回答。第二个是一位成功获得奖学金的学生的案例研究，他同时参加了科学科目的充实和加速课程，还采纳了指导老师的建议。首先，我们介绍填写问卷的学生的看法，随后的个案研究则提供一个学校支持科学领域高学术成就的实践例子。

14.3 理科生的感悟

参加网上问卷调查的学生将他们在奖学金方面的成功归功于能力、努力、毅力、兴趣和热情、运气和影响他们的人。学生们需要思考这些因素的影响，以及思考影响他们成功获得奖学金的任何其他因素。下面的图表显示了学生的回答以及一些有启发性的引述。

能力：超过 80% 的学生（n=116）将他们的成功归因于学科的先天能力，并坚信是他们的能力带来了奖学金方面的成功（图 14.1）。

例如，一位学生说：

我的能力，奖学金考试的本质是，在大多数情况下，它不是你光靠学习就能够获得的东西，而是必须理解其内在的机制，从而将其应用于特定的场景。在化学和物理中尤为如此，相比之下统计学则大体上是可以通过学习就能够提高的，不过即使是历史，也需要对人有广泛的了解。

另外三名学生提出了他们的想法：

我的能力，因为如果我在奖学金考试前的几年里没有在这些科目上取得不错的成绩，我一开始就不会尝试它们。

回答问题所需的技能是自然而然的，我发现我很容易掌握这些概念。

能力（咄）……如果我不能在某一学科上取得好成绩，那么就没有必要去努力获得奖学金，因此我只参加了我在一年中表现良好的科目的奖学金考试。

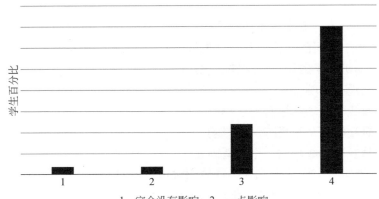

1：完全没有影响；2：一点影响；
3：一些影响；4：一个重要因素

图 14.1* 　我在学科上的能力影响我的成功

有趣的是，能力具有内在性（internal locus），是稳定的，被认为是不可控的。这些学生并没有对他们在准备考试的过程中可能付出的努力给予肯定。

兴趣：许多参与者认为对该学科的兴趣是影响他们成功的一个重要因素（107，*n*=116）。他们解释了自己对该学科的兴趣，例如：

正是我对这门学科的兴趣真正帮助我感受到了学习的动力……如果我对这个学科没有兴趣和热情，其他因素就无关紧要了，因为我没有足够的兴趣去为奖学金付出努力，我可能根本就不会去尝试。

对一个学科感兴趣意味着我有内在的动力去做好。这使得我更容易超越有局限的 NCEA 课程，深入了解我在课堂上所学的基本概念的更深层次。

努力：超过一半的参与者（63，*n*=116）将他们在准备过程中所做的努力归结为获得奖学金的因素（图 14.2）**。

＊ 此图原文并未提供纵坐标数值。——译者
＊＊ 原文如此，但似乎存在问题。——译者

有趣的是，那些认为努力对他们的成功有影响的学生谈到了他们在准备考试时付出的努力都花费了很长时间（图14.3）。

例如，一位学生说：

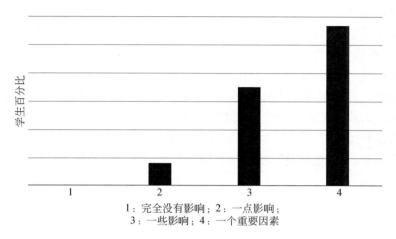

1：完全没有影响；2：一点影响；
3：一些影响；4：一个重要因素

图14.2* 我对这门学科的兴趣和热情影响了我的成功

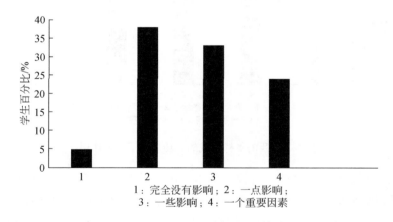

1：完全没有影响；2：一点影响；
3：一些影响；4：一个重要因素

图14.3 我在学习上付出的努力影响了我的成功

……是我高中阶段所有的努力，为奖学金考试积累了成功所需的技能。我不一定在奖学金考试上花了多少精力，因为我把准备这些考试的时间留到今年年底，而把更多的精力花费在我的剑桥考试（Cambridge exams）上。

---

* 此图原文并未提供纵坐标数值。——译者

或许正如这个学生所言，他们将剑桥考试放在优先位置；但是他们并没有考虑到的是准备这些考试对奖学金考试或许也有帮助。相反，下面这位学生将他的成功归功于他为 NCEA 考试所做的准备："我在奖学金上投入的精力/准备很少。我相信我的成功结果是由于我对 NCEA 三级考试内容的全面的深入了解，我能够将其应用于奖学金考试。另外，这位学生的回答表明他们相信能力是可以提高的："努力：我在这一年中一直非常努力地学习，从而为我在各个科目打好基础。"

坚持：近 75% 的学生（n=116）认为，他们在面对挑战时坚持不懈的能力是他们成功的关键（图 14.4）*。这位学生将他的成功归功于坚持和个人选择："坚持……我个人决定要在奖学金考试中取得成功，这首先是最大的影响因素，因为从这个决定开始所有工作和学习都是我个人的选择。"对于另一个学生来说，这是一个综合因素："我的坚持，努力学习以充分利用我天生的能力。"

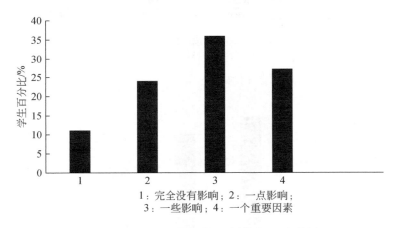

图 14.4　我的坚持对我的成功起到了一定作用

运气：大多数高成就学生并没有将他们的成功归功于运气。只有 3 名学生认为运气是影响他们成功的一个重要因素，33 人（n=116）认为运气有一些影响。其余 83 人（n=116）认为这不是影响他们奖学金成就的主要因素（图 14.5）。*

准备奖学金考试付出的时间：超过一半的参与者表示，他们每周花大约 5 小时专门准备奖学金考试。大约 30 人（n=116）花了 6—10 小时，少数的（9 个）人说超过 20 小时（图 14.6）。*

有影响力的人：学生们认为，他们的老师对这门学科的兴趣、对教学的热情以及对他们的支持帮助他们在奖学金考试中取得成功。他们谈到老师为他们提供

---

* 原文如此，但似乎存在问题。——译者

的挑战，例如：

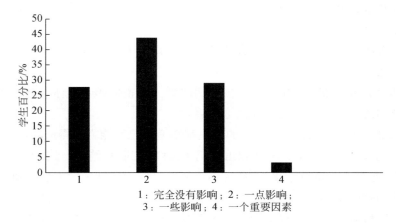

1：完全没有影响；2：一点影响；
3：一些影响；4：一个重要因素

图 14.5　运气在我的成功中发挥了作用

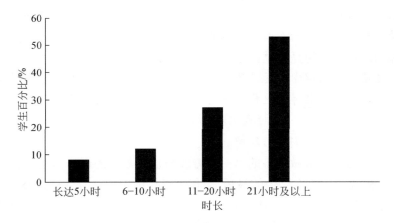

图 14.6　每周准备奖学金考试的时间

　　我的生物老师是对我成功获得奖学金影响最大的因素。她非常支持我，督促我做到最好，她积极表扬我并且提出建设性的意见，以帮助我的学习。

　　老师是我成功的最重要因素，因为如果没有他们在正常上课时间之外为我准备奖学金考试提供额外付出和关注，我知道我不会有那么好的成绩。

　　一些学生提到了来自家庭和朋友的支持以及学校环境对他们的挑战，这些让他们努力尝试并做到最好。一名学生说，他的竞争对手激励了他，令他想比他们做得更好。其他人提到了个人激励、自豪感、自信心，甚至是相关的经济收益：

> 自豪，我相信我能做到，我告诉人们我可以做到，所以我必须确保我会通过。

> 老实说，我认为奖金对我来说是关键因素（我想很多人也会有同样的感觉）。

这部分的最后我们引用一位学生的话："最大的整体影响是你自己和你自己对这门学科的态度。没有人会为你做这件事。"

看起来，这些积极性高、自信的学生都知道自己有能力取得成功。一般来说，他们对自己成功原因的看法与 McClure 等（2011）的研究结果一致，他们相信"尽我所能"，而不是"草草了事"，后者不可能带来成功。许多学生说，他们的加速课程令他们超越了同伴。有些人对所提供的"充实课程"持批评态度：

> 有的时候我被安排了一些研究工作……所谓的充实研究工作，但是我并不想做。有一次，我被安排做关于石油泄漏的研究，他们让我用一罐油和一艘船做一个实验。我不知道从哪里获得油，也不知道如何制造一艘船或任何类似的东西。所以我就没做。

教师的期望被认为是激励因素：

> 这是一门物理学，通过了考试的学生通常在学术上都会表现得相当不错。但是这位老师有这样的信念，他相信班上所有孩子每次都有机会获得优秀的成绩……他对我们有信心……他会问我们许多比较深的问题，因为他坚信我们能够理解。

这些学生为奖学金做准备的另一个方面与他们参与的课外活动有关。大多数学生（82%）说，他们在高中的最后 3 年里仍持续参加体育活动，58%的学生说他们参加了表演俱乐部（如合唱团），71%的学生说他们有兼职工作。显然，为了获得 NZQA 奖学金并不被视为学生参加额外课外活动的障碍。

14.4　案例研究：安德鲁和萨拉的故事

本研究进行了 5 年多。这些数据是从每个学年开始和结束时对安德鲁（Andrew）和他的导师萨拉（Sarah，均为化名）的一年一度的（录音）访谈中收集的。本研究得到了学校董事会的批准，参与者均提供了知情同意，并且该程序每年都会更新。

Andrew 的中学生涯开始于中学三年级（Form 3，九年级，13 岁），就读的是位于新西兰一个社会经济排名中到高级的社区的一所大型城市男女混合学校。他是个独生子，其父母都受过教育，他被安排在学校的加速学习班。Andrew 从小就有加速学习的经历，在八年级就通过了国家数学奖学金考试，而不用到十三年级。他被学校认定为天赋学生，并被安排在加速学习班中，Sarah 是他的导师。在中学的 5 年中，他参加了十三年级（17/18 岁）的国家奖学金考试，共 10 个科目，并获得了所有科目的奖学金。这些内容来自 Sarah 和 Andrew 的访谈录音。

Andrew 在第一学年开始时独来独往。他不被其他学生所接纳，其中一些学生曾与他在同一所小学就读，他们因为他"聪明"而不"喜欢"他，而其他学生则是因为他表现很好。在这一年的年底，他完成了数学奖学金中的微积分学习，并抓住一切参加竞赛机会，这包括参加科学展、"未来问题解决"比赛以及科学、数学和英语全国竞赛等比赛。他为自己的成就感到自豪，但也意识到自己没有朋友。Sarah 接受了学校派予的任务并为他制定充实课程，她解释道：

校长任命我为这个新课程的教师主管。我很兴奋，但也很焦虑……我希望这个课程能够丰富这些学生的学习经验，而不仅仅是让他们学习跨年级的东西……我最关心的是 Andrew，从各方面来看，他是一个有天赋的学生，已经获得了数学与统计学奖学金，而且他即将进入中学三年级的学习！所以，即使在这个早期阶段，我也感到进退两难，在这个充实课程中，我必须为 Andrew 增加加速学习的内容。（Sarah）

在这一年里，Andrew 参加了学校提供的充实课程，同时参加了微积分数学的加速课程。他说他喜欢园艺，"因为种植仙人掌是出于自己的兴趣"。Sarah 对他在第一年的进步很满意，认为他与其他学生相处得很好。她允许他在实验室里度过午餐时间，到了年底，他还邀请了一位朋友来和他下象棋。Andrew 享受他在充实课程中的参与，他认为他喜欢园艺是因为：

这是森林保护工程，种植植物并把它们种在森林里是件好事。你知道，我们正在恢复森林……那是一片垂死的森林，没有新的幼苗……现在我们从那里收集种子，以保证基因的纯度，然后种植它们，把它们种回森林。老师还让我参加了学校园艺证书的考试。

参加学校课外活动的信心增强了。令 Sarah 印象深刻的是，虽然他很有能力，但他仍然努力学习：

他是其他人的好榜样……哦，今年他不仅为音乐剧演奏钢琴，还参加了舞台挑战赛。他决定今年不参加任何奖学金考试。

（Sarah）

在十一年级，Andrew 选择不参加奖学金考试，而是专注于新的科目（会计学和经济学），并获得学校园艺证书的最高分。他参加了国际象棋锦标赛，并与另外两名学生合作完成了一个科学展项目：

> 我们不得不在设计和制作迷宫上进行三次尝试，因为老鼠一直在长大，评委说我们一直在解决问题并完成了这个项目，这很好。Peter 在日记中保留了我们所有的笔记。我们赢得了一等奖。
>
> （Andrew）

对 Sarah 来说，第四年主要是巩固和完善课程。Sarah 对自己的角色很满意，并让三个不同的年级组通过加速学习项目进行学习。她与这些班级的学生建立了良好的关系，并将教授这些学生的老师组成团队。她为加速学习班的老师组织了一个全天的专业发展课程。该课程中的第一批学生参加了学校奖学金（相当于 A 级）考试，而包括 Andrew 在内的其他一些学生则参加了国家奖学金考试。Andrew 度过了非常忙碌的一年，他报告说：

> 我需要一个假期！我想做所有的事情，但这是如此的忙碌。在澳大利亚的太空营非常有趣，我结交了很多朋友……今年我还参加了生物学和会计学的奖学金考试……另一个亮点是莎士比亚日，我们可以选择我们想表演的戏剧，然后我们有服装，甚至还准备了那个时代的食物……明年我还要担任学校领袖大使，将参与同伴支持计划。
>
> （Andrew）

根据 Sarah 的说法，在第五年，也就是研究项目的最后一年，她意识到"她的表现要被评估"！第一个充实小组参加了学校奖学金考试，其中 10 名学生（占班上的 1/3）参加了一个或多个科目："Andrew 今年要参加 6 个奖学金考试……让我们期待他的表现如何"。

Andrew 说他觉得学校学习具有挑战性，但他喜欢这样。他总结了他最后一年的亮点：

> 我被选为学校董事会的学生代表……很好的经历，因为我可以参加新校长的面试……我们在森林里进行了一个大规模的植树活动……我们全班同学都帮助四年级的夏令营，这很有趣。还有学院的杂志，有的时候要把委员会的每个人都聚在一起很困难，但我们还是把它们印出来了，它们看起来很棒。

在最后的采访中，Andrew 说，虽然他曾考虑过工程学，但他决定上大学，攻读数学、科学和会计学作为第一学位。他回顾了自己在学校的时光：

> 我知道我已经长大了，但我想这是意料之中的。我在加速学习班上交了朋友，James、Tony 和 Emma 是我现在的朋友……我认为在那个班里，老师对我的帮助和鼓励很大……我有很多机会……我所有的老师都

很棒。暑期科学实践课程帮助我认识到工程不是我真正想做的。在此之前，我对职业生涯决策的依据仅仅是我想象中他们的样子，而随后我便有了机会去体验它……环境项目……那很棒……我认为这是一所很棒的学校，没有人说我不能选我想尝试的科目……他们让我可以同时选择会计学和经济学。我今年完成了物理、化学、生物和数学的学业，我还学习了园艺，因为它很有趣。

他最后说的话是：

　　　　我的学校毕业报告中最棒的评论是……适应社会能力强，与同龄人合作良好，并为学校社区付出了时间……这所学校教会了我与他人相处，我很感激。

在他的中学期间，Andrew 通过该加速学习项目获得了进阶学习，这使他在个别科目中进入了更高一级的学习。因此，他完成了科学和艺术相结合的 10 个奖学金科目。调查结果显示，学生认为兴趣、努力和毅力是他们成功的重要因素，这与研究结果一致，即动机对学业成功至关重要（Meece，1991）。学生们说，他们坚信自己的能力也是获得奖学金的关键。这些学生没有采取肤浅的学习方法，并指出，理解和应用知识帮助他们获得了奖学金，这与更深层次的学习方法是一致的（Entwistle，2005）。正如可以预料的那样，大多数学生依靠的是努力、准备、实践和支持，而不是运气。当任务没有挑战时，学生拒绝去做，这与 Taber（2015）的观点一致，他认为缺乏挑战是有问题的，可能会影响天赋学生的动机。

该案例研究强调了几个有趣的因素，包括努力学习和接受加速教育，它们使 Andrew 获得了 10 项奖学金。加速教育的论据在文献中得到了强有力的支持（Gross，2006；Wardman and Hattie，2012）。最初，Sarah 认为充实课程比加速课程更好。然而，她注意到 Andrew 对挑战的需求，而加速教育满足了这种需求。她让 Andrew 自由选择更多或更少的认知挑战，以及自由选择是否参加奖学金考试，这使得他获得了心理上的安全感并帮助他发展了社交技能，这与 Taber（2015）的观点一致。有趣的是，参与问卷调查的学生和 Andrew 都反映了对课外活动的积极参与，这表明这些学生虽然在学术上很有天赋，但也能够通过参加一些活动使自己的多方面才能得到发展，这也为学校生活做出贡献，并让他们在其他方面也获得成功。

最后，全世界所有学校和教师都有责任确保高成就学生有朝一日能够为他们的国家做出贡献。为了实现这一目标，需要为这些学生提供与挑战水平相称的学习经验，使他们能够发挥自己的潜力。

参 考 文 献

Colangelo, N., Assouline, S., and Gross, M. U. M. (Eds)(2004). *A Nation Deceived: How schools hold back America's students: The Templeton national report on acceleration*, Vols 1, 2. Iowa City: Belin-Blank Center.

Education Review Office(2008). *Schools' Provision for Gifted and Talented Students*. Retrieved from www.ero.govt.nz.

Entwistle, N. (2005). *Learning and Studying: Contrasts and influences*. Retrieved 8 September 2005, from http://www.newhorizons.org/future/Creating_the_Future/crfut_entwi9stle.html.

Gagné, F. (2005). From gifts to talents: the DMGT as a developmental model. In R. J. Sternberg and J. E. Davidson (Eds), *Conceptions of Giftedness* (2nd edn). New York: Cambridge University Press, pp. 93-112.

Gross, M. U. M. (2006). Exceptionally gifted children: long-term outcomes of academic acceleration and nonacceleration. *Journal for the Education of the Gifted*, 29(4), 404-32.

Hattie, J. (2009). *Visible Learning: A synthesis of meta-analyses relating to achievement*. Oxford: Routledge.

Horsley, J. M. (2009). Out-of-level-achievement. The case for acceleration in New Zealand secondary schools. In M. Sinclair(Ed.), *A Journey of Discovery: Facilitating the initiation and application of schooling research*. Plymouth: Cognition Institute.

Horsley, J. (2010). How high ability students perceived the practice of influential teachers. *New Zealand Annual Review of Education 2009*, 19, 114-29.

Kaul, C. R., Johnsen, S K., Witte, M. M., and Saxon, T. F. (2015). Critical components of a summer enrichment program for urban low-income gifted students. *Gifted Child Today*, 38(1), 32-40.

McClarty, K. L. (2015). Life in the fast lane: effects of early grade acceleration on high school and college outcomes. *Gifted Child Quarterly*, 59(1), 3-13. doi.org/10.1177/0016986214559595

McClure, J., Meyer, L. H., Garisch, J., Fischer, R., Weir, K. F., and Walkey, F. H. (2011). Students' attributions for their best and worst marks: do they relate to achievement? *Contemporary Educational Psychology*, 36(2), 71-81. doi.org/10.1016/j.cedpsych.2010.11.001

Meece, J. L. (1991). The classroom context and students' motivational goals. In M. L. Maehr and P. R. Pintrich (Eds), *Advances in Motivation and Achievement: A research annual: Vol. 7.* Greenwhich, CT: JAI Press.

Ministry of Education (2002). *Initiatives in Gifted and Talented Education*. Wellington: Learning Media.

Ministry of Education (2009). *Gifted and Talented Students: Meeting their needs in New Zealand schools*. Wellington: Learning Media.

Moeed, A. (2015). *Science Investigation: Student views about learning, motivation and assessment*. Singapore: Springer.

New Zealand Qualifications Authority (2015). Overall New Zealand scholarship results. Retrieved from http://www.nzqa.govt.nz/qualifications-standards/awards/new-zealand-scholarship/scholarship-resu lts/overall-scholarship-results-2014/.

Park, G., Lubinski, D., and Benbow, C. P. (2013). When less is more: effects of grade skipping on adult STEM productivity among mathematically precocious adolescents. *Journal of Educational Psychology*, 105(1), 176.

Pintrich, P. R., and Schunk, D. H. (2002). *Motivation in Education: Theory, research and applications* (2nd edn). Columbus, OH: Merrill Prentice Hall.

Riley, T., Bevan-Brown, J., Bicknell, B., Carroll-Lind, J., and Kearney, A. (2004). *The Extent, Nature and Effectiveness of Planned Approaches in New Zealand Schools for Providing for Gifted and Talented Students*. Retrieved from http://www.mined.govt.nz/goto/gifted.

Sak, U., and Eristi, B. (2012). Think less-talk more or talk less-think more: a comparison of gifted students' engagement behaviors in regular and gifted science classrooms. *Asia-Pacific Journal of Gifted and Talented Education*, 4(1), 1-11.

Scager, K., Akkerman, S. F., Pilot, A., and Wubbels, T. (2014). Challenging high-ability students. *Studies in Higher Education*, 39(4), 659-79, http://dx.doi.org/10.1080/03075079.2012.743117

Steenburgen-Hu, S., and Moon, S. M. (2011). The effects of acceleration on high-ability learners: a meta-analysis. *Gifted Child Quarterly*, 55, 39-53. doi: 10.1177/0016986210383155

Taber, K. S. (2007). *Enriching School Science for the Gifted Learner. The ASCEND Project: Able Scientists Collectively Experiencing New Demands*, London: Gatsby Science Enhancement Programme.

Taber, K. S. (2015). Affect and meeting the needs of the gifted chemistry learner: providing intellectual challenge to engage students in enjoyable learning. In Murat Kahveci and MaryKay Orgill (Eds), *Affective Dimensions in Chemistry Education*. Berlin: Springer, pp. 133-58.

Wardman, J. (2009). Secondary teachers', student teachers' and education students'attitudes to full year acceleration for gifted students. *Gifted and Talented* (*UK*), 12 and 13, 43-58.

Wardman, J., and Hattie, J. (2012). Administrators' perceptions of full-year acceleration at high school [online]. *Australasian Journal of Gifted Education*, 21(1), 32-41.

Weiner, B. (2010). The development of an attribution-based theory of motivation: a history of ideas. *Educational Psychologist*, 45(1), 28-36. doi.org/10.1080/00461520903433596

第 15 章　对有科学天赋学生的神经科学研究

郭静姿（Ching-Chih Kuo）　　林庆波（Ching-Po Lin）
王晓岚（Hsiao-Lan Sharon Wang）

15.1　引　　言

　　有关天赋的特质在心理学领域已有大量的研究，而从神经科学的视角对其探索的研究仍很少。在这个背景下，研究者开始探索大脑结构（灰质体积）和 IQ 之间的关系（Frangou et al.，2004；Narr et al.，2007；O' Boyle，2005；O' Boyle et al.，2005；Wilke et al.，2003；Singh and O' Boyle，2004）。神经影像学研究发现，眶额叶皮质、扣带回、小脑、丘脑和后颞叶皮质的灰质密度与 IQ 呈正相关关系（Frangou et al.，2004；Narr et al.，2007；Wilke et al.，2003）。与之相比，尾状核灰质密度则与 IQ 呈负相关关系（Frangou et al.，2004）。然而，仍很少有研究关注天赋者的大脑，或者去分析那些具有数学天赋的学生的大脑功能（Singh and O'Boyle，2004；O' Boyle，2005；O' Boyle et al.，2005；Prescott et al.，2010；Kuo et al.，2012）。Desco 等（2011）认为，数学天赋青少年卓越的复杂数学推理能力可能与大脑两侧的激活模式以及顶叶和额叶区域激活度的增加有关，这些区域通常与视觉空间加工和逻辑推理能力的增强有关。Zhang 等（2015）指出，具有数学天赋的人脑中动态重构的网络架构增强了推理过程中的全局和局部信息加工能力，这与运用数学天赋进行逻辑推理的能力存在神经上的相关性。

　　尽管学术界对具有数学天赋的大脑的结构和功能等许多生理特征已有了解，但他们很少从神经心理学的视角对有科学天赋的学生进行研究。天赋学生的心理特征得到了教育工作者和心理学家的广泛关注，而他们对具备科学天赋的大脑的特征仍缺乏了解。

　　本章介绍了有关中国台湾的有科学天赋的学生的神经科学研究结果。2006—2014 年，研究人员完成了一系列研究（表 15.1），包括比较具有科学天赋的学生和普通学生（typically developing peers）在数字推理、图形推理和情绪任务中大脑活动的差异。

　　研究发现部分有科学天赋的学生在观看情绪表达的图片时脑区的激活度较低，这将引导研究者进一步研究这些学生的社会适应度。因此，这项研究的重点是比较不同智商水平的有科学天赋学生和阿斯伯格综合征学生在社会适应和神经心理机制方面的差异（Kuo et al.，2014）。研究结果极大地加深了我们对他们的社会和神经心理特征的了解。

表 15.1　2006—2014 年具有科学天赋的学生的脑科学研究

年份	被试	变量	研究人员
2006—2009	36 名有科学天赋的高中生 37 名普通高中生	各组间脑体积差异及性别差异	Kuo，Lin，Chang，Chang，Chou，Lin and Chen
2009—2010	46 名有科学天赋的中学生 53 名普通中学生	数学推理和情绪任务中的功能差异	Kuo，Lin，Chang，Chou，Tseng，Chang and Lin
2010—2014	24 名高智商有科学天赋的大学生 17 名智商一般的有科学天赋的大学生 29 名普通大学生 14 名患有孤独症谱系障碍的大学生	神经心理机制的功能差异以及思维和社会技能的训练	Kuo，Liang，Su，Soong and Gau

15.2　研究参与者

　　本研究的参与者均来自台湾北部。所有参与的有科学天赋的学生都在科学才能班学习；研究参与者中的普通学生则来自非天赋学习项目。在台湾，被认为有科学天赋的学生必须参加数学和科学的成就或能力测试，这些学生在这两个学术领域的成绩通常优于其他学生。

15.3　研 究 工 具

15.3.1　功能磁共振成像：技术细节

　　在这项研究中，我们使用了台湾阳明大学的配备了 12 通道头颈联合线圈的3T 磁共振成像（MRI，德国埃尔兰根西门子医疗设备）。BOLD MRI 采用了 T2 加权像的单次激发梯度回波平面成像（EPI）序列（TR=2500 毫秒，TE=30 毫秒，翻转角=90°，分辨率=4×64，层厚=3.4 毫米）。

本研究的功能成像数据分析使用了 Matlab（美国马萨诸塞州内蒂克 MathWorks 公司）中运行的 SPM 8 软件（英国伦敦威康影像神经科学部门）。所有图像在运动校正前都进行了层间时间校正，以及使用 EPI 模板配准到 MNI 空间（蒙特利尔神经病学研究所）。数据用 6 mm FWHM 的高斯核进行平滑处理。通过计算线性 t 的对比度（简单、中等或困难的图形推理项目与固定）对每个被试进行分析。

方差分析用于确定各组（ST 与 TD）和性别（男性与女性）之间的差异。

15.3.2　数字推理任务

本实验的刺激物是一组包含 24 个项目的数字推理任务，由台北市立高级中学数学教师 Chengching Tseng 所设计。这些项目被置于一个显示设备上进行视觉呈现。24 个项目根据答题正确率分为 3 个难度等级：简单（70%—100%）、中等（39%—69%）和困难（0—38%）。项目以模块化方式呈现。每个模块包含一个项目，呈现时间为 17.5 秒，待被试的思考时间结束后，模块会呈现一个红色的固定点 2.5 秒，随后呈现一个固定十字标识 10 秒。当被试看到红色固定点时，他们必须按下按钮，在 4 个答案中选出可能正确的答案。

15.3.3　图形推理任务

本实验的刺激物为 Sternberg（1986）设计的图形推理任务中的 24 个项目。这些项目在显示设备上进行视觉呈现。24 个项目分别呈现给高年级组和低年级组，并根据各组答题正确率将其分为三个难度等级：简单（70%—100%）、中等（39%—69%）和困难（0—38%）。项目以模块化的方式呈现。每个模块包含一个项目，呈现时间为 17.5 秒。思考时间结束后，模块呈现一个红色的固定点 2.5 秒，随后呈现一个固定十字标识 10 秒。当被试看到红色固定点时，他们必须按下按钮，在 4 个答案中选出可能正确的答案。

15.3.4　国际情绪图片系统

本实验所用的情绪图片选自国际情绪图片系统（IAPS）（Lang et al.，1995，1999，2001，2005），并将它们在显示设备上进行视觉呈现。我们设计了 3 种情绪效价：积极、消极和中性。每种情绪效价的图片有 30 张，共计 90 张。每种效价由 15 张高唤醒度和 15 张低唤醒度的图片组成，以控制唤醒度的影响。

我们的设计包括两部分，每部分包含 45 张图片。图片以模块化的方式呈现。每个组块包含 5 张情绪效价相同的图片。每张图片呈现 5 秒，每个模块呈现 25 秒，随后呈现固定十字标识 12.5 秒。

15.3.5　自我评估模型

在参与者观看情绪图片过后，我们采用自我评估模型（SAM）（Bradley and Lang，1994）对 18 张图片的情绪效价和唤醒度进行测量。我们要求参与者对情绪效价和唤醒度的每个维度给予 1—9 的评分。情绪效价范围在愉快到不愉快之间；唤醒度是情绪的强度，范围在平静到兴奋之间。

15.4　结果与讨论

15.4.1　具有科学天赋的学生和普通学生的大脑结构有何不同？

2006—2009 年，研究人员比较了有科学天赋的学生和普通学生之间大脑结构的差异。使用的主要工具为中文版的第 8 版 Otis-Lennon 学业能力测试（Chen M F and Chen H Y，2006；Chian et al.，2008）、MRI 扫描和基于体素的形态学统计参数映射。根据德国解剖学家科比尼安·布罗德曼（Korbinian Brodmann）的研究，脑组织的不同区域通常被称为布罗德曼区（Brodmann area，BA）。

本研究共招募了台北市 36 名有科学天赋的高中生（16 名男生和 20 名女生）和 37 名普通高中生（20 名男生和 17 名女生）。在数学-科学成绩和智力测试中，科学天赋组的得分明显高于普通组（Kuo et al.，2012）。科学天赋组在几个区域（簇大小>10 体素，$p<0.05$—$p<0.0001$）有更高的灰质比例，包括：①额叶区域的中央前回（右 BA 44）、隐回（BA 10）、额中回（左 BA 8）和双侧额下回（BA 47）；②顶叶区域的楔前叶（BA 7）和中央后回（右 BA 7 和右 BA 43）；③颞叶区域的梭状回（BA 37）、右侧颞上回（BA 22）、左侧颞上回（BA 41）；④枕叶区的颞下回（BA 19）；⑤其他区域，如双侧小脑及小脑山顶、脑岛（BA 13）、钩（BA 38）、右侧前扣带回皮质（BA 32）。这些发现与以前的研究（Colom et al.，2006；Frangou et al.，2004；Haier et al.，2004；Reiss et al.，1996）普遍发现智力与大脑的某些区域有关，如双侧小脑、隐回（BA 10）、双侧额下回（BA 47）、梭状回（BA 37）、中央后回（右 BA 7 和右 BA 43）、楔前叶（BA 7）和前扣带回皮质（BA 32）。研究发现数学能力与梭状回有关（Hanakawa et al.，2002）。

与科学天赋组相比，普通组在额叶区域的中央前回（双侧 BA 4，左 BA 6）和额中回（右 BA 6、右 BA 8），以及顶下小叶（双侧 BA 40）和颞顶叶联合部（右 BA 40）等区域的灰质比例更高。中央前回在功能上与运动感知相关性最高，而顶下小叶在功能上与躯体感觉、共情和人际感知（Morrison et al.，2006；Cheng et al.，2009，2006，2008）相关性最高。

这些结果让我们注意到天赋大脑的发育呈现出不均衡的特点。相比于普通组的学生，科学天赋组学生的大脑拥有更高的灰质密度，主要集中在与智力和数学相关的左半球皮质区域。然而，他们在运动和躯体感觉相关区域的灰质密度较低。由于顶下小叶对于情绪识别和情绪感染是必不可少的，因此，有科学天赋的学生的共情能力是否弱于普通学生仍不得而知。

15.4.2　哪些灰质体积与数学和科学成绩相关？

我们对脑容量的研究表明，数学成绩与左侧颞叶，特别是左侧颞叶脑岛和左侧颞上回（BA 22）呈正相关关系。而脑岛通常与内脏功能，左侧颞上回与自主神经信息和句法加工的整合有关。这项研究揭示了数学能力与大脑左半球之间的正相关关系。

在科学成绩得分方面，研究并没有观察到科学成绩与灰质体积之间存在正相关关系。相比之下，灰质体积与科学成绩呈负相关的脑区包括左侧顶叶中央后回（BA 2 和 3）、左侧额叶中央前回和中央后回、左侧额叶旁中央小叶、左侧边缘叶扣带回（BA 31）、右侧额叶中央前回（BA 4）和右侧顶下小叶。这些区域主要位于大脑左半球，涉及初级感觉运动和运动功能（BA 2、3 和 4）（May，1991）、空间注意、多模态感觉整合和眼球运动控制（顶下小叶）（Clower et al.，2001）。在左侧额区和顶区观察到较大的灰质体积，被试获得的科学成绩较低；然而，哪些灰质体积与科学能力密切相关尚不清楚，仍需进一步研究。

15.4.3　在数字推理任务中，有科学天赋的学生和普通学生之间的大脑激活有什么不同？

数字推理是感知复杂算术关系的能力。数字推理的加工过程包括工作记忆、推理和算术。工作记忆在数字推理加工过程中记忆和处理多个数字，而算术构建了这些数字之间的关系。推理涉及感知多条信息之间关系的能力。Hanakawa 等（2003）使用功能磁共振成像（fMRI）研究了 6 名珠心算专家和 8 名非专家在执行心理操作任务（数字、空间和语言）时的大脑活动。在执行数字心理操作任务时，专家们的左侧后上顶叶皮层（BA 7）的激活度高于非专家人士；在执行空间心理操作任务时，专家们的右侧顶内沟（BA 40）的激活度高于非专家人士。其他研究结果表明顶内小叶、顶下小叶和前额叶区域参与了心算的处理（Dehaene et al.，1999；Gruber et al.，2001；Menon et al.，2002；Rickard et al.，2000）。

　　本研究的被试根据他们的班级和年级被分配到 4 个对比组。本研究共招募了 47 名高中生和 43 名初中生。这些学生被分为具有科学天赋的高年级组（$n=24$），普通高年级组（$n=23$），具有科学天赋的低年级组（$n=23$），普通低年级组（$n=20$）；高年级组和低年级组的平均年龄分别为 17.9 岁和 13.8 岁。刺激为数字推理任务中的项目，正确率分为简单（正确率≥ 0.7）、中等（$0.38<$正确率<0.7）和困难（正确率≤ 0.38）三个等级。结果表明，在解决有难度的测试时，普通高年级组在左侧额叶（BA 10）的激活度显著高于有科学天赋的高年级组。在解决简单、中等和困难的测试时，具有科学天赋的低年级组在与计算有关的左侧额区（BA 9/46）表现出比普通低年级组更高的激活度。在 4 个小组中，具有科学天赋的低年级组表现出最高的激活度，具有科学天赋的高年级组表现出最低的激活度。

　　额顶网络似乎在数字推理任务中发挥了重要作用。然而，我们在科学天赋组中观察到激活度的增加，特别是在解决困难任务时的左侧额中回。与科学天赋组相比，普通组在最简单的任务水平上表现出右侧顶叶和颞叶的额外激活。

　　结果表明，额顶叶的激活度随着数字推理任务难度的降低而降低，且与被试的智力水平无关。已知额顶叶激活支持许多认知任务，如转移注意力、工作记忆和问题解决（Corbetta et al.，2000；Perfetti et al.，2009）。它被认为是一种适应任务要求的功能的辅助系统（Duncan，2001），以支持特异性加工。Perfetti 等（2009）使用 fMRI 扫描了 8 名高智商和 10 名低智商被试在执行改编自雷文推理测验的中等和复杂任务时的大脑。他们发现，当问题的复杂程度增加时，高智商被试在额叶区域和顶叶区域的激活度增加，低智商被试在相同区域的激活度减少。在解决中等问题时，低智商被试在内侧和外侧额叶区域表现出更多的激活。这表明不同智商组的大脑激活模式不同。

15.4.4　在执行图形推理任务时，有科学天赋的学生和普通学生之间的大脑激活有何不同？

　　Prabhakaran 等（1997）使用 fMRI 扫描了 7 名被试在解决雷文推理测验中的三类问题时的大脑：匹配问题、图形推理和分析推理。结果表明，与匹配问题相比，分析推理在额叶区（BA 6、9、44、45、46 和 10）、顶叶区（BA 7、39 和 40）、枕叶区（BA 7、18 和 19）、颞叶区（BA 19、21 和 37）和前扣带回（BA 32）的激活度更高。在解决图形推理问题（与匹配问题相比）时，被试在额叶区（BA 9 和 46）、顶叶区（BA 7 和 40）、颞叶区（BA 37）、枕叶区（BA 7 和 19）和前扣带回（BA 32）的激活度较高。与图形推理问题相比，分析推理问题在额叶（BA 6、9、44、45 和 46）、顶叶（BA 7、39 和 40）、颞叶（BA 37、21 和 19）和枕叶区

（BA 18、19 和 37）的激活度更高。研究表明，负责不同水平推理任务的相关脑区功能是不同的。

本研究将被试分为 4 组：①具有科学天赋的高中组；②普通高中组；③具有科学天赋的初中组；④普通初中组。本研究共招募了 47 名高中生和 49 名初中生，他们都签署了知情同意书。本研究使用的主要工具是图形推理任务和 MRI。被试在进行图形推理项目的同时进行 fMRI 扫描。准确的结果表明，具有科学天赋的学生和普通学生在图形推理能力上存在显著差异。我们的研究结果如下：

（1）班级和年级水平之间存在交互作用（未经校正的 $p<0.001$，簇大小>30 体素）。在解决简单项目时，发现在左侧额上回（BA 6）和左侧舌回（BA 19）存在交互作用；解决中等难度项目时，发现在左侧舌回（BA 19）存在交互作用；解决图形推理困难项目时，发现在右侧小脑、左侧顶下小叶（BA 40）和左侧楔叶（BA 17）存在交互作用。

（2）在简单的任务中，普通高中组在 BA 39 中表现出的大脑激活度高于具有科学天赋的高中组；具有科学天赋的初中组在 BA 6 和 19 中表现出的大脑激活度高于普通初中组。在中等难度任务中，普通高中组在颞叶（BA 22、41、39、20、38、21）、枕叶（BA 19）、叶下（BA 13、丘脑、豆状核、屏状核）、额叶（BA 8 和 9）、边缘叶（BA 24、30、31、29、23）、脑干（中脑）和顶叶（BA 3 和 31）等脑区的激活度显著高于具有科学天赋的高中组；具有科学天赋的初中组在额叶（BA 6）、枕叶（BA 19）和顶叶（BA 7）的激活度高于普通初中组。在困难任务中，普通高中组在枕叶（BA 19）和顶叶（BA 39）脑区的激活度显著高于具有科学天赋的高中组；具有科学天赋的初中组在顶叶（BA 7 和 3）、额叶（BA 6、10、47、9）、枕叶（BA 19）、边缘叶（BA 36、25、32）、小脑和颞叶（BA 37）的激活度高于普通初中组。

（3）普通高中组在解决中等难度项目时，与推理和智力相关的区域（脑岛和小脑）的脑激活度高于解决较大难度项目时的脑激活度；与解决简单（或困难）项目相比，普通初中组在解决中等难度项目时，与推理和智力相关的区域（BA 6 和小脑）表现出更高的脑激活度。

（4）科学天赋组使用了相同的脑区来执行图形推理任务；在科学天赋组中没有观察到难度水平的主效应。然而，难度水平的主效应体现在普通组中。与解决困难项目时相比，解决中等难度项目时，普通高中组在左侧岛叶（BA 13）、左侧颞上回（BA 22）和右侧小脑（腭垂）显示出更高的脑激活度。相反，普通初中组在解决中等难度项目时，右侧中央前回（BA 6、BA 4）、右侧额中回（BA 6）和右侧小脑（山顶）表现出更高的脑激活度。

在本研究中我们发现，4 组被试在执行不同难度的任务时，其大脑不同区域被激活。第一，在解决问题过程中，科学天赋高中组和普通初中组的大脑激活程度低于其他组。我们好奇是否大多数项目对有科学天赋的高中组学生来说太简单，而对普通初中组学生来说太难。当任务难度与被试的能力不匹配时，被试解决问题的积极性可能会降低。第二，在解决中等难度项目时，普通组比解决困难或容易项目表现出更高的脑激活度。然而，高中组和初中组的大脑被激活的区域有所不同。这表明中等难度的任务比高难度或低难度的任务更能引起大脑的激活。第三，在科学天赋高中组和科学天赋初中组中难度水平的影响都没有被观察到，这可能说明项目难度的区分度不高。第四，我们发现科学天赋初中组在额叶（BA 6、10、47、9）、顶叶（BA 7 和 3）、小脑、颞叶（BA 37）、枕叶（BA 19）和边缘叶（BA 36、25、32）等脑区的激活程度显著高于同龄人。我们还发现这些脑区在解决改编自雷文推理测验的推理问题时，大多在功能上与解决来自 Prabhakaran 等（1997）、Christoff 等（2001）和 Perfetti 等（2009）的图形推理问题相关。

15.4.5　在执行情绪任务中，有科学天赋的学生和普通学生的大脑激活有何不同？

本部分研究共招募了 46 名高中生和 53 名初中生。被试包括有科学天赋的高年级学生（$n=24$），普通高年级学生（$n=22$），有科学天赋的低年级学生（$n=30$）和普通低年级学生（$n=23$）；高年级组和低年级组的平均年龄分别为 17.83 岁和 13.74 岁。刺激物选自 IAPS 中的情绪图片（Lang et al.，1995，1999，2001，2005）。首先招募参与者并让他们进行 IQ 测试以确保他们具备出色的能力。被试在观看 IAPS 中选出的情绪图片的同时被进行 fMRI 扫描，随后我们对图片的情绪效价和唤醒度的维度赋予 1—9 的 SAM 评分（Bradley and Lang，1994）评分。

出乎意料的是，在观看积极和消极图片（$p<0.001$，簇大小>10 体素）时，科学天赋高年级组没有表现出与普通高年级组一样多的激活度，而在观看积极图片时，普通高年级组在边缘叶（双侧 BA 32）、颞叶（左侧 BA 20）和额叶（右侧 BA 11，双侧 BA 10）上表现出比科学天赋高年级组更高的激活度。

双侧前扣带回是大脑边缘叶的一部分，被认为与情绪反应有关（Hutchison et al.，1999；Wicker et al.，2003；Singer et al.，2004）。在观看消极图片时，普通高年级组在颞叶（右侧 BA 20）、顶叶（双侧 BA 7，右侧 BA 19）、枕叶（左侧 BA 18）、压叶（右侧岛叶、右侧丘脑）和左侧扣带回（BA 31）表现出比科学天赋高年级组更高的激活度，这些脑区被认为与疼痛和情景记忆有关（Becerra et al.，1999；Maddock et al.，2001；Maguire et al.，2001；Kulkarni et al.，2007）。

在观看情绪图片时，科学天赋低年级组和普通低年级组都表现出与共情相关的大脑激活。与普通低年级组相比，科学天赋低年级组在观看积极图片时，右侧顶下小叶（IPL，BA 40）、边缘叶（右 BA 19）和额叶（右 BA 9）的激活度更高；在观看消极图片（$p<0.001$，簇大小>10 体素）时，左侧尾状核头部、右侧 IPL（BA 40）和额叶（右 BA 43）的激活度更高。顶下小叶负责运动的观察和执行。它由额下回（BA 44/45）和顶叶（BA 40）组成，这些区域与共情（Gallese，2003；Carr et al.，2003；Gallese et al.，2004）和心智理论（Gallese and Goldman，1998；Borghi and Binkofski，2011）相关。相比之下，在观看积极图片时，普通低年级组在左侧边缘叶（BA 24）表现出比科学天赋低年级组更高的激活度；但是，该组在观看消极图片时并没有表现出更高的激活度。

我们的研究表明，普通高年级组在与共情相关脑区的激活程度显著高于其他三组，科学天赋高年级组的脑激活度显著低于其他组。在科学天赋高年级组和低年级组的大脑对情感刺激的反应中观察到一些不一致的情况，如科学天赋低年级组在观看情绪图片时表现出更高的激活度。

我们不禁要问，是不是科学天赋高年级组的左脑思维方式导致他们以逻辑的方式看待图片？或者说，智商分数的差异可能解释了科学天赋低年级组（M=136.10，SD=9.99）和高年级组（M=118.63，SD=8.44）之间不同的大脑激活模式；然而，这仍然需要进一步研究。

15.4.6　科学技能与孤独症谱系障碍有关吗？

为了分析科学技能与孤独症谱系障碍（ASD）的关系（Baron-Cohen et al.，2001；Billington et al.，2007），本研究考察了具有科学天赋的被试的认知特征和社会适应（Kuo et al.，2014）。采用的工具有韦克斯勒成人智力量表（WAIS-III）、中文版孤独症诊断访谈量表修订版、极度兴奋量表（Me Scale II）、中文版社会反应量表和中文版成人孤独症谱系量表。行为评估的结果显示，高智商（WAIS-III IQ≥130）的具有科学天赋的被试在认知和情感方面表现出平衡发展。智商一般的具有科学天赋的被试在知觉组织和工作记忆上较弱，且在社会意识和社交方面存在问题。患有 ASD 的被试的动作性智商（performance IQ）更低，在数字符号编码和符号搜索方面尤为明显，他们在孤独症症状方面也表现出更严重的问题，并表现出更高的情感方面的极度兴奋性（over excitability，OE）和更低的共情的极度兴奋性。这些发现表明了有科学天赋的被试和患有 ASD 的被试在认知特征和社会适应上的差异，以及智商对有科学天赋的被试的这些表现的影响。然而，有几个特殊的案例报告了有科学天赋被试的不良社会适应。两个高智商的有科学天赋的被试和两个智商一般的有科学天赋的被试在社会交往中表现出孤独症样特质的困难（Kuo et al.，2014）。

15.5　结　　论

本章介绍了一系列研究的主要发现。本研究表明，科学天赋组和普通组的大脑成长模式不同。本研究发现天赋学生的大脑发展不平衡，因为科学天赋组在与智力和数学相关的左侧皮层区域有更高的灰质密度；然而，他们在运动和躯体感觉相关脑区的灰质密度较低。同时，数学能力与左侧颞叶脑岛和颞上回呈正相关关系，而这部分通常与句法加工相关；然而，哪个脑半球与科学能力密切相关尚不明确，需要进一步研究。

除了这些结构性的差异外，研究还发现不同的脑区参与了不同难度的数字推理、图形推理和情绪任务。在数字推理任务中，科学天赋组在解决困难测试时，左侧额中回的激活度增强；然而，普通组在解决较容易的任务时，其右侧顶叶和颞叶表现出额外的激活。额顶叶激活度随着数字推理任务难度的降低而降低，且与被试的智力水平无关。在解决图形推理问题时，以下几个脑区被激活：额叶（BA 6、10、47、9）、顶叶（BA 7 和 3）、小脑、颞叶（BA 37）、枕叶（BA 19）和边缘叶（BA 36、25、32）。这些结果与现有文献基本一致。此外，我们的研究表明任务难度可能影响大脑的激活和解决问题的动机。

大脑对情绪刺激的反应表明，有科学天赋的高年级组的脑激活度显著低于其他组；然而，有科学天赋的低年级组比普通低年级组表现出更高的激活度。在观看积极和消极图片时，有科学天赋的低年级组在顶下小叶（IPL，BA 40）表现出更高的激活度，该脑区在功能上与共情相关。

当被试根据智商水平和数学科学方面的天赋被分配到不同组别后，具有高智商的科学天赋组在认知和情感方面表现出均衡发展；然而，个别特殊案例也表明他们较差的社会适应性是某种孤独症样特质。

接下来，我们的研究团队将进一步分析脑连接模式，以更全面地了解认知表现中的结构和功能整合。

神经科学对教育实践的启示

目前，神经科学研究作为基础科学，尚未对课堂实践产生直接影响。然而，科学现在可以识别出有科学天赋的学生与其他学生之间，以及有科学天赋的学生群体内部某些子群体之间的大脑结构的统计学差异。这一领域的研究还是新的，这也促进了一系列发现，这在几年前似乎是不可能的。

（1）结构性脑成像结果显示，与普通被试相比，有科学天赋的学生在与智力和数学技能相关的区域以及左半球的特定区域有更多的灰质；然而，他们在运动皮质、躯体感觉皮质和共情相关脑区的灰质较少。未来的研究可以研究不同教育阶段的有科学天赋的学生的脑结构，并通过同组研究追踪其脑结构的变化。

（2）正如本书的其他章节所讨论的那样，常规的课堂活动和测试往往无法充分吸引和挑战最有能力的学生。本章所报告的研究发现，被归类为有科学天赋的学生和根据教育评估被认为是普通学生之间，在大脑结构和激活方面存在统计学上的显著差异。因此，这一领域的研究表明，从科学视角发现天赋和才能的有机联系是可能的，这巩固了教育者和教师需要因材施教的教育论点。

（3）分析科学技能与孤独症谱系障碍的关联结果表明，高智商的有科学天赋的学生具有更强的共情能力，能够更有效地实现社会适应。显然，高智商的学生拥有更多的可用资源和信息，能够解决高水平的认知任务，并展现出有效的社会交往技能。然而，少数高智商被试在症状相关量表上表现出孤独症样特质。我们应该给予这类具有孤独症样特质的天赋学生更多的关注。提供辅导和资源将有助于他们发展社交技能。建议教育工作者仔细调查科学才能班学生中的社会交往问题，并为那些存在社会交往问题的学生提供辅导和干预，帮助他们发展适当和充分的社交技能，以改善他们的人际关系。

（4）我们的研究主要比较组间统计学差异；然而，他们之间仍然存在大脑结构或功能的个体差异。无论学生是否有特殊需要、无论他们是否具有高智商，成功的教学需要为每个学生提供挑战性的经验，使他们参与有效的课堂学习。

参 考 文 献

Baron-Cohen, S., Wheelwright, S., Skinner, R., Martin, J., and Clubley, E. (2001). The autism-spectrum quotient (AQ): evidence from Asperger syndrome/high-functioning autism, males and females, scientists and mathematicians. *Journal of Autism and Developmental Disorders*, 31(1), 5-17.

Becerra, L. R., Breiter, H. C., Stojanovic, M., Fishman, S., Edwards, A., Comite, A. R., and Borsook, D. (1999). Human brain activation under controlled thermal stimulation and habituation to noxious heat: an fMRI study. *Magnetic Resonance Medicine*, 41, 1044-157.

Billington, J., Baron-Cohen, S., and Wheelwright, S. (2007). Cognitive style predicts entry into physical sciences and humanities: questionnaire and performance tests of empathy and systemizing. *Learning and Individual Differences*, 17, 260-8.

Borghi, A. M., and Binkofski, F. (2011). S28-04-Intentionality of movement: mirror neuron system and theory of mind. *European Psychiatry*, 26, 2113.

Bradley, M. M., and Lang, P. J. (1994). Measuring emotion: the self-assessment manikin and the semantic differential. *Journal of Behavior Therapy and Experimental Psychiatry*, 25, 49-59.

Carr, L., Iacoboni, M., Dubeau, M. C., Mazziotta, J. C., and Lenzi, G. L. (2003). Neural mechanisms of empathy in humans: a relay from neural systems for imitation to limbic areas. *Proceedings of the National Academy of Sciences of the United States of America*, 100, 5497-502.

Chen, M. F., and Chen, H. Y. (2006). *Junior High School Ability Test*(revised from the Otis-Lennon School Ability Test, OLSAT 8). Taipei: Chinese Behavioral Science Corporation.

Cheng, Y., Chou, K. -H., Decety, J., Chen, I. -Y., Hung, D., Tzeng, O. T. -L., and Lin, C. -P. (2009). Sex differences in the neuroanatomy of the human mirror-neuron system: a voxel-based morphometric investigation. *Neuroscience*, 158, 713-20.

Cheng, Y., Tzeng, O. J. L., Decety, J., Imada, T., and Hsieh, J. -C. (2006) Gender differences in the human mirror system: a magnetoencephalography study. *Neuro Report*, 17(11), 1115-19.

Cheng, Y., Yang, C. -Y., Lin, C. -P., Lee, P. -L., and Decety, J. (2008). The perception of pain in others suppresses somatosensory oscillations. *NeuroImage*, 40, 1833-40.

Chian, M. F., Ho, R. G., and Kuo, C. C. (2008). *Senior High School Ability Test*(revised from the Otis-Lennon School Ability Test, OLSAT 8). Taipei: Chinese Behavioral Science Society.

Clower, D. M., West, R. A., Lynch, J. C., and Strick, P. L. (2001). The inferior parietal lobule is the target of output from the superior colliculus, hippocampus, and cerebellum. *The Journal of Neuroscience*, 21(16), 6283-91.

Colom, R., Jung, R. E., and Haier, R. J. (2006). Distributed brain sites for the g-factor of intelligence. *NeuroImage*, 31, 1359-65.

Corbetta, M., Kincade, J. M., Ollinger, J. M., McAvoy, M. P., and Shulman, G. L. (2000). Voluntary orienting is dissociated from target detection in human posterior parietal cortex. *Nature Neuroscience*, 3(3), 292-7.

Christoff, K., Prabhakaran, V., Dorfman, J., Zhao, Z., Kroger, J. K., Holyoak, K. J., and Gabrieli, J. E. (2001). Rostrolateral prefrontal cortex involvement in relational integration during reasoning. *NeuroImage*, 14, 1136-49.

Dehaene, S., Spelke, E., Pinel, P., Stanescu, R., and Tsivkin, S. (1999). Sources of mathematical thinking: behavior and brain-imaging evidence. *Science*, 284, 970-4.

Desco, M., Navas-Sanchez, F. J., Sanchez-González, J., Reig, S., Robles, O., Franco, C., Guzmán-De-Villoria, J. A., García-Barreno, P., and Arango, C. (2011). Mathematically gifted adolescents use more extensive and more bilateral areas of the fronto-parietal network than controls during executive functioning and fluid reasoning tasks. *NeuroImage*, 57(1), 281-92.

Duncan, J. (2001). An adaptive coding model of neural function in prefrontal cortex. *Nature Reviews Neuroscience*, 2(11), 820-9.

Frangou, S., Chitins, X., and Williams, S. C. R. (2004). Mapping IQ and gray matter density in healthy young people. *NeuroImage*, 23(3), 800-5.

Gallese, V. (2003). The roots of empathy: the shared manifold hypothesis and the neural basis of intersubjectivity. *Psychopathology*, 36, 171-80.

Gallese, V., and Goldman, A. (1998). Mirror neurons and the simulation theory of mindreading. *Trends in Cognitive Science*, 2, 493-501.

Gallese, V., Rizzolatti, G., and Keysers, C. (2004). A unifying view of the basis of social cognition. *Trends in Cognitive Science*, 8(9), 396-403.

Gruber, O., Indefrey, P., Steinmetz, H., and Kleinschmidt, A. (2001). Dissociating neural correlates of cognitive components in mental calculation. *Cereb Cortex*, 11, 350-9.

Haier, R. J., Jung, R. E., Yeo, R. A., Head, K., and Alkire, M. T. (2004). Structural brain variation and general intelligence. *NeuroImage*, 23, 425-33.

Hanakawa, T., Honda, M., Sawamoto, N., Okada, T., Yonekura, Y., Fukuyama, H., and Shibasaki, H. (2002). The role of Rostral Brodmann Area 6 in mental operation tasks: an integrative neuroimaging approach. *Cerebral Cortex*, 12, 1157-70.

Hanakawa, T., Honda, M., Okada, T., Fukuyama, H., and Shibasaki, H. (2003). Neural correlates underlying mental calculation in abacus experts: a functional magnetic resonance imaging study. *NeuroImage*, 19, 296-307.

Hutchison, W. D., Davis, K. D., and Lozano, A. M. (1999). Pain-related neurons in the human cingulate cortex. *Nature Neuroscience*, 2, 403-405.

Kulkarni, B., Bentley, D. E., Elliott, R., Julyan, P. J., Boger, E., Watson, A., Boyle, Y., El-Deredy, W., and Jones, A. K. (2007). Arthritic pain is processed in brain areas concerned with emotions and fear. *Arthritis Rheum*, 56, 1345-54.

Kuo, C. C., Chang, H. J., Chang, Y. P., Chou, K. H., Lin, Y. H., Chen, H. C., and Lin, C. P. (2012). Psychological traits and brain structures of mathematically and scientifically senior high school talented students. *Bulletin of Educational Psychology*, 43(2), 805-31.

Kuo, C. C., Liang, K. C., Tseng, C. C., and Gau, S. (2014). Comparison of the cognitive profiles and social adjustment between mathematically and scientifically talented students and students with Asperger's syndrome. *Research in Autism Spectrum Disorders*, 8, 838-50.

Lang, P. J., Bradley, M. M., and Cuthbert, B. N. (1995). *International Affective Picture System (IAPS): Technical manual and affective ratings*. Gainesville: University of Florida, Center for Research in Psychophysiology.

Lang, P. J., Bradley, M. M., and Cuthbert, B. N. (1999). *International Affective Picture System (IAPS): Instruction manual and affective ratings(*Tech. Rep. A-4). Gainesville: University of Florida, Center for Research in Psychophysiology.

Lang, P. J., Bradley, M. M., and Cuthbert, B. N. (2001). International Affective Picture System (IAPS): *Technical manual and affective ratings*. NIMH Center for the Study of Emotion and Attention.

Lang, P. J., Bradley, M. M., and Cuthbert, B. N. (2005) *International Affective Picture System (IAPS): Digitized photographs, instruction manual and affective ratings* (Tech. Rep. A-6). Gainesville: University of Florida, Center for Research in Psychophysiology.

Maddock, R. J., Garrett, A. S., and Buonocore, M. H. (2001). Remembering familiar people: the posterior cingulate cortex and autobiographical memory retrieval. *Neuroscience*, 104, 667-76.

Maguire, E. A., Vargha-Khadem, F., and Mishkin, M. (2001). The effects of bilateral hippocampal damage on fMRI regional activations and interactions during memory retrieval. *Brain*, 124, 1156-70.

May, J. J. (1991). *Neuropsychology*. Taipei: Laureate Press.

Menon, V., Mackenzie, K., Rivera, S. M., and Reiss, A. L. (2002). Prefrontal cortex involvement in processing incorrect arithmetic equations: evidence from event-related fMRI. *Human Brain Mapping*, 16(2), 119-30.

Morrison, I., Peelen, M. V., and Downing, P. E. (2006). The sight of others' pain modulates motor processing in human cingulated cortex. *Cerebral Cortex*, 17, 2214-22.

Narr, K. L., Woods, R. P., Thompson, P. M., Szeszko, P., Robinson, D., Dimtcheva, T., Gurbani, M., Toga, A. W., and Bilder, R. M. (2007). Relationships between IQ and regional cortical gray matter thickness in healthy adults. *Cerebral Cortex*, 17(9), 2163-71.

O'Boyle, M. W. (2005). Some current findings on brain characteristics of the mathematically gifted adolescent. *International Education Journal*, 6(2), 247-51.

O'Boyle, M. W., Cunnington, R., Silk, T., Vaughan, D., Jackson, G., Syngeniotis, A., and Egan, G. (2005). Mathematically gifted male adolescents activate a unique brain network during mental rotation. *Cognitive Brain Research*, 25, 583-7.

Perfetti, B., Saggino, A., Ferretti, A., Caulo, M., Romani, G. L., and Onofri, M. (2009). Differential patterns of cortical activation as a function of fluid reasoning complexity. *Human Brain Mapping*,

30, 497-510.

Prabhakaran, V., Smith, J. A. L., Desmond, J. E., Glover, G. H., and Gabrieli, J. D. E. (1997). Neural substrates of fluid reasoning: an fMRI study of neocortical activation during performance of the Raven's Progressive Matrices Test. *Cognitive Psychology*, 33, 43-63.

Prescott, J., Gavrilescu, M., Cunnington, R, O'Boyle, M. W. and Egan, G. F. (2010). Enhanced brain connectivity in math-gifted adolescents: an fMRI study using mental rotation. *Cognitive Neuroscience*, 1(4), 277-88.

Reiss, A. L., Abrams, M. T., Singer, H. S., Ross, J. L., and Denckla, M. B. (1996). Brain development, gender and IQ in children: a volumetric imaging study. *Brain*, 119(5), 1763-74.

Rickard, T., Romero, S., Basso, G., Wharton, C., Flitman, S., and Grafman, J. (2000). The calculating brain: an fMRI study. *Neuropsychologia*, 38, 325-35.

Singer, T., Seymour, B., O'Doherty, J., Kaube, H., Dolan, R. J., and Frith, C. C. (2004). Empathy for pain involves the affective but not sensory components of pain. *Science*, 303, 1157-61.

Singh, H., and O'Boyle, M. W. (2004). Interhemispheric interaction during visual information processing in mathematically gifted youth, average ability adolescents and college students. *Neuropsychology*, 18(2), 371-7.

Sternberg, R. J. (1986). Toward a unified theory of human reasoning. *Intelligence*, 10(4), 281-314.

Wicker, B., Keysers, C., Plailly, J., Royet, J. P., Gallese, V., and Rizzolatti, G. (2003). Both of us disgusted in my insula: the common neural basis of seeing and feeling disgust. *Neuron*, 40, 655-64.

Wilke, M., Sohn, J. H., Byars, A. W., and Holland, S. K. (2003). Bright spots: correlations of gray matter volume with IQ in a normal pediatric population. *NeuroImage*, 20(1), 202-15.

Zhang, L., Gan, J. Q., and Wang, H. (2015). Mathematically gifted adolescents mobilize enhanced workspace configuration of theta cortical network during deductive reasoning. *Neuroscience*, 289, 334-48.

第 16 章　如何在科学课堂上满足双重特殊儿童的需求

隅田学（Manabu Sumida）

16.1　引　　言

　　本章关注的是那些在科学教育中极具天赋同时又面临挑战的儿童。"双重特殊"（简称 2E）是指有天赋或有才能的人同时也存在学习困难或学习障碍的现象。Illingworth R S 和 Illingworth C M（1966）分析了 450 名杰出人物的童年，发现其中一些人在某一特定科目上成绩不佳或者有学习障碍。Kumagai（2015）通过研究达·芬奇、牛顿、爱迪生、夏目漱石和爱因斯坦，发现了他们身上的几个共同特征，例如"孤独的童年""类似于孤独症或注意缺陷多动障碍（ADHD）的心理特征""不适应学校教育"。他指出创新天才需要创造他们自己的世界，这种世界不等同于普通人的世界，后者会让他们陷入与孤独症或多动症类似的困境。本章介绍了天赋儿童的这两个方面，以及如何识别科学中的 2E 儿童。

　　我们已经认识到识别天赋的标准通常独立于特定的学科知识领域，例如智商、创造力和领导力等。识别一个孩子是否具有天赋的标准是多元的，但更重要的是，我们必须认识到他们持续的有特殊的教育需求（special educational needs，SENs）。Alderman（2008）指出，具有身体、感官、情感或其他 SENs 的儿童，可能具备理解科学的能力，然而特定的障碍可能会掩盖其特定的优势、天赋和才能。例如，患有孤独症谱系障碍的学生的"古怪"行为，可能会掩盖他们的科学能力。Cooper 等（2005）确定了 2E 学生的行为特征，并开发了 HIGH HOPES 项目，其中包括了科学领域。Sumida（2010）开发了一个原创的科学天赋行为检查表，并指出了 2E 儿童善于学习科学的原因。他还为 2E 小学生开设了科学课，并坚持认为科学有利于发展孩子的优势。

　　以下研究进展有助于强调 2E 教学法在日本的重要性。自 2007 年以来，日本的特殊需求教育已扩大到包括学习障碍（LD）、注意缺陷多动障碍（ADHD）、高功能孤独症（HA）和阿斯伯格综合征（Asperger's syndrome），此外还有以前特殊教育针对的残疾，如视觉障碍、听力障碍、智力障碍、生理缺陷、健康障碍、言语障碍和情绪障碍。2012 年，文部科学省（MEXT）进行的一项调查表明，教师注意到公立小学 6.5%的学生存在明显的学习困难或行为问题（MEXT，2012）。根据对每个调查项目回答的分析，这些学生中有 4.5%被认为患有 LD，3.1%可能患有 ADHD，1.1%可能患有 HA（MEXT，2012）。这些障碍在算术、数学和日语语言方面尤为明显。这些有学习障碍的学生中，有些可能是天赋 2E 儿童。因此，本章还讨论了如何在科学课堂上满足 2E 儿童的需求，并认为全纳科学教育对有发育障碍和无发育障碍的儿童都有好处。

16.2　科学教育中的"双重特殊"现象

16.2.1　"双重特殊儿童"与"天赋儿童"有什么不同？

双重特殊儿童的研究分析始于神经心理学和认知神经科学领域，通过更进一步的研究，研究人员提出了更具体的分类，涵盖了孤独症谱系障碍、特定学习障碍、感觉加工障碍、注意力障碍和阅读障碍等情况（Kalbfleisch，2014）。2E 儿童可能具备高于其所处年级水平要求的词汇量，但他们的拼写能力差。他们可能有很好的幽默感，但可能不愿意参与社会活动。正如 Baum 和 Owen（2004）指出的那样，"学习障碍"和"天赋"这两个词多年来一直处于学习领域的两端，但有些天赋儿童确实成绩不佳且缺乏自我认知。因此，我们必须清楚了解有学习障碍的天赋儿童的两面性。

Weinfeld 等（2006）总结比较了有障碍和无障碍的天赋学生的特征。例如，他们指出"敏锐的观察力"是无障碍天赋学生的特征，而"观察能力强，但记忆能力往往有缺陷"则是有障碍天赋学生的特征。Cooper 等（2005）列出了天赋学生的特点以及与有特殊教育需求的学生相关的问题，并提出课程调整的方向。例如，天赋学生通常通过创造具有创新性的成果生产新知识，但是 2E 学生可能仅仅因为在拼写和书写方面有困难而无法做到这点。在这种情况下，Cooper 等（2005）提出应以多元的方式让学生表达想法和创造成果，以适应学生对于课程的需求。

16.2.2　著名科学家的两面性

Andreasen（2005）对 18 世纪和 19 世纪德语国家的艺术家和科学家中的天才

与精神病之间的关系进行了研究。这项对这 181 位杰出科学家的研究结果表明，他们中 75%的人没有任何精神疾病，而 15%的人有人格障碍，4%的人患有躁狂抑郁症。众所周知，那些在历史上大放异彩的科学家中，有不少人虽然才华横溢，但在学习上也面临着各种各样的困难。

例如，法拉第做出了许多伟大的发现，如电磁感应定律，他也因在皇家学会为儿童举办圣诞讲座而闻名。他的表现就符合一些更广泛的学习困难定义的特征（例如，数学学习障碍和较差的记忆力）（West，1991）。此外，他起步得很晚，或者说非常晚，他的一生都在不断地进行着越来越有价值的工作，这可能是一个"大器晚成"的极端案例。在电磁学的同一研究领域，West（1991）指出麦克斯韦与法拉第有很大不同。麦克斯韦在数学方面很有天赋，表现出异常灵活的思维，但不擅长演讲，表现出一些阅读障碍的特征。

如果要考虑现代非西方国家的背景，比较合适的例子是 2008 年与他人共同获得诺贝尔物理学奖的益川敏英（Toshihide Masukawa）。他是一位理论物理学家，也是一位数学和科学方面的天才。然而，他在英语方面一直表现不佳。他参加诺贝尔奖颁奖典礼是他的第一次国际旅行，他的获奖感言也是用日语发表的。他说上学的时候因为他是音盲，所以停止了英语学习（Masukawa，2009）。在同事的协助下，他得以在期刊文章中分享、解释和表达他的创造性想法。

16.2.3　为什么科学教育对 2E 儿童有效？

由于发育障碍儿童在听、说、读、写、计算和推理等方面的学业表现可能会受挫，因此特殊教育在学业教学的研究重点一直被放在课堂教学上，目的是让这些儿童能够克服语言、艺术和数学方面的学习困难（Japan Association of the Special Educational Needs Specialist，2007）。

科学学习是一个合适的情境，能让孩子们可以在这个实践的环境中展现天赋，也可以让教师识别孩子们的天赋。科学一词来自拉丁文 scientia，意为知识。科学的特定领域和动态性质，以及它所包含的大量不同领域的研究，可以满足 2E 儿童多样的兴趣领域。

DeVries（2002）将"身体-知识活动"（physical-knowledge activities）定义为儿童对物体采取行动并观察其反应的活动，并指出此类活动能激发儿童的兴趣、激发他们进行实验，并且这些实验通常还包括合作。科学所提供的实物性的和创造性的智力活动——观察、实验和制造东西的机会——也为教师确定 2E 儿童的潜力和儿童发展其科学才能提供了适当的环境。科学学习中的实践活动可以促进儿童的创造性思维，并培养儿童的毅力，这种毅力往往会超过教师的预期。专注于更少主题的、但同时更加深入的、活动导向的科学学习，特别有助于满足有特殊需求的儿童（Patton，1995）。

学生在记录观察结果、解释实验数据和制作科学模型方面的技能有可能深化和扩展到其他领域的学习过程中，如日语、算术和艺术。正如 Baum（1990）所指出的，例如，一个 8 岁时就已经是昆虫专家的孩子，即使阅读有困难，可能也能够对 100 多种昆虫进行命名和分类。特别是对于 2E 儿童，综合性的科学方法是有益的，因为他们的优势可以在更广阔的背景下得到加强和发展。

科学包括实验室内和实地的合作学习活动。自然科学是一种团队工作，学生在自我建立的规范范围内行动，并与他人分享自己的基本态度和思维方式，以建立一个对学生自己有意义和有根据的知识体系。科学可以通过学生擅长和喜欢的领域的活动来帮助学生提高社交技能（Sumida et al.，2007）。

16.3　双重特殊儿童在科学方面的现实情况

在 Sumida（2010）的研究中，日本某城市的 86 名小学生中有 13 名被归类为科学专家型组；其中 5 个孩子患有 LD/ADHD/HA。研究中采访了"专家天赋型"组中 4 名 LD/ADHD/HA 儿童的科学老师和班主任。通过与教师的访谈我们进一步发掘了 2E 儿童表现出的特征，这些特征对 2E 科学学习者的科学教育具有重要启示。

16.3.1　对学习极具热情

可以发现，将科学任务应用到科学课堂中，能突显学生对科学的高度兴趣以及对科学知识的追求。以下教师对学生的评论是从日语原文翻译过来的，如下：

> 有强烈的学习兴趣和愿望，以解决问题为目的而行动……在科学课上，能很好地回答老师提出的问题。能够表达自己的想法。拥有丰富的知识。在预测某件事情时，能够思考该主题，并表达自己的想法。在发表评论时表达清晰且自信。（三年级）

> 对科学现象极其感兴趣。除了在学校学到的知识外还拥有丰富的知识……在关于天气观察的单元中，着手在学校图书馆研究预测方法，并持续研究了一周到十天。（四年级）

> 在任一科目的课程中都能提出问题。尝试详尽地探索相关问题，然后……细致透彻地研究他认为有趣或好玩的所有事物，并不遗余力地向老师解释一切。平常的学业成绩并不出色。（五年级）

在思考、实验和观察、表达、知识和理解方面表现出色……。经常向老师提问；甚至在上课时也会询问有关课程和感兴趣的科学话题。在无法给出合理解释时，能够指出有疑问的部分并说："看，看！"（五年级）

有些 2E 儿童在特别感兴趣和喜欢的领域表现出很高的专业水平，这些儿童可能会一直对学习基础知识感到沮丧。具有挑战性的问题可以提高孩子的自尊心和自我满足感。

16.3.2　创造力

2E 儿童能够表现出很高的创造力，因此我们希望学校能够为他们提供多样的学习选择和设置多样的学习氛围——例如，正如以下访谈摘录中所述，这些学生会参与科学俱乐部或其他课外科学活动。

在暑假期间为他的项目提交了采集的植物样本。植物的茎被切开，并用胶带粘起来展示，这个孩子就好像由专业收集者教过一样。（三年级）

科学俱乐部的一员。非常有热情，连续两年都是同一个俱乐部的成员。即使在俱乐部活动时间结束后，孩子仍然独自留在那里，继续研究如何使他的纸飞机飞得更好。他总是在其他人都回家后，再离开。虽然我们把材料平均分配给所有的俱乐部成员，但这个孩子总是想要更多。（四年级）

自然科学的一个特点是尊重"新事物"。儿童的想法虽然在教师的预期之外，甚至可能一开始就显得"格格不入"，但这可能是科学活动中获得新见解的跳板。

16.3.3　社会关系

在访谈中，教师的评论指出了 2E 儿童与同龄人互动方式的差异。

大多数情况下，问题不是出现在课堂期间，而是在他与朋友互动的休息时间。这孩子不能接受玩笑，当朋友开玩笑时，麻烦就来了。（三年级）

在社会类课程和一般课程里，这个孩子没有选择与小组的其他成员一起学习预设的主题，而是从小组中脱离出来从而着手对他感兴趣的特定主题进行探索。每当这个孩子觉得他不想加入别人的时候，他就会选择独自去玩（在图书馆等）。他不特别地去寻求交朋友，这样做对他来说是最好的。（他的父母也这么说。）……不听别人的警告，但经常被别人的行为困扰且同时会警告他们……因此，注意力不集中。不太擅长和别人一起玩。（四年级）

有时不知道如何与他人互动。不关心自己是否与他人不同，或自己的行为是否怪异。（五年级）

不懂得如何谨慎地让别人了解他的优点，经常适得其反地惹怒别人。常常讽刺别人……积极参加实验，但有时会在小组实验中与其他成员发生冲突……常常不参加小组活动。（六年级）

这些研究观察对课堂的启示主要有以下几点：对儿童来说，在涉及观察/实验的活动中不应根据儿童人数或固定的座位位置（如日本学校的典型做法）来分组，而应根据，例如，学生共同提出的假设或喜欢的调查方法来分组。因此，个人独立活动以及类似半结构化小组活动等形式也是合理的且应该被纳入考虑当中。科学课通常涉及观察和实验等小组活动，因此考虑小组的组成很重要。当孩子与他人相处有困难或需要社会情感支持时，考虑到某些 2E 儿童可能会出现的情况，座位安排和小组安排往往是重要的考虑因素。

16.4　2E 儿童的科学教学实践

16.4.1　HIGH HOPES 项目

HIGH HOPES 项目（Baum et al.，1995；Cooper et al.，1996，2005）是最早的让五至八年级的 2E 儿童参与科学教学的活动。该项目主要为来自康涅狄格州和罗得岛州的六所公立学校、一所为学习障碍者开设的私立学校和两所聋人学校的 130 名学生提供服务。在这些参与的学生中，其中 55%就读于特殊学校，15%在他们所在的学校接受资源教室（resource room）服务，其余 30%则已经从特殊课堂转入普通课堂。这些学生是从特殊教育群体中挑选出来的，并被认定为有以下一项或多项障碍：学习障碍、注意力缺陷、情绪或行为障碍、广泛性发育障碍和听力障碍（Cooper et al.，2005）。

HIGH HOPES 项目提供了一个简短的活动，让我们得以通过观察来识别那些在学习上具有一种或多种困难的天赋学生。科学、动物学、植物学和物理学领域的学习由一系列物理科学（physical sciences）和生命科学（life sciences）的活动所涵盖。例如，在物理科学领域的活动中，学生会计算各种液体的质量，而负责观察的人员在活动期间使用"才能发现清单"（talent discovery checklist）对他们进行观察。用于筛选与科学有关的行为特征如下：①通过提出相关问题表现出好奇心；②表现出其拥有与特定活动主题相关的大量知识；③积极操作材料；④清楚地传达项目的结果；⑤系统地检验假设；⑥尝试预测结果；⑦以模型的形式表达想法；⑧找到在解决问题时克服障碍的方法。

　　这个项目的教育内容是在每两周的时间里由几位动物学家、植物学家、物理学家和一位生物插画家分别讲授 90 分钟的课程。科学课的样例主题包括"液体表面""研究空气质量""硬水和软水的实验"（Cooper et al.，1996）。该项目对学生的可观察变化的影响如下：①自我调节能力的提高，例如注意力的集中和保持；②克服障碍的毅力；③学习的积极参与；④在校内和校外扩展学习的意愿；⑤合作和团队精神；⑥作为学习者增强的自信心；⑦创造与有天赋的非障碍同龄人创造出的质量相当产品的能力得到提高；⑧作为天赋学生得到认可。

16.4.2　在常规课堂上向 2E 儿童教授科学

　　Sumida（2010）为小学生开发了一份科学方面的天赋行为检查表，并利用它来识别日本一个城市地区的 2E 儿童。该市的教育委员会有一个三阶段的系统化框架，用于对有发育障碍的儿童进行分类。在第一次筛查中，他们会使用一个通用检查表对城市中的所有儿童进行识别，以发现有发育障碍特征表现的儿童。第二次筛查会使用一个检查表来具体确定这些儿童的发育障碍的类型。第三次筛查包括一系列发展趋势的调查，使用的工具包括韦克斯勒儿童智力量表（Wechsler Intelligence Scale for Children）-第三版（WISC-Ⅲ）、日本考夫曼儿童评估组合（Japanese Kaufman Assessment Battery for Children，K=ABC）、伊利诺心理语言能力测试（Illinois Test of Psycholinguistic Abilities，ITPA）等，以及学业记录、关于家庭环境和早期发展情况的信息。

　　该天赋行为检查表包含 60 个项目，重点关注科学的态度、科学思维、科学技能和科学知识/对科学的理解。隈田（Sumida）从中选取了三种"天赋"类型：①自发类型；②专家类型；③稳固类型。他发现，LD/ADHD/HA 儿童表现出自发类型，而非 LD/ADHD/HA 儿童则表现出稳固类型。表现出专家类型的儿童人数最少，并且 LD/ADHD/HA 儿童和非 LD/ADHD/HA 儿童这两组的人数没有显著差异。根据 2E 儿童在科学方面的特点，Sumida（2012）建议在科学课上考虑以下 8 点，以丰富 2E 儿童的个人优势和能力。

　　（1）当把学生分成小组进行观察和实验时，应根据他们所要求使用的实验方法和观察方法来确定小组成员的构成。学生的个人独立活动也是同样有效的，应被纳入考虑。

　　（2）充分尊重儿童在观察和实验过程中提出的自己的方法和策略并选择自己的工具的情况。

　　（3）创造环境让孩子们用图表来展示他们自己的想法和结果。

（4）增加学生工作和思考的时间。

（5）使用具有挑战性的问题。

（6）尽可能将建模活动纳入学习单元中。

（7）提供各种不同的资源。

（8）鼓励和认可不同的意见。

我们设计了以"物体如何升温"和"钟摆"为主题的科学课，并在公立小学的 2E 儿童班中进行。四年级的"物体如何升温"的试点科学课程包括各种加热材料和一张用于设计实验和记录观察结果的工作表；这个课程包括了使用国家标准教材的常规课堂上进行的 11 小时的产品绘图、设计和制作。在课程中，一个 2E 孩子一边研究温度的变化以及计算耗费的时间，一边使用颜色编码和箭头绘制复杂的图表，并能够有条理且详细地表达他的预测。这个孩子认真总结了观察到的变化，如金属棒顶部和底部的温度差异，温度变化的程度，等等，都很详细。这个孩子是第一个开始在热气球上贴热敏胶布的学生，这是验证空气温度活动的一部分，他在积极参与活动的同时，还经常想到新问题。

16.5　讨　　论

本章关注了既有天赋又在发展上面临挑战的独特儿童。一些科学家——比如爱因斯坦——展示出了杰出的能力，他们的贡献载入史册，但同时他们往往会表现出我们今天称为 LD 或 ADHD 的轻度发育障碍（West，1991）。普遍存在的 LD、ADHD、HA 和阿斯伯格综合征在日本被认为是轻度发育障碍。我们可以为每一种障碍提供专业的支持（如 Holden and Cooke，2005；Alderman，2008；Lupart and Toy，2009）。同时，事实也证明，这些障碍往往也会有所重叠（如 Kalbfleisch，2014；Muta，2005）。

由于对天赋的解释多种多样，并且社会环境对此也会产生影响，因此围绕该主题的观念也发生变化，天赋儿童的定义也将随着时间而改变。即使儿童被认定为有天赋，将他们视为在每个领域都会表现卓越的完美儿童也是不准确的。在现实中，他们可能表现出在社会情感发展方面的不平衡，在人际关系方面遇到困难，或在他们不感兴趣的领域中成绩不佳（Davis et al.，2011）。我们可以通过一些教育计划来促进这些显示出差异的儿童的发展。

Barnard-Brak 等（2015）的研究表明，9.1%的障碍儿童可能被认定为有天赋或在学术上有高阶水平，但这些学生中只有 11.1%接受了为天赋学生开设的课程。根据 Silverman（2003）的说法，一些初步调查表明，在美国，学习障碍的风险随着智商的提高而增加。Hannah 和 Shore（1995）比较了 48 名学校认定的 2E 学生、天赋学生、有学习障碍的学生和表现一般的男孩。他们发现，与有学习障碍的学生相比，2E 学生的元认知表现超过并更接近于天赋学生的表现。如本章所述，科学课堂很有可能为识别和发展 2E 学生的优势提供实践环境。2E 儿童天赋的识别和发展要求我们运用新的视角，我们也因此才能更好地意识到他们学习上的困难和障碍并为此提供支持。

　　Karnes 等（2004）建议发展中的 2E 学生使用兴趣和学习类型清单来认识自己的优势。McGinnis 和 Stefanich（2007）认为，那些对课堂应包容各种水平能力秉持信念的教师，认为科学课堂非常适合有学习障碍的学生。与普通儿童相比，2E 儿童的优势在于，他们往往表现出较高的科学创造能力（Sumida，2010）。因此，我们应该设计出全纳性的科学课程，使 2E 学生和普通学生能够共同学习，互惠互利。对具有科学天赋的 2E 儿童的研究虽然仍处于早期阶段，但对于满足所有儿童的教育需求这一呼吁，我们已经迈出崭新且意义非凡的一步。

参 考 文 献

Alderman, T. (2008). *Meeting the Needs of Your Most Able Pupils: Science*. New York: Routledge.

Andreasen, N. C. (2005). *The Creating Brain*. New York: Dana Press.

Barber, C., and Mueller, C. T. (2011). Social and self-perceptions of adolescents identified as gifted, learning disabled, and twice-exceptional. *Roeper Review, 33*(2), 109-20.

Barnard-Brak, L., Johnsen, S. K., Hannig, A. P., and Wei, T. (2015). The incidence of potentially gifted students within a special education population. *Roeper Review*, 37(2), 74-83.

Baum, S. (1990). The gifted learning disabled: a paradox for teachers. *Preventing School Failure*, 34, 11-14.

Baum, S. M., Cooper, C. R., Neu, T. W., and Owen, S. V. (1995). *Project HIGH HOPES: Talent discovery assessment process user's guide*. Conneticut: Area Cooperative Educatioal Services.

Baum, S. M., and Owen, S. V. (2004). *To be Gifted and Learning Disabled: Strategies for helping bright students with learning and attention difficulties*. Mansfield, CT: Creative Learning Press.

Buttriss, J., and Callander, A. (2005). *Gifted and Talented from A-Z*. London: David Fulton.

Cooper, C. R., Baum, S. M., and Neu, T. W. (2005). Developing scientific talent in students with special needs. In K. Johnsen and J. Kendrick(Eds), *Science Education for Gifted Students*. Waco, TX: Prufrock Press, pp. 63-78.

Cooper, C. R., Neu, T. W., and Baum, S. M. (1996). *Project HIGH HOPES: Talent development curriculum*. Conneticut: Area Cooperative Educatioal Services.

Davis, G. A., Rimm, S. B., and Siegle, D. (2011). *Education of the Gifted and Talented* (6th edn). New Jersey: Pearson.

DeVries, R. (2002). Physical-knowledge activities. In R. DeVries, B. Zan, C. Hildebrandt, R. Edmiaston and C. Sales(Eds), *Developing Constructivist Early Childhood Curriculum: Practical principles and activities*. New York: Teachers College Press, pp. 69-75.

Hannah, C. L., and Shore, B. M. (1995). Metacognition an high intellectual ability: insights from the study of learning-disabled gifted students. *Gifted Child Quarterly*, 39(2), 95-109.

Holden, C., and Cooke, A. (2005). *Meeting SEN in the Curriculum: Science*. London: David Fulton.

Illingworth, R. S., and Illingworth, C. M. (1966). *Lessons from Childhood*. London: Churchill Livingstone.

Japan Association of the Special Educational Needs Specialist(Ed.)(2007). *Theory and Practice in Special Needs Education II: Teaching*. Tokyo: Kongo Suppan(in Japanese).

Kalbfleisch, M. L. (2014). Twice-exceptional learners. In J. A. Plucker and C. M. Callahan(Eds), *Critical Issues and Practices in Gifted Education*(2nd edn). Waco, TX: Prufrock Press, pp. 671-89.

Karnes, F. A., Shaunessy, E., and Bisland, A. (2004). Gifted students with disabilities. *Gifted Child Today*, 27(4), 16-21.

Kumagai, T. (2015). *The Lonely Boyhood of Genius*. Tokyo: Shin-yo-sha(in Japanese).

Lupart, J. L., and Toy, R. E. (2009). Twice exceptional: multiple pathways to success. In L. V. Shavinina(Ed.), *International Handbook on Giftedness*. New York: Springer, pp. 507-25.

Masukawa, T. (2009). *Why I Won the Nobel Prize*. Osaka: Forum A(in Japanese).

McGinnis, J. R., and Stefanich, G. P. (2007). Special needs and talents in science learning. In S. K. Abell and N. G. Lederman(Eds), *Handbook of Research on Science Education*. New Jersey: Lawrence Erlbaum, pp. 287-317.

Ministry of Education, Culture, Sports, Science and Teachnology(MEXT)(2012). *Results of Research on Students with Special Educational Needs in Regular Classrooms*(in Japanese). Retrieved from http://www.mext.go.jp/a_menu/shotou/tokubetu/material/_icsFiles/afieldfile/2012/12/10/1328729_01. pdf.

Muta, E. (2005). *Understanding and Support for Students with LD or ADHD: A guide for the school counsellor*. Tokyo: Yuhikaku(in Japanese).

Patton, J. R. (1995). Teaching science to students with special needs. *Teaching Exceptional Children*, 27(4), 4-6.

Silverman, L. J. (2003). Gifted children with learning disabilities. In N. Colangelo and G. A. Davis(2003), *Handbook of Gifted Education*(3rd edn). Boston: Pearson Education, pp. 533-43.

Sumida, M. (2010). Identifying twice-exceptional children and three gifted styles in the Japanese primary science classroom. *International Journal of Science Education*, 32(15), 2097-111.

Sumida, M. (2012). Meeting the needs of twice-exceptional children in the science classroom. In W. Sittiprapaporn(Ed.), *Learning Disabilities*. Rijeka, Croatia: InTech, pp. 149-74.

Sumida, M., Fukada, S., Nakamura, H., Masukagami, M., and Sakata, C. (2007). Developing young children's scientific, technological, and social competency through 'Pendulum' play activities at Japanese kindergarten. *Asia-Pacific Journal of Research in Early Childhood Education*, 1(1), 83-100.

Weinfeld, R., Barnes-Robinson, L., Jeweler, S., and Shevitz, B. R. (2006). *Smart Kids with Learning Difficulties: Overcoming obstacles and realizing potential*. Waco, TX: Prufrock Press.

West, T. G. (1991). *In the Mind's Eye: Visual thinkers, gifted people with learning difficulties, computer images, and the ironies of creativity*. New York: Prometheus Books.